本书出版获得教育部省属高校人文社会科学重点研究基地河北大学宋史研究中心建设经费、河北大学中国史“双一流”学科建设经费、河北大学燕赵高等研究院学科建设经费资助。

宋史研究丛书·第五辑

宋代士兵研究

籍勇 著

河北大学出版社·保定

出 版 人：马　力
责任编辑：马　敏
装帧设计：王占梅
责任校对：苏安邦
责任印制：常　凯

SONGDAI SHIBING YANJIU

图书在版编目（CIP）数据

宋代士兵研究 / 籍勇著. -- 保定：河北大学出版社，2022.11（2025.11重印）
ISBN 978-7-5666-2082-8

Ⅰ. ①宋… Ⅱ. ①籍… Ⅲ. ①士兵－研究－中国－宋代 Ⅳ. ①E263

中国版本图书馆CIP数据核字(2022)第202986号

出版发行：河北大学出版社
地址：河北省保定市七一东路2666号　邮编：071000
电话：0312-5073003　0312-5073029
网址：www.hbdxcbs.com
邮箱：hbdxcbs818@163.com
经　　销：全国新华书店
印　　刷：涿州市般润文化传播有限公司
幅面尺寸：148 mm × 210 mm
字　　数：198 千字
印　　张：8.75
版　　次：2022 年 11 月第 1 版
印　　次：2025 年 11 月第 2 次印刷
书　　号：ISBN 978-7-5666-2082-8
定　　价：50.00 元

目　　录

绪　言

士兵是保障国家安全和维护社会治安秩序的主要力量。在宋代边患长期存在的情况下，士兵保障国防安全的作用更为突出。宋朝建国之初，在社会经济结构发生变化以及加强中央集权等背景下，统治者继承了中唐至五代实行的募兵制。此后宋代士兵数量逐年增长，宋仁宗年间达到了最高峰共一百二十五点九万人，虽然其后各君臣注意裁减士兵数量，但宋代的军籍数目依然很多，士兵总人数在宋代的人口结构中占有很大的比例。

宋人对这一情况也有着非常清醒的认识，宋太宗时王禹偁上疏指出，“前朝唯有士农工商四民，但在宋代社会已经形成了士、农、工、商、兵、释六民”。① 与以往研究中偏重于宋代军制、武将研究相比，宋代士兵史的研究还很薄弱，我们有必要对其进行研究。

本书研究的对象主要以宋代普通士兵为主，不涉及宋代军队中的各级官员。选择宋代士兵这一阶层作为研究的对象，主要是基于以下几点原因。

第一，对占宋代总人口比例很大的宋代士兵群体进行研究，

---

① ［元］脱脱等：《宋史》卷二九三《王禹偁传》，中华书局 1977 年版，第 9796 页。

可以加深对宋代社会的整体认识，加深对宋代中下层人物群体的认识。

第二，士兵的职责在于提供一个相对安全的环境，保证宋朝国民免受外敌入侵之扰，为生产者提供安心生产的保障，以达到“兵所以卫民者”① 的作用。但是宋代军队在对外作战中鲜有胜绩，尽管这一现象的产生是由诸多原因引起的，但是这也与宋代士兵自身的状态有很大关系。通过对其的研究可以加深对这一问题的认识程度。

第三，宋代厢军的主要社会职责是担负宋政府的各项劳役，但在很多情况下禁军等作战兵种也常被差派承担宋政府劳役。甚至更多士兵皆被上级官员私役，士兵服役几乎成为宋代生存的一种常态，而这种状况必然给宋朝军队的战斗力带来负面影响。

目前，学界对宋代士兵这一问题尚无专著进行研究，但在宋代风俗史、军事史、经济史等相关领域的论著中对此问题有一定的涉及。现整理如下。

（一）宋代军制史中的相关研究

学者对宋代军事史的研究多集中于宋代军制的研究，其中刘展主编的《中国古代军制史》② 一书对中国古代各朝的兵制进行了总体的论述。在宋代军制这一问题上，林瑞翰的论文《宋代军制初探》③、王曾瑜的著作《宋朝军制初探（增订本）》④ 和日本

① ［宋］李焘：《续资治通鉴长编》卷一七七，至和元年十月己亥条，中华书局2004年版，第4285页。

② 刘展：《中国古代军制史》，军事科学出版社1992年版。

③ 林瑞翰：《宋代军制初探》，《宋史研究集》第十二辑，国立编译馆1976年版。

④ 王曾瑜：《宋朝兵制初探（增订本）》，中华书局2010年版。

学者小岩井弘光的著作《宋代兵制史の研究》[①]，分别从不同方面对宋代兵制进行了系统的论述。王曾瑜的《宋朝军制初探（增订本）》论述了宋代军队的组成、番号、屯戍、训练、军俸、军队风气等问题，其中的第十二章第三节“军士的生活和反抗”中对士兵家庭、出戍等情况进行了简要的论述；林瑞翰的《宋代军制初探》主要论述了宋代枢密院——三衙这一军事体制的运行情况；小岩井弘光对宋朝就粮禁军的发展、厢军的演变、宋代士兵剩员的管理制度、南宋士兵收入中的生券、熟券等问题分别进行论述。以上研究均不同程度地论及了宋代士兵的相关问题。

除以上三位学者对宋代兵制的总体研究之外，其他学者对宋代兵制进行了更为深入的研究。姜锡东在《北宋的兵源与募征》[②]一文中对北宋军队兵源的招募和征用制度进行了论述。孙继民所写的《唐宋兵制变化与唐宋社会变化》[③]一文将唐宋间兵制的变化与唐宋间社会变化相结合进行论述。在宋代物资补给制度研究上，王菱菱的论文《浅析宋代军队的后勤保障措施》[④]与史继刚的《宋代军用物资保障研究》[⑤]一书对宋代士兵的生存基础之一，即宋代的军用物资保障情况进行了研究，具体包括对宋代军粮、住所、武器等军用物资的筹措、运输、制造等环节的研究，这对

---

① 小岩井弘光：《宋代兵制史の研究》，汲古书院 1998 年版。

② 姜锡东：《北宋的兵源与募征》，《宋史研究论文集第十辑——中国宋史研究会第十届年会及唐末五代宋初西北史研讨会论文集》，兰州出版社 2003 年版。

③ 参见孙继民《唐宋兵制变化与唐宋社会变化》，《江汉论坛》2006 年第 3 期，第 93—97 页。

④ 参见王菱菱《浅析宋代军队的后勤保障措施》，《河北大学学报（哲学社会科学版）》，1994 年第 4 期，第 152—158 页。

⑤ 史继刚：《宋代军用物资保障研究》，西南财经大学出版社 2000 年版。

于研究宋代士兵的劳作状态具有重要的参考价值。此外，程龙的《北宋西北战区粮食补给地理》[①] 一书以西北战区粮食补给为研究内容，对北宋西北战区的士兵驻扎情况、士兵所从事的屯田劳动、粮食运输的形式，以及北宋的就粮兵情况进行了分析。姜锡东在《宋代就粮军简析》[②] 一文中对北宋就粮军的形成发展过程及其粮草补给的具体形式进行了专门的分析。梁庚尧在《宋神宗时代西北边粮的筹措》[③] 一文中选取宋神宗在位这一时段的西北屯田、和籴等与军粮筹措相关问题进行了多方面的分析。

在宋代士兵训练制度研究中，刘缙在《武道沧桑——宋代军事训练研究》[④] 一书中论及了宋代军事训练的演变过程，不同军种的不同训练方法，以及宋代军事训练的优劣比较。

此外，在宋代军制的其他方面，淮建利在《"升隶"与"落厢"：试论北宋厢军与禁军的互动关系》[⑤] 中分析了北宋禁军与厢军间的互动关系，并指出了这种互动给以上两兵种的士兵生活所带来的巨大影响。在军法制度研究方面，张明的《宋代军法研究》[⑥]、日本学者斎藤忠和的《宋代の階級法に関する一試論——宋代軍法研究の一環として》[⑦] 等文章对宋代军法的产生、演变、

---

① 程龙：《北宋西北战区粮食补给地理》，社会科学文献出版社 2006 年版。

② 参见姜锡东《宋代就粮军简析》，《文史哲》1985 年第 2 期，第 46—51 页。

③ 梁庚尧：《宋神宗时代西北边粮的筹措》，《宋史研究集》第二十三辑，编译馆 1996 年版。

④ 刘缙：《武道沧桑——宋代军事训练研究》，陕西人民出版社 2009 年版。

⑤ 参见淮建利《"升隶"与"落厢"：试论北宋厢军与禁军的互动关系》，《河北大学学报（哲学社会科学版）》2006 年第 3 期，第 7—13 页。

⑥ 张明：《宋代军法研究》，中国社会科学出版社 2010 年版。

⑦ 斎藤忠和：《宋代の階級法に関する一試論——宋代軍法研究の一環として》，《立命館文学》1990 年第 518 期，第 1014—1037 页。

构成情况以及宋代军纪不明造成的消极影响等现象进行了论述。关于宋代法律中的刺配规定，郭东旭的《宋代编管法》[①] 和《宋代刺配法述论》[②] 两篇论文对宋代罪犯的刺配从军现象进行了详细论述。王军营在《北宋基层士卒频繁变乱原因考析》[③] 一文中分析了北宋士兵变乱的经济原因与政治原因，对人们了解北宋士兵的生活有很大的帮助。游彪的《士兵逃亡：法律制度的完善与制裁机制》[④]、王军营的《两宋逃亡法新探》[⑤] 这两篇文章对宋代士兵逃亡现象、处置的方法进行了分析。游彪在《剩员：宋朝安置退伍职业兵措施透析》[⑥] 一文中对宋代军队中的剩员制度进行了论述。钱俊岭在《宋代军队赏罚制度研究》[⑦] 博士论文中对宋代军队的赏罚制度进行研究，对宋政府针对士兵的赏罚制度也进行了论述。张国英在《北宋军队拣选制度研究》[⑧] 硕士论文中以宋代士兵的拣选制度为研究内容，分析了宋代士兵拣选过程中的种种问题。

① 参见郭东旭《宋代编管法》《河北大学学报（哲学社会科学版）》，1992 年第 3 期，第 12—17 页。

② 参见郭东旭《宋代刺配法述论》，《宋朝法律史论》，河北大学出版社 2001 年版。

③ 参见王军营《北宋基层士卒频繁变乱原因考析》，《延安大学学报》2007 年第 6 期，第 108—110 页。

④ 游彪：《士兵逃亡：法律制度的完善与制裁机制》，《宋代特殊群体研究》商务印书馆 2006 年版。

⑤ 参见王军营《两宋士兵逃亡法新探》，《西北大学学报（哲学社会科学版）》2007 年第 3 期，第 72—77 页。

⑥ 游彪：《剩员：宋朝安置退伍职业兵措施透析》，《宋代特殊群体研究》，商务印书馆 2006 年版。

⑦ 钱俊岭：《宋代军队赏罚制度研究》，河北大学 2011 年博士毕业论文。

⑧ 张国英：《北宋军队拣选制度研究》，北京师范大学 2009 年硕士毕业论文。

在宋代军队经商方面，汪圣铎的《宋代官府的回易》[①]、杜桂芳的《北宋军队回易问题再探讨》[②]、李洪的《宋代军队回易述论》[③] 等文章对宋代军队中广泛存在的回易现象进行论述，揭示了宋代士兵参与军队经商的现象。

以上论著以宋代兵制为角度，针对宋代兵制中的后勤补给，军事训练，更戍、兵种间的转化，军法，军俸，军队风气等问题进行了研究，为本书研究宋代士兵提供了制度史的理论基础。

（二）宋代诸军种的研究

在对宋代诸军种的研究中，因宋代厢军承担了宋代社会的大部分劳役，因此学界对于宋代厢军的研究较多。淮建利《宋代厢军研究》[④] 一书对宋代厢军的组成、建制、相关部门的劳作情况等方面进行了详尽的研究。柯弘彦在《宋代厢军的职务功能及其类型》[⑤] 一文中，以宋代厢军为研究内容，论述了厢军的分类与其社会职务功能。这两部关于厢军的系统性论著对厢军的生活均有不同程度的涉及。

其他涉及宋代厢军的论著，诸如漆侠的《中国经济通史：宋

---

① 参见汪圣铎《宋代官府的回易》，《宋代社会生活研究》，人民出版社 2008 年版。

② 参见杜桂芳《北宋军队回易问题再探讨》，《重庆工商大学学报（社会科学版）》2008 年第 6 期，第 88 页。

③ 参见李洪《宋代军队回易述论》，《云南社会科学》2001 年第 5 期，第 79—82 页。

④ 参见淮建利《宋代厢军研究》，中州古籍出版社 2007 年版。

⑤ 参见柯弘彦《宋代厢军的职务功能及其类型》，东吴大学 1997 年硕士毕业论文。

代经济卷》[1]、汪圣铎的《两宋货币史》[2]、李华瑞的《宋代酒的生产和征榷》[3]、王菱菱的《宋代矿冶业研究》[4]、张锦鹏的《南宋交通史》[5]、曹家齐的《宋代交通管理制度研究》[6]等都不同程度地论及各自研究领域中宋代厢兵的生活情况。此外郭东旭在《宋代刺配法述论》[7]一文中论及宋代刺配法与宋代厢军之间的关系。杜文玉、王凤翔的《唐宋时期牢城使考述》[8]一文对宋代牢城军改编过程、战斗力的弱化、士兵的组成状况进行了论述。汪圣铎、郭兰的《宋代的皇家军乐团——钧容直》[9]对宋军乐团士兵的组成、工作情况进行了论述。

学界对于蕃兵的研究成果也较为丰富。刘建丽、赵炳林在《略论宋代蕃兵制度》[10]一文中论述了宋朝将边境少数民族人民收入蕃兵并对其进行制度化管理的过程。任树民的《北宋西北边防

---

① 参见漆侠《中国经济通史：宋代经济卷》，经济日报出版社 1999 年版。

② 参见汪圣铎《两宋货币史》，社会科学文献出版社 2003 年版。

③ 参见李华瑞《宋代酒的生产和征榷》，河北大学出版社 2001 年版。

④ 参见王菱菱《宋代矿冶业研究》，河北大学出版社 2005 年版。

⑤ 参见张锦鹏《南宋交通史》，上海古籍出版社 2008 年版。

⑥ 参见曹家齐《宋代交通管理制度研究》，河南大学出版社 2002 年版。

⑦ 参见郭东旭《宋朝法律史论》，《宋代刺配法述论》，河北大学出版社，2001 年版。

⑧ 参见杜文玉、王凤翔《唐宋时期牢城使考述》，《陕西师范大学学报（哲学社会科学版）》2006 年第 2 期，第 31—36 页。

⑨ 参见汪圣铎、郭兰《宋代的皇家军乐团——钧容直》，《文史知识》2006 年第 1 期，第 48—54 页。

⑩ 参见刘建丽、赵炳林《略论宋代蕃兵制度》，《中国边疆史地研究》2004 年第 4 期，第 32—41＋149 页。

军中的一支劲旅——蕃兵》[①]、江天健的《北宋蕃兵》[②]、韩国学者金成奎的《宋代蕃兵成立史考》[③] 等文分别从不同角度对北宋的蕃兵在军事上起的作用，对其组成、发展、管理等方面进行了论述。

对于宋代的保甲等民兵组织，漆侠在《王安石变法》[④] 一书中论述了宋神宗时期的保甲法实施情况。此外刁培俊的《宋朝"保甲法"四题》[⑤] 对于宋代保甲法进行论述，其中对宋代保甲的生活也有涉及。钟佳伶的《宋代弓手研究》[⑥] 与黄宽重的《唐宋基层武力与基层社会的转变——以弓手为中心的观察》[⑦] 这两篇文章论述了唐宋时期弓手由一军种转变为基层治安武装力量的过程。

（三）宋代生活风俗史中的研究

《中国风俗通史·宋代卷》[⑧] 一书以宋代风俗为主题，在"饮食风俗"一章中论述了宋代各阶层的饮食情况，其中涉及了宋代士兵的伙食待遇问题；在"穿着风俗"一章中，作者对宋代武士、仪卫中所流行的以抹额作为头巾的生活习俗进行了论述；在

① 参见任树民《北宋西北边防军中的一支劲旅——蕃兵》，《西北民族研究》1993 年第 2 期，第 108—118 页。

② 参见江天健《北宋蕃兵》，《宋史研究集》第二十七辑，编译馆 1998 年版。

③ 参见金成奎《宋代蕃兵成立史考》，《宋辽金元史研究》第二号，1998 年。

④ 参见漆侠《王安石变法》，河北人民出版社 2001 年版。

⑤ 参见刁培俊《宋朝"保甲法"四题》，《中国史研究》2009 年第 1 期，第 69—81 页。

⑥ 参见钟佳伶《宋代弓手研究》，中国文化大学 1995 年博士毕业论文。

⑦ 参见黄宽重《唐宋基层武力与基层社会的转变——以弓手为中心的观察》，《历史研究》2004 年第 1 期，第 3—17 页。

⑧ 参见徐吉军、方建新、方健、吕凤棠《中国风俗通史·宋代卷》，上海文艺出版社 2001 年版。

“游艺风俗”一章中对宋代打马球这一活动中涉及训练骑兵的部分进行了论述。

汪圣铎在《宋代医官与防范瘟疫》[①] 一文中对宋代军营中对瘟疫的防范政策、医官的设置情况进行了论述。杨小敏在《宋代医者群体若干问题研究》[②] 一文中也论述了宋代军医的配置组成情况及其作用。

付为强的《宋人应对气候变化研究》[③] 一文对宋代社会应对恶劣天气的措施进行了分析，其中的部分章节对于恶劣天气对宋代军队所造成的影响，以及宋代士兵防寒避暑的方法进行了论述。

（四）财政史中的相关论述

汪圣铎的《两宋财政史》[④] 与包伟民的《宋代地方财政史研究》[⑤] 两书，分别对宋代财政史进行了全面而系统的论述。《两宋财政史》对宋代总体军费的构成以及其对中央财政的影响均有论述。《宋代地方财政史研究》对宋代地方总财政与地方军事费用之间的关系进行了论述。王曾瑜的《岳飞和南宋前期政治与军事研究》[⑥] 一文对南宋岳家军的军事纪律以及其进行的营利性经营

---

① 参见汪圣铎《宋代医官与防范瘟疫》，《宋代社会生活研究》，人民出版社2008年版。

② 参见杨小敏《宋代医者群体若干问题研究》，河北大学2005年硕士毕业论文。

③ 参见付为强《宋人应对气候变化研究》，河南大学2009年硕士毕业论文。

④ 参见汪圣铎《两宋财政史》，中华书局1995年版。

⑤ 参见包伟民《宋代地方财政史研究》，上海古籍出版社2001年版。

⑥ 参见王曾瑜《岳飞和南宋前期政治与军事研究》，河南大学出版社2002年版。

情况进行了论述。游彪的《略论士兵逃亡与宋代财政之关系》[①]对宋代逃兵给宋代造成的损失问题进行了论述。

综上所述，学界的诸多成果从不同角度涉及宋代士兵这一问题，但对宋代士兵缺乏全面的、系统的、微观的剖析，这也给本书的写作留下了空间。

宋代士兵是宋代军队的重要组成部分，也是宋代社会的重要阶层，目前尚无专门且系统的研究论述，本书将填补此缺陷。本书的研究角度主要关注宋代社会的基层士兵，在研究角度上由关注宋代上层社会的机构、制度、人物等，转移到士兵这一普通阶层。本书分别论述了士兵的职责分工、官职升迁、经济收入与消费、家庭环境、思想状态等内容，其中对士兵劳役中的军种分工、士兵转资升官等方面的研究从新的视角对宋代政治军事史的研究进行了开拓。士兵是宋代社会的重要组成部分，研究士兵的经济收入与消费和宋代士兵思想状态对了解宋代社会也有巨大的参考价值。

① 参见游彪《略论士兵逃亡与宋代财政之关系》，《中州学刊》1993 年第 6 期，第 130—133 页。

第一章 宋代士兵的来源和对宋代社会人口结构的影响

中国古代兵制的演变是一个征兵制和募兵制相互交替出现的过程，其变化的原因是各朝代经济制度的变化，漆侠先生认为，“中国封建时代的兵制，是随着它的基础——封建经济制度的变革而变革的”①。宋朝之前的各朝代，在各自政权建立之初，普遍实行了诸多形式的征兵制，他们多为国家向农民分配固定的一块土地，农民以人头标准向国家缴纳赋税并定时服兵役、劳役。宋代则与这些朝代不同，在宋朝建立之初，宋太祖继承了中唐至五代所实行的募兵制，招募宋代百姓从军。

① 漆侠：《知困集》，河北教育出版社 1992 年版，第 29 页。

第一节 宋代兵制的演变与社会人口结构的变化

一、宋朝之前兵制的发展过程

夏、商、周三代实行征兵制。周朝规定每家需出一人于军中服役称之正卒，若家庭中男丁较多，这些人还需要平时参加军事训练，战时从军征伐为羡卒。① 在春秋战国时期，各诸侯国继续实行了寓兵于农的兵役制，但是由于当时诸国间战事频仍，加之社会生产力的发展，战国的一些国家，例如齐国、魏国、秦国出现了早期的募兵制，这些被招募的士兵被称为"选练之士"或者"百金之士"②。

秦汉时期的兵制重新回归为征兵制，汉朝规定自"23 岁至 56 岁的健壮男子，即所谓丁男，都要服兵役 2 年"③。随着汉代生产力的发展，当时的全民兵役制在东汉后期有了一定的松动与瓦解，逐渐出现了募兵制的形态，④ 但是这种兵制却随着东汉末期的农民起义与军阀混战，"因战争频繁，人口减少，募兵困难，改行世兵制"⑤。

三国时期，由于受到战争的破坏，导致社会生产力下降，人

---

① 参见刘展《中国古代军制史》，军事科学出版社 1992 年版，第 67 页。
② 《中国古代军制史》，第 95 页。
③ 《知困集》，第 29 页。
④ 参见高敏《魏晋南北朝兵制研究》，大象出版社 2000 年版，第 5 页。
⑤ 陈玉屏：《魏晋南北朝兵户制度研究》，巴蜀书社 1988 年版，第 3 页。

口锐减，兵源不足，魏、蜀、吴三国均不同程度地实行了士兵屯田制度，随后发展成为世兵制，它规定所有隶属于军籍之人，本人以及后代必须世代皆为士兵。这一兵役制度的施行持续至南北朝时期，因士兵生活困苦，多数士兵逃亡，导致兵籍空虚，此时再次出现了由征兵制向募兵制转化的趋势，当时"募兵相应的兴盛"①，不过当时的募兵制多由官员私人招募，他们"各募部曲，屯聚京师"，募兵制成为"全国各地主持军府的将帅们用以补充与壮大私兵、部曲的手段"②。这种募兵制与战国、东汉后期的募兵制都未在历史上得以延续。

隋唐时期施行的府兵制替代了南朝时期的募兵制。府兵制是一种建立在均田制基础上的兵制，农民在得到国家分配给土地的同时必须定期向国家服兵役。随着唐朝生产力的发展，到唐中期时，府兵制逐渐瓦解，募兵制开始大规模的实行，并延续至五代时期，当时的募兵制与南朝募兵制相似，募兵之权并非由中央政府完全掌控，地方藩镇势力也拥有募兵之权，这一局面的形成，造成了当时的藩镇割据局面。

与宋朝同时期的辽朝实行征兵制，尽管在朝代后期也产生募兵，③ 但是征兵制仍然居于主体。史籍中记载辽代"凡民年十五以上，五十以下，隶兵籍"④，隶属于兵籍的辽人无战争时，居住劳作，每逢战事被选征入伍作战，战罢还乡。尽管辽圣宗时期辽代也出现了少量的募兵，但是直至辽末，辽朝所招募的射粮军只

① 唐长孺：《魏晋南北朝隋唐史三论》，中华书局 2011 年版，第 184 页。
② 《魏晋南北朝兵制研究》，第 293 页。
③ 王曾瑜：《辽金军制》，河北大学出版社 2011 年版，第 66 页。
④ ［元］脱脱：《辽史》卷三四《兵卫志上》，中华书局 1974 年版，第 397 页。

占军队的少数，[①] 萧韩家奴对辽代兵制弊端总结后，指出："选富民防边，自备粮糗。道路修阻，动淹岁月；比至屯所，费已过半；只牛单毂，鲜有还者。其无丁之家，倍直佣僦，人惮其劳，半途亡窜，故戍卒之食多不能给。求假于人，则十倍其息，至有鬻子割田，不能偿者。或逋役不归，在军物故，则复补以少壮"[②]。从中可以看出，辽朝长期以征兵制为主。

西夏兵制同样以征兵制为主，西夏百姓"十岁以内，当于籍上注册。若违律，年及十至十四不注册隐瞒时[③]，则会处以徒刑，"西夏百姓"年十五为丁。有二丁者，取一为正军"[④]。

金代兵制也以征兵制为主，金朝将征兵名曰"签兵"，"金之初年……壮者皆兵"[⑤]，这一情况至金朝政权灭亡并未发生太大的变化。时人认为金朝兵制的弊端之一是征兵的实行，"金朝兵制最弊，每有征伐或边衅，动下令签兵"[⑥]。可见与宋朝同时期其他政权多实行征兵制。

二、宋代兵制的演变

由上可以看出，除宋朝外，很多朝代的兵制几乎都经历了如下的循环过程：在王朝之初因各类原因而实行征兵之法，此后随着生产力的发展，各类限制人口迁徙自由的田制逐渐瓦解，王朝

---

① 《辽金军制》，第 67 页。

② 《辽史》卷一〇三《萧韩家奴传》，第 1446 页。

③ 史金波等译注：《天盛改旧新定律令》卷六，法律出版社 2000 年版，第 262 页。

④ 《辽史》卷一一五《西夏传》，第 1524 页。

⑤ ［元］脱脱：《金史》卷四十四《兵》，中华书局 1974 年版，第 992 页。

⑥ ［金］刘祁：《归潜志》卷七，中华书局 1986 年版，第 77—78 页。

为了维持兵源数量不得不将征兵制向募兵制转化，而在新王朝建立后，却又将旧王朝遗留下的募兵制重新归为征兵制。宋朝却是这种循环中的一个例外，宋太祖建国后，在形式上继承了中唐五代的募兵制，并对其加以改革，将募兵权收归中央政府所有，削弱地方武装势力，在此基础上，大规模实行募兵制，它顺应了前一时期的经济制度对兵役制度的客观需要。

按照马端临在《文献通考》中对各代兵制的总结："古之兵皆出于民者也，故民附则兵多，而勃然以兴；民叛则兵寡，而忽焉以亡，自三代以来皆然矣。秦汉始有募兵，然犹与民兵参用也。唐之中世，始尽废民兵而为募兵。"① 募兵制在宋朝得以充分的实行，并在此基础上建立了一支以禁军、厢军为主体的常备军队，其士兵来源主要以招募为主。太祖"令天下长吏择本道兵骁勇者，籍其名送都下，以补禁旅之阙"②，选调天下精兵集于京城充当禁军，"以守京师，备征戍"，同时在地方州县募百姓充当厢军"分给役使"③。宋太祖本人对这一兵制评价颇高，认为它具有前朝兵制所不可代替的益处，"可以利百代者，唯养兵也，方凶年饥岁，有叛民而无叛兵；不幸乐岁而变生，则有叛兵而无叛民"④。部分大臣如韩琦也认为："养兵虽非古，然亦自有利处，议者但谓不如汉唐调兵于民，独不见杜甫《石壕吏》一篇调兵于

---

① ［宋］马端临：《文献通考》卷一五四《兵六》考一三四七，中华书局 1986 年版，第 4620 页。

② ［宋］李焘：《续资治通鉴长编》（以下简称《长编》）卷六，太祖乾德三年八月戊戌条，中华书局 2004 年版，第 156 页。

③ ［元］脱脱：《宋史》卷一八七《兵一禁军上》，中华书局 1997 年版，第 4569 页。

④ ［宋］晁以道：《景迂生集》卷一《元符三年应诏封事》，文渊阁四库全书影印本。

民，其弊乃如此。后世既收拾强悍无赖者，养之以为兵，良民虽税敛良厚，而终身保骨肉相聚之乐，父子兄弟夫妇免生离死别之苦，此岂小事”①，亦认为募兵制可以缓和社会矛盾，有利于宋朝统治。

随着募兵制在宋代的实行，宋代士兵们的工作职责和生活状态也与其他朝代不同，他们长期生活在军营中，担负着诸多职责，其中“天子之卫兵，以守京师，备征戍，曰禁军；诸州之镇兵，以分给役使，曰厢军”②，他们脱离了之前的生产劳动，在军队中从事卫戍、训练、征战、劳役等工作。他们大约在从军后的几十年之内都在军队中供职，如果私自逃离军队，会受到宋政府相关法律的严厉处罚，所以无论士兵从军的动机为何，他们都需要在军队度过余生。

宋初，太祖在位时制定了“内外相制”之规，当时“京师十万余，诸道十万余。使京师之兵足以制诸道”③，以此保持宋代京城内外士兵数量的平衡，维护宋朝的统治。在这一制度下，宋代京城成为士兵人数屯驻最多的地区。此外，宋朝边境地区士兵人数也较多，如北宋时期的河北、河东、陕西诸路，南宋的两淮、四川、荆湖地区都屯驻着诸多的士兵，在南方战事相对较少的地区则较少，一些州甚至没有禁军。④ 如宋仁宗庆历三年（1043）因王伦、张海作乱，才于“江、湖、淮、浙、福建诸路又添宣毅

① ［宋］罗大经：《鹤林玉露》卷十，中华书局 1983 年版，第 180 页。

② 《宋史》卷一八七《兵一》，第 4569 页。

③ ［宋］朱弁《曲洧旧闻》卷九，《全宋笔记》第三编第 7 册，大象出版社，第 79 页。

④ 参见王曾瑜《宋朝军制初探（增订本）》，中华书局 2011 年版，第 66 页。

一百二十四指挥”①；“长沙旧无屯兵”，绍兴四年（1134）七月“始将兵校二万一千余人戍其地”②；宋宁宗开禧四年（1131）十月，因太湖一带多盗贼出没，宋宁宗才诏令于太湖附近“措置创盖铺屋、寨屋，分差兵士”③ 以作巡防之用。

在北宋，宋代募兵制下的士兵包括禁兵、厢兵等士兵。其中禁兵是北宋主要的作战军队，包括班直士兵与隶属于三衙的士兵。其中上禁军包括捧日、天武、龙卫、神卫四指挥，其他禁军番号士兵隶属于中禁军和下禁军。中央禁军出屯开封以外的地区时，采用就粮、屯驻、驻泊三种名目。④ 宋神宗即位后，对北宋军制进行了改革，在全国范围内实行将兵法，宋代禁兵自此分为系将禁兵与不系将禁兵，同时宋神宗还实行了并营减兵的政策。厢兵多以服劳役为主，其中包括有河清兵、壮城军、桥道军、作院军、装发军、船坊军等，他们从事着宋代各类官营手工业、水利工程、土木工程、信息传递等职业。在南宋，募兵制下的士兵包括驻屯大军、禁军、厢军等军种，以及南宋后期设置的各类新军，其中驻屯大军取代禁兵成为主要作战军种，禁军士兵地位下降。

士兵军种不同，他们各自从事的职务与经济收入也不相同。以班直士兵为例，他们充当皇帝宿卫，护卫皇帝安全，较少外出参与战争，而其他番号的禁军需要出戍、征战。至于厢军的职责

---

① ［宋］张方平：《乐全集》卷一八《对手诏一道》，文渊阁四库全书影印本。

② ［宋］李心传：《建炎以来系年要录》（以下简称《要录》）卷七八，绍兴四年七月辛亥条，中华书局 1999 年版，第 1275 页。

③ ［清］徐松：《宋会要辑稿》（以下简称《宋会要》）职官四八之一三五，中华书局 1957 年版。

④ 参见《宋朝军制初探（增订本）》，第 70 页。

则多以劳作为主，地位较禁军低下，如宋徽宗宣和二年（1120），“欲选厢卒充乐工”，尚书虞部郎中舒彦认为此举不妥，他认为“州郡春秋祠祭社稷、风师、雨师与释奠宣圣，礼至重也，而乐工乃以黥卒为之，诚恐文不相称也”①。

不过，在宋代也存在部分征兵制的残余，以各类乡兵、保甲等民兵的形式表现。由于在一些对外战争中，宋朝正规军的战斗力较弱，且部分地区驻扎军力空虚，一部分官员认为那些生活在边疆的宋代乡兵，多骁勇善战，他们的战斗力“胜如官兵”②。于是自宋真宗朝起，宋政府开始在河北、陕西地区设置多种名目的乡兵。此后，随着宋代募兵制下正军士兵人数的急剧增加，给宋代财政、军事带来了一系列的负担，“募兵之数日多，养兵之费日浩”③。宋仁宗在位时期，在裁减正军人数的同时，进一步推行了宋真宗时就施行的征兵之法，宋神宗即位后，将之前地区性建制的乡兵制度，改为全国性的保甲制，保丁需定时训练，护卫乡里，在战争时被选派征战。南宋建立后，为防御金、蒙元的先后进攻也在两淮、四川等地设置了诸多了乡兵编制。

尽管一些宋代官员有着用征兵制代替募兵制的愿望，④ 不过这一设想在宋代并未实现，在宋代形成了征募之制并存的状态。

① 《宋会要》礼一四之七一至七二，第622—623页。

② ［宋］许应龙：《东涧集》卷十三《民兵论》，文渊阁四库全书影印本。

③ 《通考》卷一五四《兵六》考一三四七，第4620页。

④ 北宋的一些官员把宋朝兵制与前代和同时期的辽夏兵制比较后，认为“古者兵法起于井田，故有寓兵，无募兵”（范浚：《香溪集》卷十四《募兵》），是一种较好的兵制，欧阳修言：“唐立府兵之制，颇有足称焉。”（欧阳修：《新唐书》卷五一《兵志》，第1321页。）同时，他们认为辽、西夏军队的强大，是由于其实行了征兵制，具有“其数虽多，而赡养至薄”（赵汝愚：《宋朝诸臣奏议》卷一二三，韩琦《上英宗乞募陕西义勇》，第1360页）的优点。希望将宋代兵制恢复为征兵制。

这给宋代士兵的生活带来了很大的影响。一方面，在宋代大规模征调乡兵时，宋政府多对正规军士兵数量进行裁减，如宋仁宗在皇祐元年（1049）裁减兵籍，“放归农者六万余”①，对于那部分思念家中老小的士兵而言，则欣喜归家，但对于那些长期依赖于军队生活的士兵，则不愿离开军营，甚至有些士兵离营后生活无所依存，至于乞讨为生。另一方面，对于宋代百姓而言，宋政府新一轮征兵制开始后，他们中的一部分人将被强迫征作民兵，战时征调入伍，闲时务农，打破了他们之前的生活状态，导致其生活发生了很大的变化。

乡兵在北宋前期多为地区性的建制，番号众多，如北宋乡兵有河北、河东神锐，河北、河东忠勇，陕西保毅，河北忠顺，河北陕西强人寨户，河北河东强壮，河东陕西弓箭手，河北等路弓箭社，河北河东陕西义勇，陕西护塞，川峡土丁，荆湖义军土丁弩手，施黔思等处义军土丁，广南西路土丁，广南东路枪手，邕钦溪洞壮丁，福建路枪仗手，江南西路枪仗手。宋神宗施行保甲制后，将部分乡军改制并入其中，如河北、河东强壮，河东、陕西义勇等。在南宋包括忠义巡社，土豪民兵，山水寨兵，利州路义士，利州路忠义人，兴元府良家人，西和州、阶州、成州、凤州忠勇，金州、均州、房州保胜，文州忠胜，西和州、阶州弓箭手，龙州寨子弓箭手，夔州路义兵，嘉定府、黎州、雅州、威州、茂州土丁，恭州把截将，泸南夷军、义兵、胜兵，京西路保捷，湖北路义勇，湖北路土丁刀弩手，湖南路乡社，淮南义兵，淮南万弩手，镇淮军，两淮壮丁民社，福建路枪仗手，江西路枪

---

① 《长编》卷一六七，皇祐元年十二月壬戌条，第4024页。

仗手，两广土丁，辰州、沅州、靖州洞丁，邕州左、右江洞丁，广西路义士等番号。[①]

三、宋代士兵与宋代社会人口结构的变化

宋代募兵制下的士兵已经成为一种独立的职业，“兵农之分，不可复合”[②]，自士兵从军之时到他们离开军队的数十年时间里，全部依靠国家的军俸维持生活。宋代募兵制度的实行导致宋代兵籍数量逐年增加。宋代募兵制下的士兵人数在宋太祖在位时期为20万左右，至宋仁宗庆历年间增为禁、厢军人数“一百二十五万九千”[③]，约为宋初兵数的六倍，至宋神宗即位之初，禁、厢军总兵数仍为“总治平之兵一百十六万二千”[④]。南宋士兵总数缺乏类似北宋的统一记载，但是在一些地方性的兵数记载中也可以略见一斑，如宋高宗绍兴初，南宋除四川、陕西地区外有“内外大军凡十九万四千余……及杨沂中将中军总宿卫，江东刘光世、淮东韩世忠、湖北岳飞、湖南王燮四军共十九万一千六百”[⑤]，按次数推理南宋军队士兵人数也应在五十万人以上。由于这些士兵人数众多且脱离生产，他们逐渐作为一个独立的阶层出现于宋朝，他们的人数随着宋政府的招募而增多，成为宋代社会中重要的人口组成部分。

宋太宗在位时期，官员王禹偁提出了八民之说，“古者惟有

---

① 参见王曾瑜《宋朝军制初探（增订本）》，中华书局 2010 年版，第 88 页。

② 李纲：《李纲全集》卷一四八《论兵》，岳麓书社 1998 年版，第 1397 页。

③《宋史》卷一七九《食货下一》，第 4352 页。

④《通考》卷一五三，兵考五，考一三三三，中华书局 1986 年版，第 4573 页。

⑤ ［宋］李心传：《建炎以来朝野杂记》甲集卷十八《绍兴内外大军数》，中华书局 1993 年版，第 404 页。

四民，兵不在其数……战士不服农业，是四民之外，又生一民”①，此后诸多士大夫也多这样认为，如陈舜俞在《说农》中同样谈及“古之民四，而农居其一。今之民、士、工、商、老、佛、兵、游手合为八”②，魏了翁言“古之民四，今之民六”③，其中同样将士兵列为一民。在北宋初、北宋中后期、南宋后期的三名士大夫都把士兵列成社会阶层之一，可见当时士兵无论在数量上还是在阶层的独立性上，都对宋朝社会的人口结构产生了很大的影响。

在史籍中以“军民”二字代称普通人民的说法于宋代文集亦愈常见。军民这一称呼在宋以前偶有出现，但是因“兵民合一”，民服兵役，所以“农即兵也”④。宋朝则自宋太祖朝便出现了此类用语，诸如“极土木之巧，军民咸怨”⑤ 之类特指全体居民的说法。宋太祖与宋太宗初年，关于军民的这一称谓多出现在收复割据政权时的记载中，诸如“潘美等奏：伪命节度副使赵希赞等率军民一万五千余人归降”⑥。此后，随着宋代士兵数量的增长，以军民代表社会中下层的统一称呼在宋代多有出现，如王禹偁曾提及“其余军民刑政之弊，非臣所知者，望委宰相裁议颁行”⑦，以

---

① 《宋史》卷二九三《王禹偁传》，第 9797 页。
② ［宋］陈舜俞：《都官集》卷七《说农》，文渊阁四库全书影印本。
③ ［宋］魏了翁：《鹤山集》卷三八《紫云山崇仙观记》，文渊阁四库全书影印本。
④ 《宋史》卷二九三《王禹偁传》，第 9797 页。
⑤ 《长编》卷二，建隆二年八月甲子条，第 53 页。
⑥ ［宋］田锡：《咸平集》卷二三《贺潘美奏胜捷表》，文渊阁四库全书影印本。
⑦ 《长编》卷三十，端拱二年九月戊子条，第 687 页。

及“中外包羞，军民沮色”[①] 之语。柳开在描述宋朝百姓在战争中经历的悲凉生活时，称“河北军民被（辽军）杀掳甚苦”[②]。又如宋真宗景德元年（1004），诏“陕西、川峡官吏军民，以契丹修好毕，贺还京也”[③]。

宋仁宗在位时期，士兵人数急剧增多，所以军民这一称谓在这一时期被宋人使用颇多。宋仁宗庆历元年（1041），行南郊礼并大赦天下，官员宋祁“集本州官吏军民宣读，并下管内诸县寨施行”[④]；皇祐五年（1053），宋祁再次“集本州（定州）官吏军民宣读”[⑤] 开封南郊大礼之事。在宋政府颁发的官员委任状中对此也多有提及，诸如在《内殿承制知夔州陈宗古可供备库副使》中称“官吏、军民宣示施行”[⑥]。嘉祐八年（1063），宋英宗“遣供备库副使夏僖等二十人，告谕诸路官吏、军民以先帝升遐及上嗣位之意”[⑦]。又如当风调雨顺、农业丰收之时，官员所作文也多此语，如余靖所作的《贺祫享赦表》中言及“军民竦踊，中外欢呼”[⑧]。

宋神宗在位时期，这一称谓继续被皇帝、官员使用，如在《贺熙宁十年南郊礼毕大赦表》中，曾巩撰文“已集军州官吏、

---

① ［宋］王禹偁：《小畜集》卷二一《为宰臣上尊号表》，文渊阁四库全书影印本。

② ［宋］柳开：《河东集》卷八《上郭太傅书》，文渊阁四库全书影印本。

③ 《长编》卷五八，景德元年十二月壬寅条，第1300页。

④ ［宋］宋祁：《景文集》卷三六《贺南郊礼毕表》，文渊阁四库全书影印本。

⑤ 《景文集》卷三六《定州贺南郊礼毕表》。

⑥ ［宋］余靖：《武溪集》卷十《内殿承制知夔州陈宗古可供备库副使》，文渊阁四库全书影印本。

⑦ 《长编》卷一九八，嘉祐八年二月庚辰条，第4096页。

⑧ 《武溪集》卷一六《贺祫享赦表》。

将校、军民等宣读”①。在称赞官员的声望时亦称“京师及四方军民，久服（文）彦博之名”②。元丰八年（1085）正月，宋神宗病重，许多地区的“官吏、军民、僧道”③ 各建道场为宋神宗病体祈祷祝福。

自两宋之交至南宋，军民这一称呼使用更加普遍，在《建炎以来系年要录》中军民出现的次数就达到二百多次。又如《三朝北盟会编》记载，靖康二年（1127），“社稷有主，人知所归。都城官吏、军民、僧道、耆老等世受大恩，各怀忠义，当金人劫请车驾，及后来权宜谅其本心，必不忘赵氏，各宜安居，息心无生疑惑，以待恩抚，须至晓谕”④。当金兵掳走宋徽宗、宋钦宗和皇室时，开封“百官、军民奔随号哭”⑤。这一社会人口结构观念对入侵宋朝的金军也产生了影响，当金兵占领北宋都城开封后，在寻觅替他们统治占领区的傀儡时，也采取了“集耆老、军民共议，荐举堪为人主者一人”⑥ 的方法。在金人拥立张邦昌称帝时，假称“今来军民悉愿推戴张太宰”⑦。在宋人记载的抗金战争中，军民称谓更为多见，如建炎元年（1127），平阳府吏张昱“聚众

---

① ［宋］曾巩：《元丰类稿》卷二七《贺熙宁十年南郊礼毕大赦表》，文渊阁四库全书影印本。

② ［宋］范祖禹：《范太史集》卷一八《乞留文彦博札子》，文渊阁四库全书影印本。

③ 《长编》卷三五一，元丰八年正月己未条，第 8405 页。

④ ［宋］徐梦莘：《三朝北盟会编》卷九五，靖康二年四月二十一日条，上海古籍出版社 2006 年版，第 699 页。

⑤ 《要录》卷二，建炎元年二月辛未条，第 47 页。

⑥ 《要录》卷二，建炎元年二月丙寅条，第 39 页。

⑦ 《要录》卷三，建炎元年三月癸亥条，第 64 页。

数千，会慈州无守，军民共议迎昱入州，权领州事”[①]。同年八月，宋高宗在稳定杭州社会安定时，诏赐杭州黄榜，“招谕作过军民，若能率众归降，当赦其罪，一切不问”[②]。建炎元年（1127）九月，因时局动荡多有宋人“乐于侥幸，撰造言语，妄唱事端”，宋高宗在辟谣的诏书中言，这些谣言“意在扇惑军民，成其私计”[③]。建炎三年（1129）十月，当宋高宗南逃至越州时，当地“官吏、军民、僧道上表乞赐府额”[④]。绍兴七年（1137），伪齐刘豫即位，宋高宗立即诏告天下：“致有今来变废，仰指挥到日，即速遍牌晓谕，随谕官吏、军民、僧道、耆老人等，仍于坊巷村寨，多行粉壁告示，使咸体悉圣恩普救之意”[⑤]，以保证南宋朝廷的统治权威。

南宋的敕书中多提及“官吏、军民、僧道、耆寿”以此代表全体人民之意，这是宋代之前绝少出现的。如宋高宗在《赐昭庆军敕书》中称：“敕：昭庆军官、吏、军、民、僧、道、耆寿等。”[⑥] 下表（见表 1-1）统计了其他南宋敕书，这些敕书在题目上都言及了“官吏、军民、僧道、耆寿”代指当地全体人民。

① 《要录》卷七，建炎元年七月戊戌条，第 186 页。

② 《要录》卷八，建炎元年八月庚辰条，第 206 页。

③ 《要录》卷九，建炎元年九月癸丑条，第 224 页。

④ ［宋］施宿：《会稽志》卷一《绍兴府》，《宋元地方志丛书》，大化书局 1990 年版，第 6157 页。

⑤ 《三朝北盟会编》卷一八二，绍兴七年十一月十八日条，第 1315 页。

⑥ ［宋］刘才邵：《檆溪居士集》卷七《赐昭庆军敕书》，文渊阁四库全书影印本。

表 1-1　宋代“军民”称谓表

文章题目	出处
《赐庆远军官吏军民僧道耆寿等示谕敕书》	《北海集》卷十六
《赐安庆军官吏军民僧道耆寿等示谕敕书》	《汉滨集》卷三
《赐安庆军官吏军民僧道耆寿等敕书》	《汉滨集》卷三
《示谕安德军官吏军民僧道耆寿敕书》	《文忠集》卷一百十一
《示谕荆南官吏军民僧道耆寿敕书》	《文忠集》卷一百十一
《示谕保寧军官吏军民僧道耆寿等敕书》	《文忠集》卷一百十一
《赐保信军官吏军民僧道耆寿等示谕敕书》	《盘洲文集》卷十六
《赐保宁军官吏军民僧道耆寿等敕书》	《鹤林集》卷十二
《赐保康军官吏军民僧道耆寿等敕》	《鹤林集》卷十二
《赐武康军官吏军民僧道耆寿等敕》	《鹤林集》卷十二

第二节　宋代士兵的来源

宋代士兵一般是由宋朝政府出钱物招募宋代百姓从军，其来源主要包括：“或募土人就所在团立，或取营伍子弟听从本军，或募饥民以补本城，或以有罪配隶给役。”① 在南宋官员华岳所做的《再上皇帝书》中又将其细分为六类：“一曰合格，谓身及等丈，体无残疾；二曰亡命，谓漂泛淮海，鼓诱溪洞；三曰捕逃，谓忧罪逃窜，思得自效；四曰破格，谓等仗雕怪而骁勇过人，肢体虽残而武艺无敌；五曰盗贼，谓累犯刑又犯法，无生可谋，甘

① 《宋史》卷一九三《兵七》，第 4799 页。

为盗贼，无术可禁；六曰私贩，谓私贩商榷，偷瞒商税。”①

一、招募普通百姓与军营子弟

募兵制下的士兵招募过程通常为宋政府制订募兵计划后，对应募的宋人按相应身体标准选拔招募，随后分隶各军种。“太祖拣军中强勇者号兵样，分送诸道，令如样招募。后更为木梃，差以尺寸高下，谓之等长杖，委长吏、都监度人材取之。当部送阙者，军头司覆验，引对便坐，分隶诸军。”② 对于那些身怀武艺却不及等仗者，宋政府也加以招募，如“太祖招军格，不全取长人，要琵琶腿，车轴身，取多力，唐募军有翘关负石之格，取其关持其末五举为合格”③。宋政府也经常主动招募那些散居在民间身体强壮、武艺高强的人从军，宋太祖开宝二年（969），派遣控鹤都虞候京兆崔翰前往京西路诸州，“择其勇悍习武艺者，籍为禁军”④。

宋朝多派遣官员前往各地招募百姓从军。宋仁宗庆历年间，诏建立宣毅指挥，于“京东、京西、河北、河东、淮南、江南、两浙、荆湖、福建九路募健勇或选厢军为之”⑤，至和元年（1054），宋仁宗诏于河北、河东、陕西三路“募就粮兵，骑以四百人，步以五百人为一营”⑥；治平二年（1065），宋英宗“遣使

① ［宋］华岳：《再上皇帝书》，《全宋文》第306册，第97页。
② 《宋史》卷一九三《兵七》，第4799—4800页。
③ ［宋］张舜民：《画墁录》，文渊阁四库全书影印本。
④ 《长编》卷十，开宝二年六月癸巳条，第227页。
⑤ 《宋史》卷一八七《兵一》，第4600页。
⑥ 《宋史》卷一九三《兵七》，第4800页。

畿县、南京、曹、濮、单、陈、许、蔡、亳州募民补虎翼、广勇”①；治平四年（1067），宋神宗即位后，诏“延州募保捷五营，以备更戍”②；熙宁七年（1074），神宗“遣使分行诸路，募武士赴熙河”③，同年（1074）八月，神宗诏“诸路阙兵多处，令监司选举使臣招补，开封府蔡确，京东李察、赵济，京西刘宗杰、李南公，并提举招兵”④。

宋政府除招募百姓从军外，也常招募士兵子弟从军。这些人因为从小生活在军营中，受父辈的影响和军队风气的渲染，多“素习弓马，谙晓战阵者……熟见父兄军律，最宜收刺”，没有“新募之军，未谙大敌”的弱点⑤，且他们从军也可节省宋政府的部分征募新兵入伍之费⑥，同时招募军中子弟从军也可“全父子之情”⑦，稳定军心。

宋朝多次招募军中子弟入军，宋英宗治平二年（1065），诏“募陕西土民、营伍子弟隶禁军”⑧，宋高宗登基之初“召募陕西正兵、弓箭手之在民间不出者，及将家子弟，不旬月间，可得二万人”⑨。建炎年间，宋朝军兵“或三衙招募，或选刺三衙军中子

---

① 《宋史》卷一九三《兵七》，第4801页。

② 《宋史》卷一九三《兵七》，第4801页。

③ 《宋史》卷一五《神宗二》，第285页。

④ 《长编》卷二五五，熙宁七年八月己丑条，第6241页。

⑤ ［明］黄淮、杨士奇：《历代名臣奏议》卷五二《治道》，上海古籍出版社1989年版，第708页。

⑥ ［宋］章如愚：《群书考索》别集卷二一《禁兵》，中华书局1992年版，第1410页。

⑦ 《历代名臣奏议》卷九六，第1316页。

⑧ 《宋史》卷一九三《兵七》，第4801页。

⑨ ［宋］李纲：《李纲全集》卷一七七《建炎进退志总叙四》，岳麓书社2004年版。

弟，或从诸郡选刺中军子弟”①。宋人曹彦约建议“屯田司募军中子弟，或土著百姓与流离无归之人从便，应选年四十以下，试手眼走跳，量以等仗”②。吴猎也建议应“刺军中子弟，以壮军实”③。宋宁宗嘉定三年（1210），宋军兵源短缺，“东西两路兵失亡过半”，宋政府采取了“选募军中子弟及死事孤以补之”④ 的方法。宋理宗淳祐四年（1244），诏“马军司选子弟身体强壮者一百人，补龙卫、云卫、武卫三指挥阙额。”⑤ 如果士兵阵亡，他们的子孙也可从军，借助他们对敌人的仇恨，激发这些士兵的士气，在《武经总要》中记载：

阵亡军士之家，子孙及亲弟侄，取最长一名年二十已上，充填本军。内有人材过本军等样，或不及元军分等样配军，并倍支入军例物。内十五以上，身无残疾，愿充军者，且支半分请受，候年及二十，据等配军。其无人充军者，家属随便，仍给钱十贯。⑥

此外，宋代军队还存在着各指挥之间互相招收士兵的情况，多发生在南北宋之交。由于这种行为会产生士兵之间“互相识认，别致纷争”⑦ 的弊端，故官员多建议宋高宗对这一行为予以

---

① 《宋史》卷一九三《兵七》，第 4819 页。

② ［宋］曹彦约：《昌谷集》卷十六《屯田议》，文渊阁四库全书影印本。

③ ［宋］吴猎：《鹤山集》卷八九《敷文阁直学士赠通议大夫吴公行状》，文渊阁四库全书影印本。

④ ［宋］真德秀：《西山文集》卷四一《故资政殿学士李公神道碑》，文渊阁四库全书影印本。

⑤ 佚名：《宋史全文》卷三三，淳祐四年八月丁巳条，文渊阁四库全书影印本。

⑥ ［宋］曾公亮、丁度：《武经总要》前集卷一四，《中国兵书集成》，解放军出版社、辽沈书社 1988 年版，第 735 页。

⑦ 《通考》卷一五四《兵考六》，考一三四五，第 4613 页。

禁止，如宋高宗建炎三年（1129）六月，御营使司请求："诸将不得互相招收"①。绍兴三年（1133）三月，江东西路宣抚使韩世忠言："近旨诸军不得互相招收。"②

二、招募灾民与强募百姓入伍

宋政府还常在灾荒之年招募灾民充军。宋朝在建国伊始制订了招募灾民从军的制度，希望借此缓和并消除潜在的社会矛盾，将之前曾经带给各王朝毁灭性打击的农民起义扼杀在萌芽状态。宋太宗即位后曾谈及他对这一政策的看法，他认为招募饥民可以保证宋朝境内安定的社会秩序，从而达到"有叛兵而无叛民"③，巩固统治政权基础的稳固。

宋代多次招募灾民从军，以北宋为例，咸平三年（1000），宋真宗诏"募饥民堪役者隶军籍，得万人"④；庆历八年（1048）七月，因河北路地区洪水泛滥，宋仁宗诏河北路"州县募饥民为军"⑤；熙宁元年（1068）五月，宋神宗诏"募饥民补厢军"⑥；元丰二年（1079），开封府界、京东、京西路的兖州、郓州、齐州、济州、滨州、棣州、德州、博州等地区因灾荒导致"诸州民饥"，宋神宗诏"募（饥民）为兵，以补开封府界、京东、西将兵之阙"⑦；大观四年（1110）三月，宋徽宗诏"募饥民补禁

① 《要录》卷二四，建炎三年六月辛未条，第500页。
② 《要录》卷六三，绍兴三年三月甲戌条，第1082页。
③ 《景迂生集》卷一《元符三年应诏封事》。
④ 《宋史》卷三二四《李允则传》，第10479页。
⑤ 《宋史》卷二一《仁宗三》，第226页。
⑥ 《宋史》卷一四《神宗一》，第268页。
⑦ 《宋史》卷一九三《兵七》，第4802页。

卒"①。可见这一制度的实行贯穿北宋。灾民从军也需要通过宋政府制定身体审核标准，宋仁宗明道元年（1032）当有淮南饥民无法生存而从军时，其中一部分人的身体素质无法达到士兵的标准，后宋仁宗特诏"有愿隶军而不中者，听隶下军"②。

但是，天灾的发生并不伴随宋朝统治者的招兵意愿而发生。宋代在不同时期都存在着对兵源的大量需求，以宋神宗元丰四年（1081）宋军攻伐西夏战争失败后为例，因宋朝军队"狼狈而归，卒疲食尽，失亡甚多"③，导致宋朝西部边境军队兵源不足，宋神宗为了招足兵数甚至采取了降低等丈标准的方法，对于那些愿投军的保甲，宋神宗下诏特许"四十以下减一指，三十以下减二指"④ 之人，皆可入军。

由于仅仅依靠招募饥民、难民从军，并不能保证宋代国防对士兵数量的需求，所以在宋朝产生补充兵源的需求。在无自然灾害发生之时，宋政府只能依靠发放钱财招募士兵，如果宋政府无法招募到足够数量的士兵，在"招兵者，今日之急务"的紧急情况下，宋政府常采取提高宋人从军待遇的方法作为诱惑。宋真宗咸平二年（999），"以厚利召募愿为正军者"⑤，宋英宗治平二年（1065）招募士兵时，也采取了"人加赐绢、布各一"⑥ 的方法，但是单纯依靠金钱招募士兵，有时多难以够数。从宋神宗元丰三年（1080）"府界诸路将下阙禁军万数"的报告中可以看出当时

① 《宋史》卷二十《徽宗二》，第 384 页。
② 《长编》卷一一一，明道元年三月乙亥条，第 2578 页。
③ ［宋］司马光：《传家集》卷五十，文渊阁四库全书影印本。
④ 《长编》卷三三七，元丰六年七月丁卯条，第 8132 页。
⑤ 《长编》卷四四，咸平二年闰三月庚寅条，第 938 页。
⑥ 《宋史》卷一九三《兵七》，第 4801 页。

的士兵缺口很大，导致京城守备出现了很大空缺，神宗诏“有司其速募之”①，从“速募”这一用词也可知当时宋政府对士兵数量需求的迫切。这一情况在南宋依然存在，宋高宗绍兴二十七年（1157），大臣上疏宋高宗言当时的三衙士兵“阙六千七百二十六人，若不招填，兵数日损”②。

招募士兵的官员如果募集到了规定的兵数，可以得到奖励。宋仁宗庆历二年（1042）“分遣内臣往河北路催募兵，及万人者赏之”③。宋神宗熙宁六年（1073），“供备库使高永亨迁一官，减磨勘二年，高永能迁一官，王亢循资，再任。以鄜延路经略司言（高）永亨等括田、招弓箭手有劳也”④。熙宁七年（1074），礼宾使、文州刺史王中正领嘉州团练使，因他在麟州、府州、丰州“招弓箭手千四百人，及熙河，又招千三百六十人”⑤。元丰五年（1082），宋神宗诏“一岁内能募及百人者，加秩一等”⑥。

反之，由于招军官员如果无法募集足数的士兵则会受到宋政府的惩罚，所以他们多采取强刺百姓从军的做法以满足数额要求，如宋仁宗嘉祐六年（1061），“良民子弟或为人诱隶军籍，父母泣诉而不得还者”⑦ 之事在宋朝多有发生。宋徽宗政和年间，刘喜、张士英二人借“金明池人大和会，忽遮门大索，但长身少年，牵之而去，云‘充军’。致卖蔬茹者不敢入城，行旅市人下

---

① 《宋史》卷一九三《兵七》，第 4802 页。
② 《宋史》卷一九三《兵七》，第 4820 页。
③ 《长编》卷一三五，庆历二年正月壬戌条，第 3216 页。
④ 《长编》卷二四四，熙宁六年四月庚辰条，第 5935 页。
⑤ 《长编》卷二五三，熙宁七年八月己丑条，第 6241 页。
⑥ 《宋史》卷一九三《兵七》，第 4803 页。
⑦ 《长编》卷一九三，嘉祐六年二月乙丑条，第 4663 页。

逮奴隶，皆避藏恐惧”①，“百姓朱谨，被京西巡检司兵士刘喜等四人擒拽强令投军，朱谨不从，而四人杂殴之”②。宋钦宗靖康元年（1126），为了抗击金兵入侵，宋政府广募士兵，但是京畿诸邑的宋人很少应募从军，官员为补足兵数“则强捕村民及往来行人为之”③。这种做法会对当地的治安造成很大的破坏，“致里吅奔骇，商旅不行”④。许多官员建议停止强募宋人入军，以此稳定社会治安，如宋高宗绍兴九年（1139）御史中丞廖刚奏报“殿前司强刺百姓充军”，他认为：“幸此讲和上下，且得休息，惟此一事，甚为民害。”⑤ 此后，尽管宋政府多次宣布“禁诸军强刺平人为兵，已刺者皆释”⑥，但是仍然难以杜绝这一行为，“诸处溃散军人啸聚作过，将百姓强刺充军”⑦ 的情况依然多见，至宋度宗咸淳年间，“边报日闻，召募尤急，官降钱甚优厚。强刺平民，非无法禁。所司莫能体上意，执民为兵。或甘言诳诱；或诈名贾舟，候负贩者群至，辄载之去；或购航船人，全船疾趋所隶”⑧。甚至为了招募士兵，官员还想出了以美色引诱之法，“令军妇冶容诱于路”，借此“尽涅刺之”⑨。在强抓百姓从军之时，官员只是单纯以凑足人数为目的，多不考核被抓之人是否适合从军，例如宋仁宗景祐二年（1035），当“转运使料卒补水兵”时，于水

① 《宋史》卷一九三《兵七》，第 4806 页。
② 《历代名臣奏议》卷一八〇，第 26367 页。
③ 《宋史》卷一九三《兵七》，第 4809 页。
④ 《宋史》卷一九三《兵七》，第 4809 页。
⑤ 《要录》卷一二九，绍兴九年六月丁丑条，第 2093 页。
⑥ 《宋史》卷二十七《高宗四》，第 510 页。
⑦ 《宋史》卷一九三《兵七》，第 4818 页。
⑧ 《宋史》卷一九三《兵七》，第 4822 页。
⑨ 《宋史》卷一九三《兵七》，第 4822 页。

兵这种对从军之人有一定技能要求的兵种，镇国节度使、驸马都尉李遵勖却“不问习否，强以隶籍”[①]。

除普通百姓外，僧人有时也被强招入伍，如北宋初年，“江南初平，汰李氏时所度僧，十减六七。（胡）旦曰：‘彼无田庐可归，将聚而为盗。’悉黥为兵。”[②]

三、乡军士兵的征召

宋代的乡军在一定程度上保留和恢复了前朝的征兵制[③]，这些士兵“选自户籍，或士民应募，在所团结训练，以为防守之兵也”[④]。在宋代，乡军以招募和征集两种方式招入军队，这些士兵或可得到“政府拨给一定数量的田地”，或可得到“一定的钱物补贴”[⑤]。他们与募兵制下的禁军、厢军不同，乡军并未脱离生产，而是平时耕作，定时参加教阅，在战争爆发之时，部分士兵也会“被征调或招募为正规军禁军”[⑥]。

这一类士兵人数较多，以宋仁宗庆历初为例，义勇的数量在河北路总十八万九千二百三十人，河东路总七万七千零七十九人，皆“简强壮并钞民丁涅手背为之”[⑦] 共二十六万余人；此外

---

① 《长编》卷一一六，景祐二年四月丙辰条，第 2726 页。

② 《宋史》卷四三二《胡旦传》，第 12827 页。

③ 参见王曾瑜《宋朝军制初探（增订本）》，中华书局 2010 年版，第 87—88 页。

④ 《宋史》卷一九〇《兵四》，第 4705 页。

⑤ 姜锡东：《北宋的兵源与募征》，《宋史研究论文集第十辑——中国宋史研究会第十届年会及唐末五代宋初西北史研讨会论文集》，兰州出版社 2003 年版，第 55 页。

⑥ 姜锡东：《北宋的兵源与募征》，《宋史研究论文集第十辑——中国宋史研究会第十届年会及唐末五代宋初西北史研讨会论文集》，兰州出版社 2003 年版，第 55 页。

⑦ ［宋］彭百川：《太平治迹统类》卷三十《官制沿革下》，文渊阁四库全书影印本。

“河北强壮在籍者凡二十九万三千，河东十四万四千”[①]，共三十三万七千人。仅河北路、河东路的义勇与强壮数量二者相加就已达到了五十九万余人，这与当时宋代禁军总体数量相比，则已经达到了1∶2的比例，尽管这些士兵尽为定时教阅，但是这些人数也很庞大。

各地乡兵的征召制度不同，基本是以各地区按民户户等与家庭人口的数量作为基准，按一定比例抽丁征召入军，以宋真宗咸平三年（1000）河北强壮为例，征籍规则是“二丁、三丁籍一，四丁、五丁籍二，六丁、七丁籍三，八丁以上籍四”[②]。宋代征兵制下士兵征召规则根据《宋史·兵志》中的记载，列为下表（见表1-2）：

表1-2 宋代征兵制下的征召规则表

兵种	征召规则
河北、河东强壮	三丁选一
河北、河东强壮	家二丁、三丁籍一，四丁、五丁籍二，六丁、七丁籍三，八丁以上籍四，为强壮。年二十系籍，六十免，取家人或他户代之
河东、陕西弓箭手	十户取材勇者一人为之，余九户资以器甲刍粮人给田二顷，出甲士一人，及三顷者出战马一匹 熙宁六年：弓箭手于近里县置田，两处立户，及四丁以上，乞取一丁为保甲，一丁为弓箭手；有二丁至三丁，即且令充弓箭手
兵种	征召规则

① 《长编》卷一二九，康定元年十二月乙酉条，第3059页。

② 《宋史》卷一九〇《兵四》，第4711页。

续表

兵种	征召规则
河北、河东、陕西义勇	凡主户家三丁选一，年二十至五十材勇者充
麟州义军	与弓箭手征召规则相同
广南西路土丁	籍税户应常役外五丁点一为之，凡得三万九千八百人
广南东路枪手	嘉祐六年，广、惠、梅、潮、循五州以户籍置 熙宁六年，诏户四等以上，有丁三者以一为保甲
邕州・峒丁	峒以三十人为一甲……总四万四千五百。人有老疾并物故名阙，选少壮者填，三岁一上其籍。
蕃兵	选陕西蕃兵丁壮户，九丁以上取五，六取四，五取三，三取二，二取一，并年二十以上，涅手背，毋过五丁
兵种	征召规则
义士	籍兴元诸县良家子弟，两丁取一
民兵	建炎三年，以田括丁，一户抽一丁，五丁抽二丁 淳熙十四年九月，令湖北、京西措置民兵，三丁取一

地区性质的乡兵会因宋朝的政治、军事形式的不同设置或废除，如宋真宗在位初期为了防御辽和西北的党项政权对宋朝的军事进攻，在咸平四年（1001）下诏“令陕西系税人户家出一丁，号曰保毅，官给粮赐，使之分番戍守”①，同年诏“河北民家二丁、三丁籍一，四丁、五丁籍二，六丁、七丁籍三，八丁以上籍四为强壮。”② 其后随着宋辽澶渊之盟的签订，北方暂无战事，这部分乡兵逐渐趋于形式化，宋真宗景德元年（1004）正月诏“河

① 《宋史》卷一九〇《兵四》，第4705页。

② 《长编》卷四七，咸平三年十月壬申条，第1037页。

北诸州所募强壮，自今或有逃亡，不须增补。”①

四、罪犯的刺配和对“盗贼”的招安

宋朝军队中设有专门的指挥如牢城营，用以专门收容因触犯宋朝各类法律而被判处充军之人。② 这些士兵充军后，多被判处从事重役，作为对他们之前触犯宋代法律的惩罚，如宋理宗在位年间“诸处配到左翼军重役兵士，多是在海道行劫作过之人”③。

除触犯宋朝法律的罪犯被判处从军外，宋代还有一部分兵源是那些被朝廷招安的各地盗贼，宋政府通过将这些人招安入军队，可以达到稳定地方社会秩序的目的，借此也能选拨身怀武艺之人被宋军所用，如北宋官员李常“得黠盗，察其可用，刺为兵”④。苏轼曾向宋神宗建议“历观自古奇伟之士，如周处、戴渊之流，皆出于群盗，改恶修善，不害为贤。而况以捉贼出身，有何不可。若朝廷随材试用，异日攘戎狄”⑤。在宋朝兵源短缺并对高战斗力的士兵产生强烈需求的南北宋之交，宋政府“多招安强寇”⑥ 补充军力，如宋高宗建炎元年（1127），“开元帅府于南京，初募兵近万人。王旅寡弱，至招溃卒、收群盗以补之”⑦。

这些被招安的盗贼与刺配充军的罪犯不同，充军罪犯多服劳

---

① 《长编》卷五六，景德元年正月壬辰条，第1225页。

② 参见王曾瑜《宋代军制初探》，郭东旭《宋代刺配法述论》，《宋朝法律史论》，河北大学出版社2001年版，第81页，第265页。

③ 《西山文集》卷九《申枢秘院措置军政状》，文渊阁四库全书影印本。

④ ［宋］秦观：《淮海集》后集卷六《李常行状》，文渊阁四库全书影印本。

⑤ ［宋］苏轼：《三苏全集》卷三七《代李宗论京东盗贼状》，中华书局1994年版，第1059页。

⑥ 《宋史全文》卷十八上，绍兴二年十二月，第1293页。

⑦ 《通考》卷一百五十四《兵考六》，第4607页。

役，较少参与战争。招安从军的盗贼因多是武艺高强之人，所以宋政府常让他们参与战争或担任护卫。宋朝禁军中的龙骑指挥是宋太祖建隆年间以招安的名义创建："以诸道招致及捕获群寇立，号有马步人见阵，即步斗"①；龙猛指挥同为宋太宗太平兴国年间"拣阅龙骑及诸州部送招获群盗，取其材勇者立"②；宋真宗咸平三年（1000）创立壮勇指挥，兵源同样是"招获群盗配近京徒役者拣拔立"③。但是这些指挥如果因缺少盗贼被宋政府招安，就容易出现兵源短缺的问题，严重时以致减并，如宋真宗景德四年（1007）十月，龙猛指挥"此军十三指挥皆募强盗以充，时寇贼希少，故议并省"④。

宋朝军队也多招募市井无赖、浮浪无业之人从军。这一措施在唐朝就已实行，如唐德宗以"神策军使白吁珪为京城召募使，应募者皆市井沽贩之人，有名无实。及泾师犯阙，德宗命吁珪以神策军御之，卒无一人至者，德宗狼狈失据幸奉天。"⑤ 宋朝建国后也继承了这一募兵方式，宋太祖在位时，在收天下精兵集于开封的同时，也将各地游手好闲的市井无赖、闲散人员招募入军，希望通过对他们施以严格的军纪，约束其行为，通过这种做法将地方的不安定因素消除并转化成为宋代的国防力量。此后，这一做法也长期被宋朝君臣采用，如宋神宗熙宁年间建议"城中恶少

---

① 《宋史》卷一八七《兵一》，第 4589 页。

② 《宋史》卷一八七《兵一》，第 4586 页。

③ 《宋史》卷一八七《兵一》，第 4598 页。

④ 《长编》卷六七，景德四年十月甲午条，第 1495 页。

⑤ 《长编》卷一九四，嘉祐六年七月壬寅条，第 4696 页。

群扰市，（萧）燧密籍姓名，涅补军额，人以按堵”[①]。宋徽宗在位时期，官员吕希纯“募市井恶少年为奇兵”[②]。

尽管这些人被招募到军队后，可以在一定程度上避免他们在地方作恶，影响治安，达到“与人为害者，募之入军，则乡闾静谧”[③]的目的，对地方治安起到了较好的作用，但是如果这些人在军队中失于管理，就会懈怠训练，躲避作战，正如宋仁宗庆历四年（1044）崇政殿说书赵师民总结的：“兵兴以来，招募尤广，县官所养，浮冗者众，皆不业之徒，无所教之法，可战之士，十无二三”[④]。对于他们而言，在军队中享有衣食无忧的生活，为了自己的个人利益多乐于从军，如宋钦宗靖康元年（1126）五月河北、河东路宣抚司官员反映本处各州、军长期以来“所管正兵绝少，又陕西游手、惰民愿充军者亦众”[⑤]，他们“大率多无常产，半是游手，一日不可缺食”[⑥]。在战争中，他们也不愿为宋朝卖命，如宋仁宗庆历年间，将万胜指挥调往陕西戍守以抵御西夏对宋境的进攻，但是由于这些士兵“皆京师新募市井无赖子弟，疲耎不能战，遇贼必走，贼目曰‘东军’”[⑦]，宋钦宗靖康元年（1126），金军攻围北宋都城开封，宋政府招募士兵抵御金军进攻，“时应募者多庸丐，殊无斗志”[⑧]。

---

① ［宋］赵汝愚：《宋朝诸臣奏议》卷十八，司马光：《上神宗乞施行封事》，上海古籍出版社 1992 年版，第 171 页。

② 《宋史》卷三三六《司马光传》，第 10766 页。

③ 《长编》卷四一，至道三年七月乙丑条，第 871 页。

④ 《长编》卷一四六，庆历四年正月丙辰条，第 3247 页。

⑤ 《宋史》卷一九三《兵七》，第 4808 页。

⑥ ［宋］李曾伯：《可斋杂稿》后卷六《回宣谕奏》，文渊阁四库全书影印本。

⑦ 《长编》卷一三六，庆历二年五月甲辰条，第 3247 页。

⑧ 《宋史》卷一九三《兵七》，第 4810 页。

这些人从军有时也多可获得额外利益，如宋朝的盐丁被严格的食盐贩卖管理制度管控，不许私自在乡村贩卖。大多数盐丁因身强体壮，常习武艺，南宋时宋政府为了抵御金、元先后南侵，多临时性征募他们从军作战，如南宋京口地区因官兵数量缺少，以至“籍盐丁以备缓急”①，作为补偿，宋政府放宽了对他们贩卖的原有限制，允许他们“私贩于乡村”②。

除此以外，宋代兵源的构成还包括其他政权向宋朝投降的士兵。宋太祖乾德元年（963）二月，以北汉乐平县“降卒千八百人为效顺军，人赐钱帛”③，宋太宗太平兴国四年（979）三月，“以太原军前所送降卒五人隶归明军，人赐钱三千”④，雍熙三年（986），宋军征辽，占领拔飞狐、灵丘两县后，“得其降卒”，以这些士兵建归远指挥⑤，宋理宗端平三年（1236）孟珙以招降的“回鹘爱里八都鲁帅壮士百余、老稚百一十五人、马二百六十匹”，创“飞鹘军”。⑥ 但是这部分人中有些对宋朝的归属感不强，常借事作乱，如宋真宗咸平三年（1000），四川地区“神卫小校张锴为谋主”发生兵变，而张锴为北汉“太原旧卒”⑦。此外降宋士兵中有时也混入了其他政权的间谍，宋仁宗庆历元年（1041）“夏州人韩怀亮，更名福，为神卫军士”，他投宋朝后“枢密院虑刺探朝廷机事，乃下开封府鞫状”，此后宋仁宗对此类士兵加强

① 《宋会要》兵三之一二。

② ［宋］方大琮：《铁庵集》卷二五《与万四叔书》，《全宋文》第 322 册，第 73 册。

③ 《宋史》卷一《太祖一》，第 15 页。

④ 《长编》卷二十，太平兴国四年三月丁酉条，第 447 页。

⑤ 《宋史》卷一八七《兵一》，第 4597 页。

⑥ 《宋史》卷四一二《孟珙传》，第 12377 页。

⑦ 《长编》卷四六，咸平三年正月己卯条。

管理，规定“殿前、马步军司，应西界人先隶军籍者，具名以闻”[①]，杜绝出现间谍的情况。

① 《长编》卷一三四，庆历元年十月庚子条，第3192页。

第二章　宋代士兵的征战、调拨、训练

第一节　征战中的士兵

一、参与兵种

北宋参与战争的士兵军种主要是禁军，南宋主要是各地的驻屯大军。《宋史·兵志》中记载，“天子之卫兵，以守京师，备征戍，曰禁军”①，除禁军外，厢军在某些情况下也要参与作战。宋仁宗时设置教阅厢军以备战争调遣之用，庆历年间，宋政府在广南路设置“巡海水军、忠敢、澄海，虽曰厢军，皆予旗鼓训练，备战守之役”②，宋神宗熙宁四年（1071），规定“教阅厢军亦自为额。请以诸路不教阅厢军并为一额，余从省废，其移并如禁军

---

① 《宋史》卷一八七《兵志一》，第4569页。

② 《宋史》卷一八九《兵志三》，第4642页。关于厢军参与战争的具体研究情况，详见淮建利《宋朝厢军研究》第二章“厢军的军事职能”。

法”[①]。熙宁五年（1072），诏“熙河路依缘边四路例置横烽，遇贼入境，递相应接，其在蕃部地者，即以厢军守之。”[②] 元丰六年（1083），入内供奉麦文昺言：“宜州旧有驻泊厢、禁军三十余指挥及忠敢五指择，不减万人。蛮贼犯境，忠敢当前，安化蛮甚畏其锋。”[③] 厢军士兵中的精壮之人，也多被升为禁军用于备战，如宋仁宗庆历六年（1046），郑戬知并州，“阅厢军，精勇者得万人，迁补清边”[④]。

除禁军、厢军外，宋朝的民兵在特定时期也需作战。如北宋时期设置的弓箭手骁勇善战，多被官员列入征战之列。宋仁宗在位时期，官员宋庠建议西北边防应“置大寨，令弓箭手与本城兵士守把”[⑤]。康定元年（1040）七月，陈执中建议宋仁宗应该征调陕西地区的弓箭手，以作“寇大至则保城垒，小至则自驱逐”[⑥]之用。同月，张亢再次上疏讨论泾原路的防守时指出“今泾原正兵五万，弓箭手二万，鄜延正兵不减六七万，若能预为团结，明定节制，迭为应援，以逸待劳，则乌合饥馁之众，岂能窥我深浅乎?”[⑦]

有战斗力的弓箭手参战可以助宋军取胜，但是并非所有民兵都有很强的战斗力，以宋代保甲为例，宋神宗元丰四年（1081），宋朝五路出兵攻讨西夏，其中由河东路出兵的官员王中正于“开

① 《长编》卷二二八，熙宁四年十一月丙寅条，第5556页。
② 《长编》卷二三九，熙宁五年十月辛丑条，第5821页。
③ 《长编》卷三三四，元丰六年三月壬辰条，第8036页。
④ ［宋］胡宿：《文恭集》卷三十六《郑公墓志铭》，文渊阁四库全书影印本。
⑤ 《历代名臣奏议》卷三百二十七，第4242页。
⑥ 《长编》卷一二六，康定元年七月癸亥条，第2982页。
⑦ 《长编》卷一二八，康定元年七月条，第3026页。

封府界及本路共选募义勇、保甲万人”① 参与战争。但王中正统率的军队在战争中败多胜少，与其他攻夏军队的战绩形成了鲜明的反差，这其中固然有王中正自身怯战等原因，但是与所统领士兵的战斗力也有一定的关系。这支主要由保甲组成的军队，在战争中的不佳表现，也反映出保甲战斗力不强这一现实情况。在其他战争中，保甲则仅仅扮演“运粮草”这一角色。

在特定战争中，比如在守城战时，城中的妇女儿童也需充军战斗。宋哲宗元符二年（1099），西夏军队进攻邈川城，总管王愍“籍城中女子百余人，衣男子服以充军；童儿数十人，以瓦炒黍供饷”②。

通常情况下，宋军在出征时调拨军种以正军为主，当其兵数不足时，填差地方民兵。宋徽宗宣和年间，调发环庆路第七将张泽出征，“并边把截内摘差过马步军各一百人，委实不及元数。欲乞指挥勾追汉番逐指挥曹族司行分番及添填策应人马施行。”③靖康年间保安军第七将请于“本将所管正兵汉弓箭手内依数拣选，只给衣装粮口，支给口券”④。南宋理宗时，赣州一带钟全作乱，“盗逼境上，（许）应龙亟调水军、禁卒、土兵、弓级，分扼要害”⑤。除民兵外，因战争失败而溃散的士兵，也成为官员募集

---

①《长编》卷三一三，元丰四年六月壬午条，第7594页。

②《长编》卷五一六，元符二年闰九月条，第12283页。

③ 孙继民：《俄藏黑水城所出〈宋西北边境军政文书〉整理与研究》，《北宋宣和某年二月第七将张泽呈状为再行分番及添填策应人马事》，中华书局2009年版，第14页。

④《俄藏黑水城所出〈宋西北边境军政文书〉整理与研究》，《北宋靖康年间保安军第七将张泽为拣选汉弓箭手疾赴当司事》，第22—23页。

⑤《宋史》卷四一九《许应龙传》，第12553页。

出战的主要军事力量，宋钦宗靖康二年（1127）鄜延路命官员“火急差人勾集溃散官兵”①，以备迎敌。

在战争中，士兵受到了诸多宋代军规的管理和约束，以此督促士兵舍死征战。《武经总要》中记载，为了防止士兵出现懈怠战争的情绪，在战争之前畏死逃跑，规定“将校士卒，临阵诈称病者斩”②，在战争中“凡战队，皆以副队头一人执刀押后，观兵士不入阵者斩。果毅领傔人执刀，又居后督战，观不入阵者斩。兵士尽须知”③，“凡兵士当战，不得离队献功，恐为贼所乘”④。战争中“凡五十人为一队，其队内兵士须结其心，每三人自相得意者，结为一小队”⑤。对于马军也做出了规定，“临阵失马者，斩，⑥，用以督促士兵爱护战马，减少弃马而逃的事情出现。士兵也不得在战争中扰乱民众的生活秩序，劫取钱财，“军士虽破敌有功，擅掘冢烧舍，掠取财物者，斩，奸犯居人妇女及将妇女入营者，斩”⑦。若民兵编制借口躲避宋军的作战任务，宋政府核实后会对其处于杖刑。宋哲宗元符二年（1099）闰九月，枢密院言：“陕西河东路弓箭手合轮城寨上番防护，如妄称疾避免上番者，杖一百。”⑧ 而若当地士兵足用，也有官员请罢差民兵的情况出现。宋哲宗元祐七年（1092），秦凤路经略司言：“秦、凤州达

---

① 《俄藏黑水城所出〈宋西北边境军政文书〉整理与研究》，第121页。
② 《武经总要》前集卷十四，第741页。
③ 《武经总要》前集卷十四，第743页。
④ 《武经总要》前集卷十四，第744页。
⑤ 《武经总要》前集卷十四，第745页。
⑥ 《武经总要》前集卷十四，第746页。
⑦ 《武经总要》前集卷十四，第746页。
⑧ 《长编》卷五一六，元符二年闰九月条，第12268页。

隆堡安远寨守御人足用，请罢凤州梁泉县差来保甲。”①

二、士兵在战争中的职责

宋朝士兵在战争中的职责主要分为四类，一类是普通作战士兵，一类是官员亲兵，一类是敢死士，一类是辎重、火头兵等职责士兵。

（一）普通作战士兵

身处战争中的普通作战士兵生活十分艰辛。钱易在所作的《南兵》一诗中对征战中的士兵形象做了刻画：“曾见南兵苦，征辽事亦如。金疮寒长肉，纸甲雨生蛆。山小虀霜骨，河枯胪腐鱼。黎元无处哭，丁户日相疏。”② 在战争中，士兵征战强度极大，经常多日昼夜连续作战，如两宋之交郭永守大名城时，“率士昼夜乘城，伺间则出兵狙击”③，宋高宗建炎二年（1128）守延安府的宋军官兵“戮力苦战，坚守半月，各亡失家业”④，宋理宗绍定年间，陈寅守西和州率“忠义民兵与敢死士力战，昼夜数十合，兵退”⑤；在边区的士兵还需轮流前往烽火台驻守，以便随时查看敌情，“不限戍兵蕃兵，一例轮差”⑥。

除艰险的生活环境外，士兵经常在战争中伤亡。宋神宗熙宁九年（1076），交趾攻宋，广南西路都监张守节率兵抗敌，战败

---

① 《长编》卷四七六，元祐七年八月条，第 11337 页。
② ［宋］吕祖谦：《宋文鉴》卷二十二，钱易：《南兵》，第 321 页。
③ 《宋史》卷四四八《郭永传》，第 13237 页。
④ 《俄藏黑水城所出〈宋西北边境军政文书〉整理与研究》，第 120 页。
⑤ 《宋史》卷四四九《陈寅传》，第 13237 页。
⑥ ［宋］李复：《潏水集》卷一《守坐台铺议》，文渊阁四库全书影印本。

而亡，他率领的军队“一军皆覆”[①]。北宋末，李涓率军南上勤王，路遇金军，在战争中所率宋军“士卒死者六七”[②]。以宋代的大型战役为例，宋太宗雍熙年间伐辽，据《长编》记载，“（宋）军亡死者，前后数万人”[③]。在宋仁宗时期的多次宋夏战争中，宋军多遭遇败绩，士兵伤亡很多，据蔡襄所言，宋军自“山外之败，任福以下，死者数万人”[④]。据赵涤贤考证，宋神宗元丰四年（1081）攻夏战役与元丰五年（1082）永乐城战役中，“宋军共伤亡十一万人之多”[⑤]。北宋末年，金军围攻太原，前往解太原之围的宋朝士兵在与金军的战争中“横死者不知其数，所剩十无二三”[⑥]。在宋孝宗伐金战争中，四川吴璘所部军在撤退时遇金军伏击，“将士死者数万计”[⑦]。宋理宗端平五年（1237），元军攻蜀，“将领关贵、统制白傅才率众复洋州还，遇大元兵交战，将士百五十三人皆阵没”[⑧]。在中小战役中士兵也多有伤亡，宋真宗大中祥符九年（1016），曹玮抗击宗哥军队，“晚渡渭河，水涨失道，为蕃众所袭，溺死者二十五人，伤死者百人”[⑨]；宋神宗元丰二年（1079），梓、遂州走马承受张宗望上报士兵伤亡数字，其中“军

---

① 《长编》卷二七二，熙宁九年正月辛酉条，第 6656 页。

② 《宋史》卷四四七《李涓传》，第 13176 页。

③ 《长编》卷二八，雍熙四年正月条，第 631 页。

④ 《长编》卷一四零，庆历三年三月壬戌条，第 3368 页。

⑤ 赵涤贤：《北宋元丰中灵州永乐两次战役宋军死者人数考》，《学术月刊》1994 年第 3 期，第 82—84 页。

⑥ 《宋会要》兵五之七，第 6843 页。

⑦ 《宋史》卷三十三《宋孝宗一》，第 621 页。

⑧ 《宋史》卷四三《宋理宗三》，第 834 页。

⑨ 《长编》卷八八，大中祥符九年九月己酉条，第 2016 页。

士二百九十四人皆死之"①。

驻扎在边境地区的士兵，在日常生活中被敌军俘获、阵亡的风险性高于内地士兵。例如宋神宗熙宁七年（1074）二月，地理位置临近西夏的熙河路就发生了"赵家山采木并防拓使臣殿侍、军将孙贵等及厢兵、弓箭手二百九十三人，马五十四匹，为贼所掳"② 的事件。同月，"董毡将青宜结鬼章数扰河州属蕃，诱胁赵常杓家等三族，集兵西山，袭杀河州采木军士，害使臣张普等七人"③。

士兵在战争中死亡，有时也与作战地的气候因素有关，如果北方的士兵被调遣南征或戍守南方，他们会因为多不习惯南方湿热的天气，加以征战的劳苦，因水土不服患病死亡。宋太宗太平兴国六年（981）侯仁宝率军征交趾，宋军"冒炎瘴，又多死者"④。

士兵在战争中伤亡后，宋政府会对受伤军人与阵亡军人的家庭施行一些抚恤政策。宋真宗咸平五年（1002），因"军士涉雪讨蕃部，苦寒，有支体废堕者"，宋真宗"念其久劳，不忍遽弃，令中使就赐缗钱、药酒，以隶剩员，凡三十三人，廪给如故"，并作为定例在宋代长期实行。⑤ 宋仁宗在位时规定凡参与宋夏战争的宋兵，在战争中遇"战伤废停不能自存，及死事之家孤老，月给米人三斗"⑥。宋神宗在位时规定"边兵死事无子孙者，廪其

---

① 《长编》卷二四五，神宗熙宁六年五月乙丑条，第5959页。

② 《长编》卷二五零，熙宁七月二月丙子条，第6087页。

③ 《长编》卷二五零，熙宁七月二月甲申条，第6098页。

④ 《长编》卷二二，太平兴国六年三月条，第491页。

⑤ 《长编》卷五二，咸平五年五月乙巳条。

⑥ 《宋史》卷十一《仁宗三》，第218页。

亲属终身"[①]。民兵若在战争中遭遇伤亡，宋政府也对他们施行相应的抚恤政策。元丰元年（1078），宋神宗诏"京西遭劫贼杀死保甲人丁及弓手等，可检例与存恤，并勘会诸捕盗并救助之人轻重伤，依条支赐"[②]。在战争后，宋政府首先会统计伤亡名单，如宋理宗端平三年（1236）元军攻江陵，"统制李复明奋勇战没，其赠三秩，仍官其二子，死伤士卒，趣具姓名来上。"[③] 淳祐三年（1243）闰八月再诏"阵没者趣上姓名"[④]。当名录统计完成后，宋政府会对伤亡者家庭施行抚恤政策。士兵阵亡后，宋政府也会举办道场进行超度，如宋哲宗元祐元年（1086），熙河兰会路"岁支官钱二千五百缗建水陆道场，追荐汉、蕃亡将兵"[⑤]。

面对死亡人人都有畏惧的心理，士兵也不例外。当士兵离开战场后，那种死里逃生的心情是可以理解的，如果这时再将他们逼入战场，士兵则多会生乱，如北宋仁宗朝官员张沔所言"士卒久出塞，自以得生归，复驱之就死地，人人以言相激，拔刀彍弩，且欲绝河桥为变"[⑥]。

士兵除在战争中遭受死亡风险外，也常被敌军捉获。宋太宗率宋军亲征攻辽时，辽将"率逻骑逆境上，多所俘获"[⑦]。被俘获的士兵有些被敌军处死，有些则被收编为军人或劳动力。辽朝曾有官员提出建议，对待所俘虏的宋朝士兵应做到"降不可杀，亡

① 《宋史》卷十五《神宗二》，第285页。
② 《长编》卷二九〇，元丰元年六月乙巳条，第7014页。
③ 《宋史》卷四十二《理宗二》，第810页。
④ 《宋史》卷四十二《理宗二》，第826页。
⑤ 《长编》卷三八九，元祐元年十月乙酉条，第10944页。
⑥ 《长编》卷一四二，庆历三年二月甲申条，第3407页。
⑦ 《辽史》卷七十八《萧继先传》，第1268页。

不可追，二三其德者别议”①。那些有一定技艺的士兵在被俘后，多得到敌方的重视，如秦凤路被金军占领后，降金军队中的炮手和火药匠依然被重视。② 宋政府对被俘获的士兵，也多设法找回，如宋哲宗元祐元年（1086）归还西夏地时，诏“永乐城将吏兵夫等，昨因尽忠固守，力屈就擒，众多生齿，沦于异境。念其流落，每用恻然。虽已诏汝发遣，当给赐可还之地，然念城初失守，众即散亡，或为部落所匿藏，或为主者所转鬻，非设购募，恐有所遗。汝可深体朕意，子细访求发遣，当据送到者，每人别赐绢十匹，命官已上，加优赐以给所得之家”③。

若士兵投敌，宋朝规定“不战而降贼者，或背国归贼者，父子年十六以上，皆绞，仍没其家”④。宋朝被俘士兵中也有忠勇不屈者，如卫士唐琦。在金人南侵攻占越州后，唐琦埋伏刺杀金军守将琶八未果，被金军俘获。面对敌将，唐琦言：“欲碎尔首，死为赵氏鬼耳……诟骂不少屈，琶八趣杀之，至死不绝口。”⑤ 再如士兵李震，被金军俘后，“金人曰：‘南朝皇帝安在?’震曰：‘我官家非尔所当问。’金人怒，缚诸庭柱，脔割之，肤肉垂尽，腹有余气，犹骂不绝口。”⑥

---

① 《辽史》卷八十《马得臣传》，第 1279 页。

② 孙继民：《火药发展史上的重要文献——新刊伪齐阜昌三年文书解析》，第 369 页，《俄藏黑水城所出〈宋西北边境军政文书〉整理与研究》，中华书局 2009 年版，第 182 页。

③ 《长编》卷三八二，元祐元年七月癸亥条。

④ 《武经总要》前集卷十四。

⑤ 《宋史》卷四四八《唐琦传》，第 13217 页。

⑥ 《宋史》卷四四八《李震传》，第 13218 页。

（二）官员亲兵

亲兵是指专门护卫官员安全的士兵。这些士兵在宋太祖时为了防止地方官员割据叛乱，曾一度被废除，如武臣韩重赟因“私取亲兵为腹心者”[①]，险些被太祖处斩。后因宋仁宗宝元、康定年间宋夏作战，因为宋军官员多无亲兵，导致他们“多亡没，所部兵众，故不可一概问罪”[②]，产生了为官员设置亲兵的客观需求，宋仁宗遂允许官员拥有亲兵，“（总管）许置亲兵百五十人，钤辖百人，招讨、都监等七十人，月加给钱二百，其出师临敌，主将亡没者并斩”[③]。不过，并非全部官员都允许置亲兵，宋仁宗曾规定“陕西兵官不带路分及知州者，无得给亲兵”[④]。某些官员因职务特殊也可临时配备亲兵，如宋神宗元丰四年（1081）攻伐西夏时，李稷负责运送士兵粮草，为了保障他的人身安全，宋神宗“令沈括差与禁军二百为亲兵”[⑤]。官员为了自身安全的考虑，有时也向皇帝请求调派特定的军队充当他们的亲兵。宋神宗元丰四年（1081），李宪率“广勇右二十指挥驻熙河”因为“广勇创置，未尝出军”[⑥]，李宪担心这些士兵战斗力不强，无法保护自己，请求神宗“于宣武、神勇、殿前虎翼差一指挥，为臣亲兵”[⑦]。南宋时亲兵制度继续完善，宋高宗建炎元年（1127）“命御营使副大阅五军人马，自是执政皆有亲兵”[⑧]。绍兴七年（1137），李弥远

---

① 《长编》卷一二，开宝四年二月癸酉条，第190页。
② 《长编》卷一三四，庆历元年十月甲午条，第3208页。
③ 《长编》卷一三四，庆历元年十月甲午条，第3208页。
④ 《长编》卷一三五，庆历二年正月辛巳条，第3221页。
⑤ 《长编》卷三一七，元丰四年十月乙卯条，第7657页。
⑥ 《长编》卷三一三，元丰四年六月辛未条，第7590页。
⑦ 《长编》卷三一三，元丰四年六月己巳条，第7590页。
⑧ 《宋史全文》卷十六，建炎元年八月癸亥条，第1060页。

上书请“乞增置宿卫亲兵，以强主势。”[①] 亲兵多为武艺高强之人，如童贯所选亲兵，“每禁军一指挥所，止一二人或三四人，皆人物魁梧，武义超绝者”[②]。

亲兵由于武艺高且捍卫官员，在战争中多得到官员的信任与依赖，宋神宗熙宁九年（1076）郭逵率宋军抗击交趾入侵中，陷入交趾所设埋伏，郭逵“率亲兵当之”[③]；蒋迪知宣州时，遭遇当地士兵作乱，蒋迪“徐遣亲兵蹑之，悉擒”[④]。宋高宗建炎三年(1129)，冯輅与赵休二人下战书于张浚，张浚“即欲携亲兵至杭与贼面决”。[⑤] 不过由于亲兵的特殊性，在将领决定投降敌人时，也多带随身亲兵与他们一起投降，如南宋官员刘整降元时，“领麾下亲兵数千人投北”[⑥]。

由于亲兵的职责专为保卫官员的生命安全，如果领军官员阵亡，作为在战争中未拼死保卫官员的惩罚，他们就应受到斩刑。宋朝规定“战阵失主将者，亲兵并斩，或临阵擅离主将左右者，并科违制之罪”[⑦]，以此约束亲兵。在这种制度的约束下，亲兵多与领军官员共同征战到战争的最后一刻，如宋高宗建炎三年(1129)，石赟抗金“率亲兵力战，比晓，左右略尽”[⑧]。不过身为

---

① ［宋］李弥远：《筠溪集》《筠溪李公家传》，文渊阁四库全书影印本。

② ［清］缪基孙：《江苏金石记》卷三，《韩王蕲碑》，第 368 页。

③ 《范太史集》卷四十，《检校司空左武卫上将军郭公墓志铭》。

④ ［宋］汪藻：《浮溪集》卷二七《徽猷阁待制致仕蒋公墓志铭》，文渊阁四库全书影印本。

⑤ 《宋史全文》卷一七，建炎三年三月丁酉条，第 1128 页。

⑥ ［宋］周密：《癸辛杂识》别集卷下《襄阳始末》，第 306 页，中华书局 1981 年版。

⑦ 《武经总要》前集卷十四，第 744 页。

⑧ 《要录》卷二零，建炎三年二月壬戌条，第 389 页。

保卫官员的亲兵，在面对即将到来的死亡时，心中同样充满恐惧。有些亲兵希望通过规劝官员撤退的方式，逃避死亡。宋神宗元丰五年（1082），知宜州王奇抗击蛮人攻城，宋军不支战局，王奇的数百名亲兵劝他“乘骑逃去”，以保证他们自己也可脱身，王奇怒骂这些亲兵，言“大丈夫当尽节以报国”① 以身殉宋。宋高宗在位时期，知博州孙振领兵抗金，“其亲兵皆惧，且怀乡土”②，孙振怒而杀之。

不过也有亲兵临阵逃窜，却未被宋政府处于斩刑的事情发生，宋仁宗庆历元年（1041），规定官员阵亡后依旧存活的亲兵，“罪皆当斩，朝廷普示含贷，欲为招集”③。宋神宗元丰四年（1081），泸州路分都监王宣等官员的亲兵在战争中不救护领军官员，这些亲兵在受到宋政府处罚时，分做了三等：“并免死决配，第一等十八人，广南远恶州军牢城，遇赦不还；第二等四十七人，荆湖牢城；第三等十五人，千里外牢城。内重伤人免杖。”④

（三）敢死士兵

除亲兵与普通作战士兵外，宋军作战的主力主要是战前招募的敢死士兵，他们武艺高强，视死如归，多被称为“敢死士”或“敢战士”。如宋高宗即位之初，有以丁一箭为首的叛军攻寿春城，赵士嶐为了退敌“募军中敢死”，士兵张宣应募，他“独持槊缒城下，击杀数十人，贼众披靡”⑤。敢死士为了与其他士兵区别多穿着特殊服饰，如宋哲宗时，邈川总管王愍“募敢死士三百

① 《宋史》卷四五二《王奇传》，第 13288 页。
② 《要录》卷三，建炎元年三月壬寅条，第 73 页。
③ 《长编》卷一三二，庆历元年五月甲戌条，第 3130 页。
④ 《长编》卷三〇四，元丰三年五月乙酉条，第 7411 页。
⑤ 《宋史》卷四五二《赵士嶐传》，第 13291 页。

人，冒以黄布巾”①。

在守城时，敢死士兵多作为出城冲杀之兵，以作奇兵之用。宋太宗淳化五年（994），四川地区发生王小波起义，“张雍即召敢死士百辈缒而下，尽焚其攻具”②；至道二年（996）康保兴守延州“有岌伽罗腻数族率众来拒，保兴选敢死士数百人衔枚夜击，歼之”③；余卞在抗击渠阳蛮兵时，“选死士三千人，夜衔枚绕出贼背，伐山开道，漏未尽数刻，入渠阳。黎明整众出，贼大骇，尽锐来战，奋击大破之”④；宋神宗熙宁年间，鬼章率军攻岷州时，宋守约“提敢死士鸣鼓张帜高山上，贼惊顾而遁”⑤；元丰七年（1084）西夏军队数十万众攻兰州，“钤辖王文郁率死士七百余人击走之”⑥；元兵攻围襄樊时，部辖张顺、张贵率死士三千人“自上流夜半轻舟转战。”⑦

官员多在敌方攻城前，派遣这些士兵设伏杀敌。宋高宗绍兴元年（1131），李忠攻金州诸关，王彦“募敢死士易麾帜，设奇以待。”⑧ 敢死士兵也多作为奇兵解围城之围，如当两宋之交，金军攻金州“悉力仰攻，死伤山积”，张子羽“更募死士，由间道自祖溪关入，绕出玠后。”⑨ 金军攻安陆时，刘彦约“授观方略，结渔户拒守南河，观逆擊，斩其先锋，且遣死士焚其战舰，昼夜

① 《长编》卷五一六，元符二年闰九月壬辰条，第12287页。
② 《长编》卷三六，淳化五年五月己巳条，第847页。
③ 《宋史》卷二五〇《康保兴传》，第8812页。
④ 《宋史》卷三三三《余良肱传》，第10717页。
⑤ 《宋史》卷三五〇《张守约传》，第11073页。
⑥ 《宋史》卷十六《神宗三》，第309页。
⑦ 《宋史》卷四十六《度宗》，第909页。
⑧ 《宋史》卷三六八《王彦传》，第11453页。
⑨ 《宋史》卷三七〇《刘子羽传》，第11506页。

殊死战，北渡追击，金人大败去”①。

在攻城时，敢死士兵们多率先登梯而上，冒死攻城。宋太祖率军征讨李筠叛乱时，马全义“率敢死士数十人乘城，攀堞而上，为飞矢贯臂，流血被体。全义拔镞临敌，士气益奋，遂克其城”②。敢死士或是被用于挖掘地道，以谋求攻城成功，宋仁宗时期，王则占据贝州谋反宋朝，宋军为了攻贝州，“募死士由永济渠穴地以进”③。

在两军交战中，敢死士多被用于设伏擒敌，张叔夜擒宋江时，他忌惮宋江一伙武艺高强，“募死士得千人，设伏近城，而出轻兵距海，诱之战。先匿壮卒海旁，伺兵合，举火焚其舟”④；吴玠抗金时，两军征战六昼夜，在“死者山积而敌不退”的胶着状态，吴玠“募敢死士，人千银，得士五千，将夹攻”⑤。宋边境每岁防秋时，宋军专“募死士千人，以为劫寨焚粮之用”⑥。

当宋军被围时，官员也多募敢死士用来传递信息，保证消息传达畅通。宋神宗元丰五年（1082），夏军围攻永乐城，宋神宗下诏“委沈括、种谔选募胆勇可信之士，厚许爵赏，令赍已会兵救应文字，取间道往密谕（徐）禧等，如必不可守，宜以机便委弃前来”⑦。宋哲宗元祐二年（1087），西夏军攻河州，刘舜卿“厚给金帛，召募死士，许以重赏，令取闲道前去南川寨投下文

① 《宋史》卷四一〇《曹彦约传》，第 11340 页。
② 《宋史》卷二七八《马全义传》，第 9450 页。
③ ［宋］曾巩：《隆平集》卷十九《孟元传》，文渊阁四库全书影印本。
④ 《宋史》卷三五三《张叔夜传》第 11141 页。
⑤ 《宋史》卷三六六《吴玠传》，第 11411 页。
⑥ 《宋史》卷四三四《叶适传》，第 12894 页。
⑦ 《长编》卷三二九，元丰五年八月乙未条，第 7933 页。

字，使知救兵已到，安心守御，俟贼退，其守城、出战人等自当优赏”[①]。

敢死士也多被派往深入敌境探听敌情，如宋哲宗元祐二年（1087），诏“西贼攻犯镇戎军，全师而归，深虑别蓄奸谋”，令环庆路经略使范纯粹“宜厚募死士深入探听”[②]。甚至在宋高宗建炎年间，还有大臣建议募敢死士“航海入金国东京，奉徽宗由海道归”[③]，但是未被采纳。

敢死士在战争中多会死亡，其中多有英壮之士，如士兵易青原是都督行府摧锋军效用，被韩京招募为敢死士七十二人中的一人，他乘夜劫敌营被俘，“贼驱至后军赵续寨外，谓续曰：‘汝大军为我所擒者甚众。’青大呼曰：‘勿信，所擒者我尔。’贼又言：‘吾不汝杀，第令经略持黄榜来招安。’青又呼曰：‘勿听，任贼杀我，我惟以一死报国。’”[④] 不过宋军选派招募敢死之士出征时，有时为了防止所选士兵逃跑或投降敌人，以采取“质其妻子”[⑤] 的卑劣手段促使他们奋勇作战。

（四）辎重兵、火头兵等其他士兵

宋代军队中还设有专门负责运送辎重的辎重兵和火头兵，这些士兵并不出战，仅仅担负辎重火头之任务。在行军中，辎重兵的位置“常令在军中，不得在前后，恐贼偏攻”。这两类士兵的数量在宋朝军队中的比例也比较大，由《武经总要》言“兵三万

① 《长编》卷四〇一，元祐二年五月乙亥条，第 9771 页。

② 《长编》卷四〇七，元祐二年五月丁未条，第 9916 页。

③ 《宋史》卷三七九《曹勋传》，第 11700 页。

④ 《要录》卷一〇六，绍兴六年十月庚申条，第 1727 页。

⑤ ［宋］陈宓：《复斋集》卷一六《回福建李安抚骏札》，《全宋文》305 册，第 125 页。

人……辎重六千人”①。宋高宗绍兴三年（1133）岳飞军队有一万二千余人，但除去辎重、火头兵后，“实出战只有七千余人”②。

这些士兵多于军队中选任。宋神宗元丰五年（1082），鄜延路和环庆路军队的火头兵“并于禁军步人内差，其傔役、辎重，无厢军，以义勇、保甲充。恐未肯依应，乞降朝旨”③，他们虽然不直接参与战争，但也是军队中的重要组成部分，不过在南宋的这些士兵中，有时却多变成了冗滥士兵的名目之一，如宋高宗绍兴年间，阆州屯驻有官兵一万七千九百三十一人，其中“官员内有不入队使臣三百三十人，军兵内有不入队敢勇效用义兵弓箭手共五千八百七十八人，访闻不入队人数，除辎重、火头合破数目不多外，余尽是系名冗占之人”④。

此外，宋军中还有专管负责旗帜导向和鸣金击鼓的士兵，这些士兵也不直接入阵厮杀，但却对战局起着指引的作用，若他们临阵脱逃或弃旗帜锣鼓而走会给战局带来很大的负面影响，故宋政府规定战争中“失旗鼓旌节者，全队斩，或为贼所取者，亦全队斩。”⑤

第二节　士兵的集结与行营

士兵集结出征，如果准备时间过长则会殆误战机，同时亦要

① 《武经总要》前集卷五，第 242 页。
② ［宋］岳珂：《鄂国金佗稡编》卷十，中华书局 1989 年版，第 848 页。
③ 《长编》卷三二六，元丰五年五月辛巳条，第 7852 页。
④ 《鄂国金佗续编》卷十二《再据刘愿申杨么贼徒结连作过省札》，第 952 页。
⑤ 《武经总要》前集卷一四，第 776 页。

整齐有序以防止士兵在这个过程中逃散。由于士兵出征多为临时征集，宋政府规定官员应日常对士兵“依数拣选，团结齐整，准备不测勾抽”，达到“将差定策应常切整龊编排收拾衣甲器械，军行所须之物，一一足备”① 的应征状态，以保证一遇征集则迅速出军。士兵出征须“各带随身衣甲器械，尽数管押，星火前来”②。宋钦宗靖康元年（1126），调遣环庆路第七将选二千军兵，二百匹战马，须“火急整结成队伍，及军器什武匆匆足口”③，出征前，“军行所须之物，亦请一一排齐整”④。军队在行军中除必须带齐随身必须之物品外，还要悬挂旗帜以作警示，宋徽宗宣和七年（1125）第七将出征时，“候到请祥前项统制团结牒内事理，除策应人马将带随军所须之物外，安排减轻独身炮五七座，事件全准备将带随军使用。仍命所管科定马军枪上各要一样绯牌祺子一个，长一尺二寸，阔捌寸。先具知委，希公文回示者依准口已差人告示所管汉蕃诸族指挥首领、军头口军各人枪上要一样绯牌祺子一个，依尺寸置造，知委去讫外，有减轻独身炮，本将并无库分收买做造，伏乞指挥下合属库分收买置造施行”⑤。

除战争出戍外，宋军还须按宋太祖所制定的更戍法进行“更番迭戍”⑥，“自龙卫而下，皆番戍诸路，有事即以征讨”⑦。一是防止将专其兵，削弱中央的统兵权，二是可以使士兵“均劳逸，

① 《俄藏黑水城所出〈宋西北边境军政文书〉整理与研究》，第184页。
② 《俄藏黑水城所出〈宋西北边境军政文书〉整理与研究》，第193页。
③ 《俄藏黑水城所出〈宋西北边境军政文书〉整理与研究》，第69—70页。
④ 《俄藏黑水城所出〈宋西北边境军政文书〉整理与研究》，第69—70页。
⑤ 《俄藏黑水城所出〈宋西北边境军政文书〉整理与研究》，第144—145页。
⑥ 《通考》卷一五三兵考五，考一三三五，第4580页。
⑦ 《通考》卷一五二兵考四，考一三二七，第4555页。

知艰难，识战斗，习山川”①，借此达到以出戍代训练的目的。如果因为军队驻地粮草不足，士兵也需迁往他地就粮，宋仁宗庆历四年（1044）正月，“以陕西灾伤，永兴军军马徙近粮草多处，候麦收还军”②。如果军队驻地逢疾病多发期，士兵常调往他处，宋仁宗庆历六年（1046）正月，诏广南东西路转运钤辖司“方春瘴起，戍兵在边者权徙善地以处之”③。

士兵出戍更代的时间，有二年三年一代的，亦有“十年不代者”④。宋真宗景德元年（1004）二月将出戍时间定做二年一代，“应西川、峡路等处戍兵，先以二年为限，其权管将校亦如之”⑤，四月规定“并、代管内缘边戍兵二年以上并代之，仍自今所上兵籍，并明注出外年月，不得隐漏”⑥。大中祥符二年（1009）九月将南方大部分地区出戍之兵改成三年一代，“令有司籍川、峡、广南、福建、江南戍兵及三年者代之。”⑦也有四年一代者，宋仁宗康定二年（1041）七月，王尧臣反映“诸州土兵并差在沿边屯驻，内有已及四年未得更替者”⑧，可见此时已有士兵出戍时间长达四年。士兵在出戍过程中会因水土不服或各类原因染病以至死亡，导致战斗力损耗。蔡襄上书宋英宗指出，军队士兵“一往三年，死亡殆半”⑨。

---

① 《司马文正公传家集》卷五二《乞罢将官札子》，文渊阁四库全书影印本。
② 《宋会要》兵五之三，第6841页。
③ 《宋会要》兵五之三，第6841页。
④ ［宋］赵湘：《南阳集》卷二十九《富文忠公墓志铭》。
⑤ 《宋会要》兵五之一，第6840页。
⑥ 《宋会要》兵五之一，第6840页。
⑦ 《宋会要》兵五之二，第6840页。
⑧ 《宋会要》兵五之二，第6840页。
⑨ ［宋］蔡襄：《端明集》卷二十二《论兵十事》，文渊阁四库全书影印本。

如果士卒长年出戍在外，宋政府对他们戍调非时，容易引起军变。宋哲宗元符二年（1099），吕惠卿上言："戍兵年满不代，人情未安"，哲宗听取了他的意见，诏"枢密院乞抽还鄜延一将兵马，以岁满故也"[①]。又如南宋时创制的广州摧峰军，这些士兵被征调"远戍建康，留四年"，待到出戍期满终于可返回广州之时，却又被宋政府改派"戍广西"四年，前后出戍八年，士兵纷纷请求撤戍回归家乡，但是却被官员拒绝，这一举措导致思念家乡的士兵"相率倡乱"。[②]

在士兵的出戍和行营中，宋政府制定了一系列军规纪律对士兵的行为进行约束。为了加强行营途中的纪律管理，防止士卒在行军中乘机掳掠百姓财物，规定"凡军行，主将先令士卒白军行，所到之处，兵士不得妄刈稼穑，伐林木，杀六畜，掠财物，奸犯人妇女"[③]。士兵在行营过程中，禁止私自讨论军队事宜，若犯此条被官员发现，会遭受斩刑惩罚。[④] 为了防止士兵在行军途中泄漏所知的军事机密，宋朝规定"凡军中，皆令三人或五人为保，同行不得分散，递相觉察，不得与外私语军事及授人财贿，犯者重罪，同保同罪"。为稳定士兵在行军中的情绪，保证士兵高昂的士气，宋政府规定士兵不得在行军途中散布谣言，蛊动军心，禁止士兵"妄说阴阳、卜筮、道释、鬼神、灾祥"[⑤]，以防动摇军心，凡触犯者，宋朝规定判处斩刑。士兵在行营中不得私自捕捉"奇禽异兽怪物"，更禁止将之携带入军营，若违反，罚

---

① 《长编》卷五一六，元符二年闰九月戊子条，第 12284 页。
② 《宋史》卷四百六《崔与之传》，第 12262 页。
③ 《武经总要》前集卷十五，第 782 页。
④ 《武经总要》前集卷六，第 250 页。
⑤ 《武经总要》前集卷六，第 248 页。

“杖一百”①。

为了保证行营中的秩序整齐，宋政府规定士兵禁止“无故惊军，叫呼奔走，妄言贼至及夜呼惊众者，并斩。即贼乘暗攻营，将士辄喧动者，亦斩”②，如宋高宗在位时期，当李宝率水军与金军作战时，宋军士兵“争言西北风力尚劲，迎之非利”，李宝下令“敢沮大计者斩。”③ 行军过程中为防止敌军偷袭，宋政府规定军队应“抽战士三五十人，于当军四面三五里外要害之路，夜设外铺，每铺给鼓三面，自随如夜中有贼犯大营，其外铺看贼与大营交战，即从后鸣鼓，大叫以击贼后，乘得机便，必当克捷”④。

行营驻扎时，士兵的行为也被诸多军规所限制，如果士兵需要外出“采樵及市易者，每人持一木牌，书其姓名，门司验认，始听出入”。为了便于管理，防止士兵出逃或泄密，规定“出须三人以上，不得独行”⑤。同时宋政府为了防止敌军乔装商贩，宋政府规定“其自外屠沽贩卖人，一切禁断，营内自交易即不禁”⑥，对士兵消费加以限制。

当宋军行营进入敌境后，为了增加行军机动性和灵活性的需要，宋政府规定步军的负重量“除器械外，不得负重过十斤，如不在贼境，任轻重自负”⑦，马军的负重量“除器甲及的须物外，

---

① 《武经总要》前集卷六，第 248 页。
② 《武经总要》前集卷六，第 248 页。
③ 《宋史》卷三七零《李宝传》，第 11500 页。
④ 《武经总要》前集卷六，第 249 页。
⑤ 《武经总要》前集卷六，第 248 页。
⑥ 《武经总要》前集卷六，第 246 页。
⑦ 《武经总要》前集卷六，第 252 页。

不得负斤两之重”[①]。士兵随身所带超重的私人物品，必须“各书姓名色件，付本队辎重主者收领”[②]。

第三节　维持社会秩序安全的士兵

士兵不仅担负着维持社会治安，还担负着侦查官员、民间舆论、消防等责任，以此维护宋代社会的秩序安全。

一、维持社会治安的士兵

宋朝设有专门巡逻维护社会治安，保持州县社会秩序的士兵。这些士兵一般不服其他劳役，如嘉祐四年（1059），宋仁宗诏于福州置就粮禁军威果两指挥，每指挥人数是四百人，这八百名士兵专职捕盗，“不许他役”[③]。还有一部分士兵是临时执行维护治安的职责，当宋朝举行郊祀等礼时，多派遣禁军士兵防护。淳熙十四年（1187），宋孝宗拜祭高宗永思陵，“于行在步军司差拨禁军一百人，部辖人员、节级在内，赴攒宫上下周围摆铺，防守巡警”[④]。

除护卫宫廷安全外，他们也需要昼夜轮流巡逻管理民间治安秩序，“遇夜巡警地方盗贼烟火，或有闹吵不律公事”[⑤]，凡有

① 《武经总要》前集卷六，第 252 页。

② 《武经总要》前集卷六，第 253 页。

③ ［宋］梁克家：《淳熙三山志》卷十八《威果指挥》，《宋元地方志丛书》，大化书局 1990 年版，第 968 页。

④ 《宋会要》礼三七之二三，第 1331 页。

⑤ ［宋］吴自牧：《梦粱录》卷十《防虞巡警》，第 290 页。

“民间盗窃，逐地分军巡人等收捉”，皆是他们的职责范围。以宋高宗绍兴二年（1132）为例，为治理临安城的治安，宋高宗设立了一百零二个巡铺，共计“禁军六百七十三人”①，约每铺五人，此后宋高宗又以每铺“所管地分阔远，元降指挥，虽置一百一十五铺，委是铺分稀少，阙人巡警”② 为由，增添了三十五个巡铺。

此类士兵在稳定的社会治安中，可以发挥积极作用，如宋宁宗嘉定十年（1217）秋天，临安治安混乱，当时“内外有白昼攫人饮食者，有掠去妇女钗镮者，又有暮夜于衢巷剥人衣裳、劫夺财物、至殴伤者，听闻骇异，动摇人心”，临安官员依靠“添置厢铺灯火，仍严督巡逻”③ 才得以将社会治安恢复正常。但是这些士兵也有滥用权力欺压民众，大中祥符三年（1010）有三名巡卒，“因寒食假质军装赌博，既不胜，远谋以五鼓未尽，伺击陌上行人，弃尸河流，取衣物贸易，以赎所质”④。宋孝宗乾道三年（1167）官员王炎上奏反映这一问题的普遍性与严重性，当时“所差军巡内有累月不换。缘熟知街巷，往往作过，节次捉获甚多”，为了防止这类事件的频繁发生，巡铺士兵需按时轮换巡防区域，或“一月一替”，或“一季一替”⑤。

二、负责侦查官员、民间舆论的士兵

还有一部分士兵负责侦查官员、民间舆论之职责。如武德司

---

① 《宋会要》兵三之八，第 6805 页。

② 《宋会要》兵三之九，第 6806 页。

③ 《宋会要》兵三之十一至十二，第 6807 页。

④ 《长编》卷八〇，大中祥符六年正月丁未条，第 1820 页。

⑤ 《宋会要》兵三之十，第 6806 页。

（皇城司）士兵，他们的职责是“潜察远方事”①，他们侦查到民间、官员的舆论动听后，随即将“所察事悉上本（皇城）司，本司皆录奏”，这些士兵探查事件之细微几乎达到了“民间细务，一例以闻”② 的程度。尽管此类士兵的存在有积极的一面，例如宋真宗大中祥符三年（1010），当皇城司士兵探知“御龙直班院副指挥使吕遇日暮醉归，马逸不能制，百姓石谦为马践伤”③ 后，宋真宗才开始重视并整顿军纪。但是由于此类士兵控制着信息传递之权，颇受皇帝重视。宋太宗太平兴国六年（981），一名皇城司士兵到达汀州后，被知州王嗣宗擒获并施以杖刑后，对士兵言“陛下不委任天下贤俊，而猥信此辈为耳目，窃为陛下不取”，王嗣宗此举导致宋太宗大怒，“遣使械嗣宗下吏，削秩”④。他们还多自持权高，常做歹事，甚至借汇报消息之由，诬陷无辜之人，借此讹取钱财。宋仁宗在位时期，“皇城逻卒吴清诬奏富民杀人”，向其勒索钱物。⑤ 宋神宗熙宁七年（1074），甚至有逻卒专以听到“市道之人谤议者，执而刑之”⑥ 当作乐趣。

三、负责消防的士兵

宋代设有专门的“潜火官兵”，当发生火灾时，这些士兵担负着救火、灭火的任务。潜火兵也以巡铺的形式驻扎于各地，每铺士兵人数一般较多，宋神宗在位时，开封府以“百人为两铺，

① 《长编》卷二二，太平兴国六年十一月甲辰条，第 504 页。
② 《长编》卷九十，天禧元年六月庚辰条，第 2076 页。
③ 《长编》卷七四，大中祥符三年七月条，第 1693 页。
④ 《长编》卷二二，太平兴国六年十一月甲辰条，第 504 页。
⑤ 《宋史》卷三四一《傅尧俞传》，第 10881 页。
⑥ 《长编》卷二五二，熙宁七年四月甲申条，第 6162 页。

以潜火为名，分地守宿”[①]，每铺约五十人。《咸淳临安志》中记载在临安三茅观附近，“步司右军潜火将内元额五百人”[②] 此处的潜火兵数也约为五百人。在宋代一些重要的建筑中，也专门设有潜火兵，如宋朝的太庙设置有潜火兵士，“以二十人为额”[③]。

潜火士兵为了有效地完成防火救火任务，需日夜巡逻查看。《梦粱录》中记载：“盖官府以潜火为重，于诸坊界置立防隅官屋，屯驻军兵，及于森立望楼，朝夕轮差，兵卒卓望，如有烟焰处，以旗帜指其方向为号，夜则易其灯，若朝天门内，以旗者三；朝天门外，以旗者二；城外以旗者一；则夜间以灯如旗，分三等也。”[④] 若遇火灾潜火士兵必须前往救火，“帅臣出于地分，带行府治内六队救扑，将佐军兵及帐前四队亲兵队，搭材队不并听号令救扑并力扑灭，支给犒赏，若不竭力，定依军法治罪”[⑤]。

这些士兵一般多由禁军充当，以临安潜火士兵为例，“必籍禁卫之士，别为部伍”，其中“步军兵士尤众”[⑥]，也有士兵原是其他兵种，后调遣为潜火兵，如一士兵之前是“韩世忠太尉之部曲”，后调遣成为巡铺士兵。[⑦] 在某些地区，救火士兵也常选派民兵充当，如南宋徽州地区官员袁甫为了减少当地火灾的发生，上奏“本州从来多有火灾，虽间出于意虑之所不及，然由人事有所

---

① 《长编》卷二六二，熙宁八年四月条，第 6411 页。

② ［宋］潜说友：《咸淳临安志》卷六，《宋元地方志丛书》，大化书局 1990 年版，第 4889 页。

③ 《宋会要》礼一五之一五，第 658 页。

④ 《梦粱录》卷十《防隅巡警》，第 260 页。

⑤ 《梦粱录》卷十《防隅巡警》，第 260 页。

⑥ 《宋会要》兵三之五，第 6804 页。

⑦ ［宋］王明清：《挥麈录》三录卷三，上海书店出版社 2001 年版，第 201 页。

未尽。臣自到官以来，首以是为急务，严保甲图籍，则择防虞官正副八人，皆乡之所推重者总之，修四隅火备，则官多置器用，且令各自为备，而日命兵隅官察之，置潜火军卒，则籍定姓名，每旬番上，且给官钱犒之”①，汀州宁化县在宋宁宗嘉定三年（1210）九月发生火灾“延烧屋宇，当即同县官带手力与县尉弓手等前去救扑”②；嘉定四年（1211）十一月温州“城监前界居民遗漏，知郡即同当职官躬率官兵并厢界义社前往救扑”③。若火势极大，救火官员来不及调拨潜火兵时，其他军种的士兵也须救火，如宋神宗熙宁七年（1074），开封城三司府火，军器监役兵“往救火”④。宋孝宗淳熙四年（1177）诏，若都城突遇火灾，“就便令殿前司策选锋军、后军各差二百五十人，逐急先次前去救扑。仍委统制官部押”⑤。淳熙五年（1178），宋孝宗对于临安各军种士兵救火职责做了更加明确的规定：

若自今临安府城里居民遗火，令马步军司各差三百人救扑。殿前司非奉御前指挥，不得差人前去。如三衙诸军营寨内遗火，止令本军自行救扑。其马步军司、修内司、临安府所差人，并不得干预。所有逐军元认临安府城里外救火地分，并差有司等处防火官兵，除三省潜火人太庙一百一人、玉牒所一百二人、秘书省一百人外，余并不得差（发）［拨］前去。令三衙主帅取统制领

---

① ［宋］袁甫：《蒙斋集》卷二《知徽州奏便民五事状》，文渊阁四库全书影印本。

② 《宋会要》瑞异二之十八，第2090页。

③ 《宋会要》瑞异二之四四，第2103页。

④ 魏泰：《东轩笔录》卷五，中华书局1983年版，第53页。

⑤ 《宋会要》瑞异二之三七，第2100页。

将官知禀。①

但是火情扑灭的快慢与潜火士兵在灭火时的态度存在着一定的关系。如果士兵在救火时，“拱手相视，莫肯向前。虽曰各执火具，所执殆成虚器。其持桶以取水者，姑以空桶往来；其拆屋以断火路者，则邀索钱物，以待火至。至于烧及酒库，则又抢酒恣饮，更无纪律。”② 这种行为不但贻误了救火的宝贵时间，还有士兵借救火为名，乘机抢劫百姓，夺取钱物。为了杜绝此类事件的出现，宋朝规定“救火兵并不得带刀剑军器出寨，因而邀夺物色也”③。

第四节　士兵的训练状况

一、士兵的日常训练

“有兵而不教，与无兵同，教之而不精，与不教同”④，士兵需要参加由官员统一指挥的军事训练，以达到“明教习以修武备”⑤，“严教习以汰无用之兵”⑥ 以保卫国防。但是由于宋代士兵须服各类劳役，这必然会占用士兵训练的时间，导致士兵缺于

① 《宋会要》瑞异二之三八，第 2100 页。

② 《宋会要》祥瑞二之四十至四一，第 2101—2102 页。

③ 《宋会要》兵三之八，第 6805 页。

④ 《絜斋集》卷七《论训习》。

⑤ ［宋］袁燮：《文忠集》卷八〇《供备库副使郭承绪可西京左藏库副使制》，文渊阁四库全书影印本。

⑥ 《都官集》卷十《上时相书》。

教习，战斗力减弱。宋太祖在乾德二年（964），即发现了这一问题，当时广泛存在诸处骑兵被地方官员役使现象，太祖担心这些士兵“失于教习”①，于是下诏禁止。宋仁宗康定元年（1040），由于宋朝军队在宋夏战争中表现出的低下战斗力，宋仁宗下诏“系役厢、禁军，自今权免役，专隶习武艺”②，增加参与军事训练的士兵数量。尽管宋政府屡次下诏禁止士兵服役，但是各类劳役、职役以及官员私役依然征用了大量的士兵。士兵的训练情况如下。③

（一）宋代正规军的训练

宋代士兵的军事训练由战术阵法训练和武艺技能训练两部分组成。二者缺一不可，宋仁宗康定元年（1040），有官员言“诸军止教坐作进退，虽整肃可观，然临敌难用，请自今遣官阅阵毕，令解镫以弓弩射。营置弓三等，自一石至八斗；弩四等，自二石八斗至二石五斗，以次阅习”④ 如果只重视其中的一点，士兵都可能在战争中不敌敌军而造成伤亡。

宋代皇帝多钟爱对阵图的设计，宋太宗“多作大小卷付将帅，御其进退”⑤，宋代官员受此影响也多制阵图教阅士兵，宋神宗熙宁八年（1075），知桂州刘彝“点集土丁为保伍，授以阵图”⑥；宋高宗绍兴年间，知安肃军张换“常作御铁骑奔冲阵图，

① 《长编》卷五，乾德二年二月乙未条，第66页。

② 《长编》卷二五六，熙宁七年九月戊申条，第6252页。

③ 详见本文第三章、第四章内容。

④ 《长编》卷一二八，康定元年七月庚午条，第3030页。

⑤ 《长编》卷二三七，熙宁五年八月庚子条，第5775页。

⑥ 《长编》卷二七三，熙宁九年三月丁丑条，第6693页。

日逐亲自教习士卒。”[①] 这也决定了阵法在宋代军事训练中的重要性，士兵从军后必须通过战术阵法的训练，才能融入宋代军队中。宋太祖乾德三年（965），史延泽在简州招募士兵千余人后，他针对这些士兵首先进行的军事训练即是“教习战阵”[②]，以培养士兵在战争中的配合作战能力。在战争之前，阵法的演练更加重要，宋真宗景德四年（1007）七月宜州发生兵变，真宗调发荆湖南路、荆湖北路所屯禁兵前往平叛，诏令这些士兵抵达桂州后须先“阅习行阵……无得先进”[③]。

在战阵训练中，士兵必须明白各种旗帜挥舞形式中所蕴含的指挥号令。大中祥符三年（1010），宋真宗在与王旦对话时言：“诸军校习武艺，或云未益于事，朕以为射骑驰突，要其习熟，至于旗帜之用，大为军容，亦师之耳目，诚不可阙”[④]，强调旗帜指挥在训练中的重要性。

纪律在战阵中犹为重要，为了使士兵熟习军律，宋政府制定了一系列的阵法纪律并制成书本，规定“总管以下，各录一本，熟喻士卒，免临阵失仪”[⑤]，宋政府规定凡士兵在战阵中“应进不进，应退不退，应坐不坐，应起不起，应簇不簇，应捺不捺，应卷不卷，应举不举，应合队而不合队，应擘队而不擘队，不应合队而误入他队，不应擘队而误入他队，言语欢哗，不闻鼓声旗幡，纷扰疏密失次，并节级科罪”；“会战或临贼下寨，行列不齐，旌旗不正，金鼓不鸣，主者及所犯者，皆斩，教阵而违者，

① 《梁溪集》卷五五《奏乞降奖谕下张换状》。
② 《长编》卷六，乾德三年十一月己酉条，第 162 页。
③ 《长编》卷六六，景德四年七月壬申条，第 1462 页。
④ 《群书考索》后集卷四十二。
⑤ 《武经总要》前集卷二，第 189 页。

杖一百”[①]；“临阵闻鼓声，合发弓弩而不发，或虽发而箭不尽，及抛弃余箭者斩”[②]；“阵定后，辄进退乱行者，即前后、左右所行处，听便斩”[③]，以此严肃军队纪律。军纪的加强，对于士兵之间的配合能力与协同作战能力起到了一定的作用。

除战术阵法训练外，士兵还须进行武艺技能训练，士兵除在驻地需要参加武艺技能的训练外，在行军途中凡驻扎时间超过三日，也“须教习武艺”[④]。宋政府对士兵每一次训练的时间和强度都做出了严格的规定，秦凤路走马承受苏贲在元丰二年（1079）奏士兵在训练中“有拘留数日不得休息”，神宗诏“诸路教阅禁卒毋得过两时”[⑤]。

宋代武器种类很多，常见的诸如弓弩、刀、枪、棒等，士兵在训练时因为兵种不同，各自训练的兵器也有所差异。在军队中操持弓弩的士兵占大多数，宋仁宗时士兵用弩者占十分之五，用弓者占十分之三，二者共占五分之四，使用枪刀的士兵仅占五分之一。[⑥] 又依据神宗时贾逵、燕达二人所言：“近降东南队法，五人为一小队，一人排手，二人枪手，二人弩手。五小队为一中队，两中队为一大队。”[⑦] 其中，弓弩士兵所占的比例依然很大。使用弓弩士兵数量的庞大决定了在训练中操习弓弩的士兵比例很

---

① 《武经总要》前集卷十四，第 773 页。

② 《武经总要》前集卷十四，第 822 页。

③ 《武经总要》前集卷十四，第 828 页。

④ 《武经总要》前集卷十五，第 829 页。

⑤ 《长编》卷三零六，元丰三年七月乙丑条，第 7436 页。

⑥ ［宋］杜大珪：《名臣碑传琬琰集》卷七，范镇：《宋景文公祁神道碑》，文渊阁四库全书影印本。

⑦ 《长编》卷二九四，元丰元年十一月乙亥条，第 7164 页。

大，如宋神宗元丰元年（1078），枢密院规定马军中十分之一的士兵训练枪、刀技艺，余下十分之九的士兵皆须训练弓箭射击技能；在步军中五分之四的士兵需要训练弓弩射击技能，余下五分之一的士兵训练枪、刀技艺①，少数训练枪、刀技艺的士兵，如果其弓箭射击技艺可达到第一等，也可改成专职训练弓箭，这就进一步加大了宋代军队中训练弓弩的士兵数量。② 随着新式弓弩诸如神臂弓、凤凰弓的出现，宋代士兵需要进行新武器的学习训练，元丰六年（1083）宋神宗规定“步军弩手第一等者，令兼习神臂弓”③。

这种单一武器训练的方法也存在弊端，宋仁宗时期官员尹洙言，因为诸多数量弓箭兵与弩兵在平时训练中“不习枪刀，虽各带剑一口，即元不系教习”。他们虽然精于弓射技能但是却疏于其他兵器的使用，这种技能的缺失，导致士兵在战争中，“或遇险隘，弓弩施为不得。须要短兵相持，其弓弩手既不会短兵，束手受害，遂多败覆”④。可见，单一武器的训练导致士兵在战争中既无法自保也无法保证战事的胜利。这一问题暴露后，宋朝也加强了在军事训练中对使用弓、弩士兵的近身兵器训练。元丰五年（1082），宋神宗诏“短兵相接，惟是刀斧取胜。可一面指挥沈括，近降劈阵大斧五千，可令诸将选择锐兵授之”⑤。

宋代士兵训练弓弩时由准确性训练和力量性训练组成。士兵必须将教阅格式记熟于心，以提高武艺训练的效果，宋神宗元丰

---

① 《长编》卷二九二，元丰元年九月甲戌条，第 7132 页。

② 《长编》卷二九二，元丰元年九月甲戌条，第 7132 页。

③ 《宋史》卷一九五《兵九》，第 4859 页。

④ 《河南集》卷二十《奏阅习短兵状》。

⑤ 《长编》卷三二九，元丰五年八月戊午，第 7916 页。

二年（1079）规定“教阅格行之，步射执弓、发矢、运手、举足、移步，及马射，马上使蕃枪，马上野战格斗，步用标排，皆有法，凡千余言，使人人诵之”①。

除正规训练外，宋朝一些官员还开创了一些趣味训练以激发士兵的兴趣，并借此在战争中出奇制胜，如《石林燕语》中记载，宋神宗在位时期，宋守约以士兵捕蝉的方法，加强对士兵遵守号令观念的训练：

宋守约为殿帅，自入夏，日轮军校十数辈捕蝉，不使得闻声。有鸣于前者，皆重答　之，人颇不堪，故言守约恶闻蝉声。神宗一日以问，守约曰：‘然。’上以为过，守约曰：‘臣岂不知此非理，但军中以号令为先，臣承平总兵殿陛，无所信其号令，故寓以捕蝉耳。蝉鸣固难禁，而臣能使必去，若陛下误令守一障，臣庶几或可使人。’上以为然。②

再如官员王韶开拓熙河后，于熙河路训练士兵。“讲武之暇，因教军为讶鼓戏”，并在应战之时以军为戏，“命军士百余人装为讶鼓队绕出军前，虏见皆愕眙，进兵奋击，大破之”③，王韶依靠这一方法成功的迷惑了敌军而取得胜利。

（二）宋代民兵的训练

除正规募兵外，民兵同样也定期教习，他们的训练形式是定期上番，时间多在秋冬农闲之际，按“一月一替，一年得三个月教阅，所贵均平或只定作三番，于一年内择三个月，农忙之际免

① 《长编》卷三〇〇，元丰二年九月壬辰条，第 7304 页。

② ［宋］叶梦得：《石林燕语》卷十，中华书局 1984 年版，第 147 页。

③ ［宋］彭乘：《续墨客挥犀》卷七《教军士为讶鼓》，全宋笔记第三编第 1 册，第 131 页。

教，亦不废三个月教阅之实”① 进行。宋仁宗康定元年（1040）九月诏：“河北、河东强壮，陕西、京东、京西新添弓手，皆以二十五人为团，团置押官一员；四团为都，置正副都头一人；五都为一指挥，置指挥使一人教习”②，教阅时间为“若令逐县所点弓手便作三番教习，当时即支与口食，已教放归，便截日住支。即如三千户县，弓手一百五十人，每番五十人赴教，每岁习四十日而已。人不失业，官不费储，是减天下粮给之费三分之二也”③。在备战之时，民兵的训练强度随之增加，如宋神宗时设立的保甲在备战时，须“日夜教习”④。

民兵在训练中也有相应的阵法训练。熙宁九年（1076）宋神宗诏“诸保甲可依新降队法结队，并印新结队图付兵部，每一都保给之一图。结队之法，三人为一小队，三小队为一中队，五中队为一大队，并引战一人居前，拥队一人执刀居后，傔二人居左右，执旗一人居中，凡五十人，皆选士也。有马人与无马人各为队。队中兵械或纯用一色，或杂用弓、弩、刀、斧、枪、楯，皆于结队时商定教习”⑤。但是，民兵的训练效果普遍不佳，元丰三年（1079）河北提点刑狱刘定反映“一司不能遍阅州县保甲”情况后，宋神宗立即诏“五路转运、提举官巡历所至，许案阅见教义勇、保甲武艺”⑥，以避免因官员精力不足影响保甲教阅质量。

---

① ［宋］尹焞《河南集》卷二四《申乡兵教阅状》，文渊阁四库全书影印本。

② ［宋］袁甫《蒙斋集》卷七《奏乞团结民兵札子》，文渊阁四库全书影印本。

③ 《长编》卷三〇五，元丰三年六月甲午条，第7155页。

④ ［宋］苏辙：《栾城集》卷三九《论京畿保甲冬教等事状》，文渊阁四库全书影印本。

⑤ 《长编》卷二七五，熙宁九年五月辛酉条，第6723页。

⑥ 《长编》卷三〇五，元丰三年六月甲午条，第7155页。

二、训练考核制度对士兵的影响

尽管宋政府针对士兵训练制订了诸多考核制度，期望保证士兵的训练时间和训练质量，以此提高宋军战斗力。士兵训练的实际效果却在一定程度上取决于具体官员在现实中对制度的施行状况，如果官员施行得当，则可收到较好的效果；反之如果官员懈怠管理，士兵则疏于训练。宋真宗即位之初，官员柳开上言，宋朝军队“兵革虽众，不及太祖之时人人练习”①，宋神宗在位时，官员苏颂也言及“今诸营教习，固不用心，事艺岂能精练”②。

宋代士兵疏于训练的情况会在战争频发时发生改变。某些官员仅仅在战争来临之前，迫于压力才对士兵加强训练，如宋真宗景德元年（1004）因四川地区的少数民族部族不断发生叛乱，夔州路的“川峡戍兵等素不阅习”，转运使薛颜等人上奏请宋政府对当地士兵“时加练训”③。景德三年（1006）宋真宗严令边防地区官员对士兵严加训练，以防止辽军南侵，诏“河北、河东、陕西所屯禁军，令部署、钤辖、都监等常加训习”④。

为了督促士兵自发在日常训练中认真投入，宋政府对士兵的训练效果进行考核，考核的结果不仅与士兵的收入相关联，还与其军种相关联。有些士兵会因其考核结果较差被调换至低级的军种中。为了使考核量化，宋仁宗于天圣年间颁布了《禁军选补法》，其中规定：

---

① 《宋史》卷四四〇《柳开传》，第 13026 页。
② ［宋］苏舜钦：《苏学士文集》卷十《咨目二》，文渊阁四库全书影印本。
③ 《长编》卷五七，景德元年八月癸亥条，第 1261 页。
④ 《长编》卷六三，景德三年五月庚寅条，第 1420 页。

凡入上四军者，捧日、天武弓以九斗，龙卫、神卫弓以七斗，天武弩以二石七斗，神卫弩以二石三斗为中格；恩冀员僚直、骁捷军士选中四军，则不复阅试。自余招拣中者，并引对。凡员僚直阙，则以选中上军及龙卫等样、弓射七斗合格者充，仍许如龙卫例选补班直。

凡选禁军，自奉钱三百已上、弓射一石五斗、弩跖三石五斗、等样及龙卫者，并亲阅，以隶龙卫、神卫。凡骑御马直阙小底，则阅拱圣、骁骑少壮善射者充。凡弓手，内殿直以下选补殿前指挥使，射一石五斗；御龙弓箭直选补御龙直、御龙骨朵子直，东西班带甲殿侍选补长入祗候，御龙诸直将、虞候选补十将，射皆一石四斗；东西班、散直选补内殿直，捧日、员僚直、天武、龙卫、神卫、亲从选补诸班直，御龙骨朵子直、弓箭直将虞候选补十将，御龙直长行选补将、虞候，射皆一石三斗；员僚、龙御、骑御马直小底选补散直，射皆一石二斗。凡弩手，东西班带甲殿侍选补长骑祗候，射四石；御龙弩直将、虞候选补十将，射三石八斗；长行选补将、虞候，射三石五斗。其捧日、天武、龙卫、亲从选补弩手班、御龙弩直者，亦如之。其次别为一等，减二斗。自余殿前指挥使、诸班直以岁久若上名出补外职者，所试弓弩斗力皆遽减，弓自一石三斗至八斗，弩自三石二斗至五斗各有差。

凡班直经上亲阅隶籍者，有司勿复按试。其升军额者，或取少壮拳勇，或旌边有劳。至于河清遽补，牢城配军亦间下诏选补，盖使给役者有时而进，负罪者不终废也。其退老疾，则以岁首，或出军回；转员皆拣汰，上军以三岁。河北遇大阅亦如之。①

宋仁宗庆历元年（1041），韩琦再次制订了使用弓、弩、枪、鞭等武器士兵的考核标准，其中规定弓箭步射标准：士兵于四十步内分别射十箭，根据结果将士兵分为三等“弓一石五斗以上七中为第一，一石二斗以上五中为第二，九斗以上三中为第三”，弩箭为“三石五斗以上八中为第一，三石以上七中为第二，两石五斗以上五中为第三”。骑射的考核标准为“马射鹿子或笋桩，各箭十，弓一石以上八中为第一、九斗以上七中为第二，八斗以上五中为第三”，使用枪、铁鞭、铁简、棍子、双剑、大斧、连枷此类武器的士兵考核标准是“马上使枪，左右十刺，得五中木人为及等”，同时规定使用武器的重量“每两条共重十斤为及等，但取左右实打有力者为中”。② 此外规定：“马枪、铁简俱及等为第三，步刺枪、步斫剑即胜者为第二，马上盘锯刀、木槊五十斤以上勇力过人者为第一。以上若一件入第一，请优与迁擢。入第三，量材录用。如二件以上入第一，三件以上入第二，四件以上入第三，并枪简及等，皆不次奖拔。”③ 若士兵达到以上标准则可升迁，反之则降等。再如宋神宗元丰元年（1078），诏“以马军选上军，上军选诸班者，并马射弓一石力。诸班直枪弩手阙，选亲从、亲事官，余并选捧日、龙卫弓箭手。”④

如果士兵的武艺不甚纯熟，在考核中无法达到宋朝规定的标准，那么有可能改习其他武器或从原兵种降至其他兵种，如宋英

① 《宋会要》兵五之六至七，第6842—6843页。
② 《长编》卷一三二，庆历元年五月丙寅条，第3153页。
③ 《长编》卷一三二，庆历元年五月丙寅条，第3153页。
④ 《宋史》卷一九四《兵八》，第4836页。

宗治平元年（1064）诏“（就粮兵）多老疾不胜铠甲者，可勿拘时，拣年五十以上有子弟或异姓亲属等应样者代之。如无，听召外人”①。熙宁元年（1068）宋神宗诏“诸路监司察州兵招简不如法者按之，不任禁军者降厢军，不任厢军者免为民”②。熙宁九年（1076），宋神宗规定河北路马军只有达到射弓满一石标准者才可给马匹，反之由训练弓箭改做“习弩或枪刃”③。元丰六年（1083），宋神宗诏五十岁以下的马军士兵如果武艺生疏，在指定的训练时间内仍然无法达到宋朝军队规定的标准，或者身体肥胖难于上马骑战或指臂有残疾的士兵，须“教习步军武艺者，并改刺步军”④。反之如果步军士兵武艺优良，也可升为马军。元丰六年（1083）宋神宗从殿前司、步军司中“选少壮有性格军士十人，付提举教习马军所教习”⑤。宋政府对民兵也制订了相应制度考核他们的武艺训练效果，如熙宁七年（1074），宋神宗诏“义勇、保甲所习武艺，弓须及七斗以上，弩两石以上，仍以十分为率，弓及枪刀各毋得过二分，余并习弩”⑥。

但是因某些官员不理训练之事，导致手下士兵武艺平庸。宋真宗在位时期，王禹偁在总结南方一带军事隐患时即指出，“大患者三：城池隳圮，一也；兵仗不完，二也；兵不服习，三也”⑦，可见在宋真宗时，南方相对和平的环境已经出现了士兵失

---

① 《宋史》卷一九四《兵八》，第 4830 页。

② 《宋史》卷一九四《兵八》，第 4834 页。

③ 《长编》卷二七五，熙宁九年十月条，第 6584 页。

④ 《长编》卷三四一，元丰六年十二月癸酉条，第 8206 页。

⑤ 《长编》卷三四一，元丰六年十二月癸酉条，第 8206 页。

⑥ 《长编》卷二百五十八，熙宁七年十月条，第 6272 页。

⑦ 《宋朝诸臣奏议》卷一二二；王禹偁：《上真宗乞江湖诸郡置本城守捉兵士》，第 1342 页。

于训练的情况。由于这些士兵“骄惰而不习知边事也”①，他们的战斗力很弱。宋仁宗庆历四年（1044），知制诰张亢言及陕西渭州的广勇指挥时指出，“又国家承平日久，失于训练，今每指挥艺精者不过百余人，其余皆疲弱不可用。且官军所恃者，步人、弩手尔。臣知渭州，见广勇指挥弩手三百五十人，其弩力及一石二斗者才九十余枝，其余止及七八斗，止欲阅习时易为力尔。臣以跳镫弩试之，皆不能张”②；宋哲宗元符年间驻守蜀州的士兵，按李新所言，“骄懦不可使，饱稻饫豕十九，如瓠朔风，正严缓步一舍已呀然汗矣。万一有变，是决不可使也”③。又如民兵，如果官员缺乏对他们的训练进行有效的管理，有部分保甲遂假托教习，以此为名，私自外出，“聚而饮博取资”④。

第五节　宋政府对士兵兵器的管理

兵器是士兵在日常训练和战争中必不可少的，如果对兵器缺乏有效的管理，则会出现士兵滥用兵器，民间作乱或发生兵变的恶劣问题。观宋之前朝，对于军队兵器的管理多将其屯聚在一处，如有征伐再行配给，如汉代时的武库既管理兵器的“缮治造作”也负责向士兵派发兵器；又如唐朝时规定：“戎具藏于库，有所征行，则视其入而出给之”⑤。

---

① 《长编》卷四四，咸平二年闰三月己丑条，第 937 页。
② 《长编》卷一二八，康定元年七月癸亥条，第 3027 页。
③ ［宋］李新：《跨鳌集》卷十九《上皇帝万言书》，文渊阁四库全书影印本。
④ ［宋］欧阳修：《文忠集》卷四五《通进司上书》，文渊阁四库全书影印本。
⑤ 欧阳修：《新唐书》卷五〇《兵志》，中华书局点校本，第 1325 页。

宋朝对正规军士兵的兵器管理也沿袭了这一制度并有所改进。当士兵参加战争须用兵器时，可于甲仗库借支而非支取。战事结束后，军兵必须归还所借支的兵器，禁止蓄留军中。若有“停留不输者，十日杖六十，十日加一等，百日加一年，过百日不送者，减私有罪二等”，如有损坏“准盗论”[①]。为防止士兵携带兵器作乱，宋廷还做了许多规定，如士兵执行消防任务时“并不得带刀剑军器出寨，因而邀夺物色”[②]。在训练中，士兵有时并不使用真正的武器进行训练，如宋真宗大中祥符三年（1010）因“河北、河东禁军器过河”，士兵训练时只得“合用阅习木枪、弩弦等”[③] 代替。

由于宋朝边防压力长期存在，驻扎在沿边地区的士兵常会遭受敌军的袭击。士兵若在战争发生时再于甲仗库领取兵器则会导致战机贻误，宋军中遂逐渐出现了随身军器与非随身军器。那些驻扎于内地的士兵很少有随身军器，而广南、四川一带因地处遐远之地，更由于宋初四川地区多发生农民起义与士兵叛乱，这些地区的“屯泊军士未尝给兵器，习武艺”[④]。沿边士兵则与他们不同，他们拥有随身军器以备战争。北宋大中祥符三年（1010）宋真宗下诏禁止“军士私蓄手刀、器械”时，考虑到那些戍边军兵的特殊性，规定“戍边者不禁”[⑤] 是为随身军器的开端。宋军士兵须妥善保管随身军器，如兵器损坏，那么修理之费有时须由士兵自己负担。战事爆发时，士兵须各自携带随身军器，迅速赶赴

① 窦仪：《宋刑统》卷七，中华书局点校本，第 442 页。

② 《宋会要》刑法二之一一〇，第 6550 页。

③ 《长编》卷七三，大中祥符三年正月己酉条，第 1229 页。

④ 《长编》卷七三，大中祥符三年正月条，第 1654 页。

⑤ 《长编》卷八三，真宗大中祥符七年九月甲辰条，第 1896 页。

战争地点，这样可节约分配兵器的时间，加快部队的集结速度。《俄藏黑水城文献》中有此类记载，建炎二年（1128）十二月四日，陕西地区调遣宋军时，命士兵“各带随身衣甲器械，尽数管押，星火前来”[①]。南宋时，由于北方的金朝、蒙元先后给宋朝边境带来了极大的威胁，沿边地区的军队中同样有随身军器的存在。这些兵器由屯驻于各地的军队自行管理。如建康地区的宋军“分屯建寨”后，宋廷“给军器衣甲，付各屯桩管，以备使用”[②]。又如宋宁宗开禧三年（1207）九月，宋廷调步军都虞候王处九前往镇江布防时，令他“将常本司官兵五千人并随身衣甲器械”[③]前往驻地。

随身军器的存在加大了宋朝政府对军队间兵器的管理难度。靖康元年（1126）二月，知建州王宝向宋钦宗上疏：“军兴以来，诸处敢勇、效用、保甲、弓箭社等带随身器甲于经过州县城内安泊，往往做过。”[④]

为解决宋朝禁军战斗力不强的情况，宋政府陆续设置了一系列民兵以补禁军之不足。这些民兵并不是正规军，平时耕作，定时校阅，战时出战。民兵兵器的管理分为官府配备与自备两种方法。在民兵创立之初兵器一般为官给。以河北陕西地区的民兵为例：真宗咸平四年官府“给器甲给河北、陕西强人”；宋仁宗庆历年间时规定“遇防秋，官给器甲，下番随军训练”[⑤]；“强壮放归农”时须将“其先置兵仗等并于所在送官”。

---

① 《俄藏黑水城文献》第六分册，第 256 页。

② 《景定建康志》卷三八，第 1326 页。

③ 《宋会要》兵九之二六，第 6918 页。

④ 《宋会要》刑法七之二八，第 6747 页。

⑤ 《长编》卷一三六，仁宗庆历二年五月条，第 3266 页。

但河东陕西地区的弓箭手需自备武器，“官无资粮戎械之费”[①]。宋神宗时实行保甲法，其中规定保甲的兵器皆须保甲自行配置。在当时一张弓价格为“千五百”[②] 的情况下，这种政策固然可以在一定程度上减轻宋朝的经济压力，但却遭到了保甲的强烈反对。最终，保甲法又逐渐改为官府配备与保甲自备相结合的方式。如元丰五年（1082），宋廷规定广南路保甲自置竹制兵器以备校阅，在战争时改为“器甲并从官给”[③]。

北宋末、南宋初，宋朝对兵器的管理制度进一步放宽，由于宋朝在对金的战争中一败涂地，宋朝军队既缺乏战斗力，建制也已散乱，面临着兵员短缺的困难。为了抵御金兵的进攻以及地方盗贼的作乱，有一些大臣向宋高宗提议应“仍募土豪，借官资，兵粮器械自备”[④]，宋高宗为了保证国家的安宁也只得同意此举。

宋朝士兵的逃亡现象破坏了宋军的兵器管理制度。士兵在拥有随身军器或借支兵器后，逃亡民间，造成宋军兵器大量流失。为杜绝这一现象，宋神宗在元丰六年（1083）下诏：“闻鄜延诸州昨走散兵卒，带官器械，私易于民间。委转运司立限首纳，量支价钱，即限满藏匿，依私有禁兵器告赏法。”[⑤] 但这种现象依然不能禁止，宋徽宗宣和元年（1119），陕西、河东、河北宣抚使司上奏“（逃兵）并将元请衣甲、器械、衲袄擅行货易，或典质钱物，自知逃亡罪重，又已破货器甲之类，理不可还，遂绝自新

---

① 《宋史》卷一九〇《兵志四》，第 4712 页。
② 《长编》卷二二一，熙宁四年三月丁酉条，第 5380 页。
③ 《长编》卷三二七，元丰五年六月辛酉条，第 7876 页。
④ 《要录》卷二〇，建炎二月三月条，第 406 页。
⑤ 《长编》卷三三三，元丰六年二月戊申条，第 8013 页。

之意，兵额由此顿阙”[①]，希望朝廷对士兵携带兵器逃亡造成兵器管理混乱的现象严加监督。

士兵遗失兵器也会受到惩罚。《俄藏黑水城文献》军政文书中有一则对保捷第二十九指挥郭仙兵器遗失后处置的记载如下：“鄜延路第拾将牒本路第柒将准来文：请速将驻泊庆成军保捷第二十九指挥郭仙，交付与差去人监押前来。贵凭勒令本供析之件，军器下落，幸免失陷官物，须专行遣。”[②] 由此可见，当时军队对兵器的管理十分严格。宋朝一旦对士兵兵器的管理失控，则会对社会治安造成不良影响，如在两宋之交“勤王之兵，往往溃而为盗”[③]，持有兵器的禁军、厢军乘宋朝动乱之际沦为流寇，凭借手中掌握的兵器劫抢民众，作乱地方，乃至攻略州城。高宗时的大臣朱胜非感叹在当时“兵患有三：曰金人，曰土贼，曰游寇”[④]，可见这些失去约束力的军兵给社会治安带来了巨大的不良影响。

---

① 《宋会要》刑法七之二八，第 6747 页。

② 《俄藏黑水城文献》第六分册，第 170 页。

③ 《要录》卷七，建炎元年七月庚寅条，第 173 页。

④ 《要录》卷四二，绍兴元年二月乙酉条，第 768 页。

第三章　宋代士兵的服劳役状况

宋代的各类劳役多由士兵完成，这大大减轻了民众的负担。宋代由士兵代民众服役的现象在宋初经过了一个漫长的过程，经宋太祖、宋太宗、宋真宗三代后，至宋仁宗时期才形成了“国家所养之兵，其上者战，其下者役”① 的局面。按《文献通考》记载宋代“漕挽、营缮力役之任，悉用士伍”②，宋代的矿冶业、铸钱业、军器制造业、织染业、粮食加工业、酿酒业、金属制造业等诸多官府手工业中也多用士兵服役，此外，还有部分官员多私役士兵为自己服务，牟取利益。

第一节　以兵代民服劳役现象的形成与发展

宋代前朝多调丁夫服役。周世宗于显德元年（954）“遣李谷诣澶、郓、齐按视堤塞，役徒六万”③；显德六年（959）二月，

---

① 《长编》卷一五四，庆历五年正月丙戌条，第 3743 页。

② 《通考》卷一五六《兵考八》，第 4650 页。

③ ［宋］司马光：《资治通鉴》卷二九二，显德元年十月戊辰条，中华书局 1978 年版，第 9519 页。

周世宗遣韩令坤与袁彦浚分别营建水利工程，“发畿内及滑、亳丁夫数千以供其役”①；同年四月，“发滨、棣丁夫数千城霸州，命韩通董其役”②。这三次服役皆为丁夫服役而非士兵参加劳役。宋朝建立后，建隆二年（961），宋太祖首先改变了递铺劳动力的调用情况，将以往“天下邮传，率役平民”的情况改为“诸道州府，以军卒代百姓为递夫”③，以兵代民服役。建隆三年（962）正月，宋太祖继续下诏令各地官员严格执行这一制度，各处“不得差道路居人充递军脚力”④。

随着宋初士兵代替百姓服劳役现象的出现，自宋太祖建隆三年（962），宋政府也逐步将调集民夫修筑京城开封与疏浚水道等相关工程改为选派士兵服役。如建隆三年（962）四月，宋太祖“发潞州民开太行道，通馈运”⑤。这时的工程服役人员仍以百姓丁夫为主，这一方面是因为当时战争频仍，作为战争主体的士兵需要参与战争；另一方面，当时中央集权并未大规模集中，地方官员还拥有一定的兵权，中央政府无力调拨那些士兵参与劳役。不过在一年后的乾德元年（963），宋政府“出内府钱，募诸军子弟数千人，凿池于朱明门外”⑥，以出钱雇役的方式将驻扎在开封府的士兵子弟作为劳动力参与凿水池，这是宋代第一次出现士兵作为服役劳动力主体的记载。尽管此次服役人员为士兵子弟而并非士兵本人，但这开启了之后宋代以兵代民服役的序幕。此后在

① 《资治通鉴》卷二九四，显德六年二月丙子条，第 9595 页。
② 《资治通鉴》卷二九四，显德六年四月己酉条，第 9598 页。
③ 《宋会要》方域十之一七，第 7482 页。
④ 《宋会要》方域十之一七，第 7482 页。
⑤ 《长编》卷三，建隆三年四月乙亥条，第 67 页。
⑥ 《长编》卷四，乾德元年四月庚寅条，第 89 页。

地方性的局部小工程中继续出现了一些以兵代民服劳役的情况，如乾德三年（965），史籍中又一次出现了宋代士兵参与土木工程营建的记载：“秋，大雨霖，开封府河决阳武，又孟州水涨，坏中潬桥梁，澶、郓亦言河决，（宋太祖）诏发州兵治之。”① 两年后的乾德五年（967），“朝廷尝遣使治道襄州，岁常五六辈一使，所调发民皆数百人。吏缘为奸，多私取民课。所发不充数，道益不修。知州、太子宾客边光范计其工，请以州卒代民，官给器用，役不淹久，民用无扰”②，此次修路的劳动力主体是各地州兵，这也证明随着中央集权的加强，中央政府对地方的控制力也随之加强。

但是在当时，宋代并未形成以兵代民服役的固定制度，以上诸例或许是一些偶然事件，因为在同时期以及稍后的年份中，在各类工程中使用的劳动力依然以宋政府征派丁夫服役为主。宋太祖乾德四年（966）八月，“滑州河决，坏灵河县大堤，诏殿前都指挥使韩重赟、马步军都军头王廷义等督士卒丁夫数万人治之，被泛者蠲其秋租”③。此次工程是由士兵与丁夫一起进行修筑。一年后，宋太祖因河堤屡决“分遣使行视，发畿甸丁夫缮治”④。开宝元年（968），马步军副都头王廷义修筑京城，太祖仍“发近甸丁夫增修京城”⑤。开宝二年（969）太祖率军征讨北汉回师途中，因“漳水泛溢，坏浮桥”，令“士卒亟治之”⑥，但这是在行军途

① 《宋史》卷九十一《河渠一》，第 2257 页。
② 《长编》卷八，乾德五年条，第 198 页。
③ 《宋史》卷九十一《河渠一》，第 2257 页。
④ 《宋史》卷九十一《河渠一》，第 2257 页。
⑤ 《长编》卷九，开宝元年正月甲午条，第 199 页。
⑥ 《长编》卷十，开宝二年正月甲午条，第 227 页。

中进行的军事工程，与其他工程不同，须用士兵服役。此后开宝三年（970），“汴水决宋州宁陵县”，宋政府依旧“发宋、亳丁夫塞之”而非调用士兵修缮。开宝五年（972），宋太祖对“澶州修河卒赐以钱、鞋，役夫给以茶”①。从这次修河工程中，修河卒“赐以钱、鞋”，而役夫“给以茶”这一信息中，可判断士卒的待遇强于役夫。在开宝五年（972）宋政府整修黄河的工程中，再次出现了宋太祖“发诸州兵士及丁夫凡五万人塞决河”② 的记载，但是对此次工程中的劳动力在称呼上由“士卒丁夫”变成了“诸州兵士及丁夫”，尽管记载中未注明二者在此次修河工程中的具体人数，但是推测在二者的比例中，士兵应稍占多数，士卒服役逐渐成为劳动力的主体。这一阶段应属于丁夫与士卒共同服役的过渡阶段。其中既有丁夫、士兵各自单独服役，也有二者共同服役的情况。

开宝六年（973），《长编》中记载广南西路融州发生了“修河卒叛，杀长吏”③ 的事件，虽然此条资料缺乏背景性描述，但结合之前“澶州修河卒”的记载，可以推测此事或为当时部分州县有部分的修河卒服役，或为当地官员私役士兵修河，因劳动强度极大导致了士兵叛乱。此后宋初士兵参加劳役的记载稍多，但是多为间接记载，诸如皇帝在视察劳役时，向服役士兵发放赏赐或视察劳役情况等事。如开宝七年（974），宋太祖“赐治城壕卒衣履”④；开宝八年（975）宋太祖“临惠民河观军人筑堰”⑤；开

---

① 《宋史》卷九一《河渠一》，第 2257 页。
② 《长编》卷十三，开宝五年四月戊申条，第 285 页。
③ 《长编》卷十四，开宝六年三月癸未条，第 298 页。
④ 《长编》卷十五，开宝七年正月戊寅条，第 316 页。
⑤ 《长编》卷十六，开宝八年十二月庚子条，第 354 页。

宝九年（976），“发卒千人，自洛城菜市桥凿渠抵漕口二十五里，以通馈运”①。

宋太宗即位后，继续使用士兵服役。如太平兴国初，宋政府在引金水河水填满金明池的这一工程中，调用了士兵“三万五千人凿池”②；太平兴国二年（977），宋太宗“幸新凿池，赐役卒三万五千人人千钱、布一端”③；太平兴国三年（978），宋太宗“发卒千人，浚汴口”④。

这一时期士兵作为主体参与劳役现象虽然逐渐增多，但服役的地理范围多为开封一带。这一方面与宋初大规模修筑京城有关，另一方面也与开封府屯兵数量较多有关。但是，在这段时间里，也存在着征发丁夫服劳役的情况，如宋太祖开宝八年（975），“发和州三县丁夫，凿横江河以通粮道”⑤；宋太宗太平兴国五年（980）正月，“命右卫将军史珪督畿内丁夫三万人凿尉氏县界新河九十里，数旬而毕，居民利之”⑥。可见当时调用劳动力服役并没有一个严格标准，士兵或丁夫的身影都在服役中出现过，这或许与在宋初的统一战争中，士兵多需出征参与战争，而无闲暇调用服役有关。每当工程进行之时，宋政府只能征发民夫服役或抽调士兵子弟或无战事的士兵参与其中。

宋政府正式制订由士兵代替丁夫作为劳动力服役的制度，应是发生在宋太宗太平兴国九年（984），在《太宗实录》中对此记

---

① 《长编》卷十七，开宝九年二月条，第368页。

② 《长编》卷十九，太平兴国三年正月条，第424页。

③ 《长编》卷十九，太平兴国二年正月乙巳条，第398页。

④ 《长编》卷十九，太平兴国三年正月丁未条，第421页。

⑤ 《长编》卷十六，开宝八年九月条，第334页。

⑥ 《长编》卷二一，太平兴国五年正月癸卯条，第471页。

载十分详尽：

先是，河决于韩村，数州之地皆罹其灾。上患之，集丁夫十余万治之，自秋逾冬，功既毕而复决。上以方春播种，不欲重烦民力，于是发卒五万人，以侍卫步军都指挥使田重进总督其役，供奉官刘吉副之。①

从中可以看出，太平兴国八年（983）发生了黄河决口，当年宋政府已调发丁夫十余万进行治理，这一工程由太平兴国八年（983）一直持续到太平兴国九年（984）春季仍未完工。宋太宗考虑到农民需在此时播种，为避免延误农时，决定派遣士兵五万人代替丁夫服役。此后宋代士兵服役的现象日益增多，其中"不劳民力"多是最重要的原因。宋政府以兵代民服役，可以节省民力，使百姓专心于生产，这种做法对宋代社会的生产起到了促进作用，同时调用士兵服役，也可在无战事发生的情况下磨炼士兵的意志。除此以外，士兵代民服役的另一原因是在某些情况下，官府难于雇丁夫服役，如宋太宗淳化四年（993），"虽以官钱雇丁男挽舟，而土人惮其役"，为完成运输任务"（杨）允恭尽籍三路舟卒"②。在这些原因的作用下，这一时期的士兵服劳役现象逐渐增多。宋太宗淳化四年（993）十月，黄河于澶州决口，太宗再次"诏发卒代民治之"③，同年何承矩为制置河北缘边屯田使时，"发诸州镇兵万八千人给其役，凡雄、莫、霸州、平戎破虏

---

① ［宋］钱若水：《宋太宗实录》（以下简称《太宗实录》）卷二九，太平兴国九年三月己未条，甘肃人民出版社 2005 年版，第 33 页。在《长编》卷二五，雍熙元年三月丁巳条，第 575 页，《宋史》卷九一《河渠一　黄河上》，第 2259 页，也有简要记载。

② 《长编》卷三四，淳化四年十二月壬辰条，第 761 页。

③ 《宋史》卷九一《河渠一》，第 2259。

顺安军兴堰六百里，置斗门，引淀水灌溉”[①]。至道三年（997）“西鄙运粮”[②]，宋太宗再次调发士兵代替丁夫运粮。

宋真宗即位后，士兵服役的现象日益增多，宋真宗景德三年（1006），“罢天雄军修城丁夫，以邻近州兵十指挥给役”[③]。大中祥符三年（1010），宋廷规定“应缘江淮并沿河州、军、县、镇阙食之处，自来差人牵拽纲运牌筏、（檐）［担］擎转递物，并以兵士代之，及破官钱顾人应副”[④]，将牵挽之役的劳动力也改为由士兵担当。宋仁宗皇祐五年（1053），两浙路发生水患，“籍诸州役兵，疏浚堤埚，不劳民力，而苏、秀之患除移。”[⑤]

此后，士兵在宋代多种的劳役中服役，范围很广。宋代城墙的清洁工作需由士兵完成，“皇城司在禁中，外城墙正不点检，至生青草，轮差勾当皇城司使臣躬亲将带里外巡城人员、兵士刬削，并管常令洁净”[⑥]。皇帝的御马饲养工作也需由士兵完成，如宋神宗元丰五年（1082），太仆寺言，“御马每三匹给卒一名，常马千给卒二百饲养”[⑦]，士兵李立专为“主将刈马刍”，养马士兵“乞于省马院差骡马五十头匹，控养兵士各一名，管押将校共二人，应副一行官属乘骑、驮载官物”。士兵还负责清扫皇宫卫生，“以汲水器赐宿卫诸班，充皇城内扫洒所用”[⑧]。和剂局在搬送药

① 《长编》卷三四，淳化四年三月壬子条，第747页。
② 《长编》卷四二，至道三年十二月壬辰条，第892页。
③ 《长编》卷六三，景德三年六月丙寅条，第1414页。
④ 《宋会要》职官四一之八四，第3208页。
⑤ 《苏魏公文集》卷六一《龙图阁直学士致仕李公墓志铭》，第930页。
⑥ 《宋会要》职官三四之二三，第3050页。
⑦ 《长编》卷三三〇，元丰五年十月条，第7946页。
⑧ 《宋会要》职官三四之一九，第3048页。

物的过程中需要士兵供役，“般担药至熟药所，并轮差巡防兵士，令本局量破脚钱，以药息钱支给”[①]。

士兵还负责纲运之劳役，如宋太宗淳化四年（993），“（杨）允恭尽籍三路舟卒与所运物数”[②]；宋真宗景德四年（1007），诏“河北缘河州军纲运，自今以军士充役，勿差部民”[③]。改由士兵服役。或以士兵耕种田地，[④] 宋真宗咸平二年（999），知襄州耿望“请于旧地兼括荒田，置营田上、中、下三务，调夫五百筑堤，仍集邻州兵，每务二百，荆湖市牛七百头分给之”[⑤]。或参与修建军事工程，宋真宗咸平六年（1003）六月，“发顺安军役卒浚北平寨濠”[⑥]。在土木工程中，士兵服劳役的现象更为多见：“天下州郡，自太平以来，廨宇亭榭，无有不足。每遇新官临政，必有改作，土木之功，处处皆是，不惟枉费财用，必须多役兵卒。”[⑦] 除大规模的工程外，地方性的各种小型土木工程也都由士兵完成，如宋神宗元丰二年（1079），潞州太守“役兵治园亭，旬休不得息，君直从遣之”[⑧]。

在大型工程中，因士兵具有人数众多、调拨便利、纪律性强的特点，故宋政府多使用士兵服役，如宋仁宗修建南京宫宇时，

---

① 《宋会要》职官二七之六六，第 2969 页。

② 《长编》卷三四，淳化四年十二月壬辰条，第 761 页。

③ 《长编》卷六五，景德四年五月丁酉条，第 1454 页。

④ 参见程龙《论康定、庆历时期西北沿边屯田与宋夏战争的互动关系》，《中国历史地理论丛》，2006 年第 1 期，第 67—71 页；何玉红《南宋西北战区军粮的消耗以及屯田与水利建设》，《中国农史》，2007 年第 4 期，第 70—79 页。

⑤ 《长编》卷四四，咸平二年四月丙子条，第 942 页。

⑥ 《长编》卷五五，咸平六年六月壬戌条，第 1201 页。

⑦ 《端明集》卷二十二《论兵十事》。

⑧ 《范太史集》卷三八《虞部郎中司马君墓志铭》，文渊阁四库全书影印本。

“差工匠役兵等逐旋修盖”①。修建宋神宗永裕陵时，动用“役兵数万”②，修建宋哲宗永泰陵时，“役兵匠九千二百四十有四”③。除帝王陵寝外，重要官员的坟墓也多派遣士兵参与修筑。宋神宗元丰元年（1078），修曾公亮坟时，诏派遣京城“役兵五百、石匠五十，赴曾公亮坟供役”④。士兵也用来做修城之用，宋真宗咸平五年（1002）正月，宋真宗以西上阁门使孙全照为石州、隰州兵马钤辖令其修筑绥州城，“调发兵夫二万余给其役”⑤。

参与大型工程劳役的士兵人数众多，以官府手工业为例，在钱监中服役的士兵有几百至上千人不等。⑥ 在大型工程中，所需人数更多，宋仁宗嘉祐三年（1058）九月，“以葛家岗新开河为永济河，凡役工六十三万，九月而成”⑦。宋仁宗嘉祐八年（1063）“山陵所役卒四万六千四百余人”减少人数后仍需“差三万五千人”⑧。宋神宗元丰元年熙州增筑西南外罗城时，“役兵夫四十四万”⑨，宋哲宗元祐三年（1088），苏轼上奏“自孙村至海口旧管堤埽四十五所役兵万五千人”⑩，元祐四年（1089），黄河堤岸于孙村决口，参与抢修的士兵数量达到了“日二万有余”⑪。

---

① 《苏魏公文集》卷十九《奏乞增修南京大内》，第 261 页。
② 《苏魏公文集》卷五三《资政殿学士通议大夫孙公神道碑铭》，第 803 页。
③ 《金石萃编》卷一四二《永泰陵采石记》。
④ 《长编》卷二八八，元丰元年二月戊申条，第 7064 页。
⑤ 《长编》卷五一，咸平五年正月丙午条，第 1108 页。
⑥ 汪圣铎：《两宋货币史》，第 118 页。
⑦ 《长编》卷一八八，嘉祐三年九月癸巳条，第 4529 页。
⑧ 《长编》卷二〇九，治平四年正月丙寅条，第 5079 页。
⑨ 《长编》卷二九〇，元丰元年六月乙巳条，第 7086 页。
⑩ 《历代名臣奏议》卷二百五十二，第 3303 页。
⑪ 《长编》卷四二一，元祐四年正月辛卯条，第 10190—10191 页。

宋高宗年间修筑西和州，“役兵以工记，凡八十万”①。如果服役人数短缺会导致难以完成工程任务，如宋神宗熙宁五年（1072）正月诏“自来修河差兵官领兵士不过一二百人，名为防虞，实不足应事”，于是将人数由一二百人增加至“高阳关路钤辖康庆、大名府路都监高政各领兵一千，于役所驻札”②。

宋代士兵服役还包括参与宋代军队中的商业行为，如回易。宋太祖时特许防边将领“资其回图贸易”③，以此补充军费之需。参与回易的士兵服役种类多样，有机织、酿酒、贸易等繁多样式，如宋仁宗庆历年间滕宗谅“差兵百八十七人，以驴车四十辆，载茶三百余笼”进行贸易。宋仁宗嘉祐元年（1056），官员贾逵回易“令五人一保，给钱十万，凡回易五十日”④。在南宋初的刘光世军队中，有“八千人为回易”，而全军仅五万二千人，回易士兵占全军人数的百分之十五。张浚军中一名士兵“造巨船，极其华丽。市美女能歌舞音乐者百余人”往海外贸易“获利几十倍”。⑤

但是在宋代也并非全部劳役都以士兵完成，在士兵数量不足时仍需百姓服役，如宋神宗元丰元年（1078），修曹村决口之役，计划服役士兵二万人，而“止得万五千人”，宋神宗于是下诏“河北东路、开封府界差雇万人”。⑥

---

① ［清］张维：《陇右金石录》卷四，《西和州筑城记》。

② 《长编》卷二二九，熙宁五年正月癸卯条，第5576页。

③ 《长编》卷十七，开宝九年十一月庚午条，第384页。

④ 《长编》卷一八三，嘉祐元年八月己卯条，第4440页。

⑤ 《鹤林玉露》丙编卷二《老卒回易》，第269页。

⑥ 《长编》卷二八七，元丰元年正月条，第7035页。

第二节　役兵的兵种范围

宋代禁军的职责多为征伐、戍守，厢军的职责多为服役。一般认为厢军“罕教阅，类多给役而已”，自宋真宗朝起，就存在着“禁卫兵士无他役，唯习戎艺耳”[①] 的观点。此后北宋官员蔡襄言：“国家自北戎继好以来，大弛武备。号曰禁军者，日享厚给，骄蹇难用，前日魏府之兵是也。曰厢军者，例充给役，刀矛戟矢，略未知名。”[②] 马光临在《文献通考》中引用的《两朝国史志》认为“厢兵者……类多给役而已”[③]。在宋代士兵拣选制度下，出现了“伉健者迁禁卫，短弱者为厢军”[④] 的现象。在禁军主征战，厢军主服役的分工下，一旦禁军士兵武艺考核不合格，则会降为厢军，“减禁军有不任征战者，减充小分，小分复不任执役者，放充百姓”[⑤]。在《宋史·兵志》中描述厢军时，言“诸路厢军名额猥多，自骑射至牢城，其名凡二百二十三。其间因事募人，团立新额，或因工作、榷酤、水陆运送、通道、山险、桥梁、邮传、马牧、堤防、堰埭”[⑥]。

可见在宋代兵种中，厢军是尽劳役职责重要的兵种之一。诸如宋代的官府手工业中多数为厢军服役，如宋哲宗绍圣年间，信

---

① 《长编》卷五六，景德元年七月壬子条，第 1248 页。

② 《端明集》卷九《黼扆箴》。

③ 《通考》卷一五二《兵四》考一三二七，第 4555 页。

④ 《通考》卷一五二《兵四》考一三二八，第 4555 页。

⑤ 《传家集》卷四二《乞不拣退军置淮南札子》。

⑥ 《宋史》卷一八九《兵三》，第 4644 页。

州实行胆铜法生产时，“差厢军兴侵”①，南宋时“场兵千夫，服劳力作”②。根据王菱菱先生《宋代矿冶业研究》书中可知宋代矿冶业中有大量厢军士兵参与生产，服役人数与所占比例从北宋至南宋逐渐提升；③ 淮建利先生在《宋朝厢军研究》一书中也指出宋代军器制造业、织染业、修建业、粮食加工业、酿酒业、金属加工业等诸多官府手工业中都较为集中的使用厢军士兵生产。④但是在诸如水利、土木等工程劳役中，常有或为厢兵禁兵共同服役，或为禁兵单独服役的情况出现。此外，也有些特殊劳役必须由禁军士兵担任，宋孝宗淳熙七年（1180）四月，御前酒库请求调拨步军司士兵三十人，殿前司士兵二十人，充其各类役使之用，其原因为御前酒库“在内中置局，若差拨厢军，窃虑冗杂，不晓部辖，难以凭信”⑤。可见在宋代，厢军士兵并非是宋代服劳役的唯一兵种。如同厢军士兵需要参与征战，禁军等其他兵种的士兵也同样需要参与劳役，如大中祥符二年（1009），宋真宗诏“昭应宫隶役禁军，自今每月更代，厢军及冬并休息之。”⑥ 他们都是宋政府所招募的士兵，宋代皇帝、官员在选择劳役对象时，有时并不按兵种加以区分。

从宋代早期的士兵服役情况来看，在前一节所引之例中对服役士兵有如下多种称呼：诸军子弟、州兵、士卒、修河卒、诸州兵士、军人、治城壕卒、卒、役卒、诸州镇兵、诸军兵士、州

---

① ［明］胡我琨：《钱通》卷三，文渊阁四库全书影印本。

② 《乾道稿》卷五《截留纲运记》，文渊阁四库全书影印本。

③ 《宋代矿冶业研究》，第 204 页。

④ 《宋朝厢军研究》，第 110 页。

⑤ 《宋会要》食货五二之一，第 5699 页。

⑥ 《长编》卷七二，大中祥符二年七月辛酉条，第 1624 页。

兵。其中的修河卒或许是专业的厢军士兵，而至于军人、士卒等称呼则难以判断他们是禁兵还是厢兵。大中祥符六年（1013）四月，在一次宋真宗对士兵军粮发放的诏令中有“在京工役禁军、厢军兵士，所请口食，令殿中侍卫马步军司指挥依例每月一度请领，至月尽旬假日并与免一日工役，令兵士自去赴仓担般”① 的记载，从该条记载中出现的“在京工役禁军、厢军兵士”，可知在当时士兵服役的兵种应包括禁军、厢军二者。

在宋太宗时，就出现了以禁军士兵服劳役的现象，如官员赵昌言在修筑河堤时，“乃索禁卒佐役”②。宋真宗大中祥符元年（1008）修筑玉清昭应宫时，宋政府调拨服役人员“役工日三四万”，其中包括了“京东西、河北、淮南州军、禁军，调诸州工匠，每季代之，兵卒岁一代”③。

此后，宋代设置在各地的就粮禁军也逐渐开始了服当地各类劳役的工作。就粮禁军是指那些由将京城出戍驻守与地方的禁军士兵，这些军队较早的成为服役禁军。其中在防水患时，地方官员常调拨本处的就粮禁军士兵参与劳作，如宋仁宗在位时期官员苏颂在《奏乞差防河将副》中写道，“旧例，每遇汴流泛涨，即差府县就粮禁军防河”④，即为旧例，那么使用就粮禁军防河患应当持续了一段较长的时间。这一事例应从始于宋真宗在位时间，大中祥符八年（1015），因汴河水涨溢，宋真宗诏“自今后汴水添涨及七尺五寸，即遣禁兵三千，沿河防护”⑤。此后，从宋仁宗

① 《宋会要》食货六二之五，第 5951 页。

② 《宋史》卷二六七《赵昌言传》，第 9196 页。

③ 《宋朝事实》卷七。

④ 《苏魏公文集》卷十九《奏乞差防河将副》，第 292 页。

⑤ 《宋史》卷九三《河渠三》，第 2321 页。

皇祐元年（1049）七月，诏“防河禁军自今日，支食钱五十文八，作司并排岸司兵士日支三十文，其罢五日特支”[①] 和滑州因黄河决口发生洪水，“河溢鱼池埽且决，公（陈希亮）发禁兵捍之”[②] 的记载中可见，在宋仁宗在位时期，禁军士兵常被作为防河工程的主力被调用。此后，宋神宗熙宁十年（1077），曹村发生黄河决口，知濮州、屯田郎中闾邱孝直“役禁兵筑护城堤”[③]。

在修城这一劳役中，也多见禁军士兵的身影。从宋仁宗庆历四年（1044）六月，修筑延州龙口平寨完工后，宋政府“赐修寨禁卒缗钱”[④] 的记载中可见这一工程中有禁兵的参与。宋仁宗在位时期，庞籍于延州修建城池与所辖各寨时所使用的劳动力，“皆募禁军为之”[⑤]。宋神宗元丰元年（1078），河东路经略使韩绛计划修建“河外三州并缘边堡寨”时，因“全阙厢军”，只好“募禁军修完”[⑥]。

此外，当驻地无厢军或厢军调至他处后，禁军也需服厢军原服之劳役，如宋神宗熙宁八年（1075）因河东路忻州、代州地区厢军“多作过”，在九月“以禁军代厢军”[⑦] 后，这些地区原有需要厢军所服之劳役，需要由禁军代服。再如某些州本无厢军设置，凡遇工程劳役也需差派禁军士兵服役，如宋仁宗年间鄜州一带“州无役兵”，当地官员在修筑州城时，不得不“欲以战士筑

---

① 《宋会要》礼六二之四十。
② 《三苏全集》卷三九《陈公弼传》第 15 册，第 281 页。
③ 《长编》卷二八四，熙宁十年八月辛丑条，第 6956 页。
④ 《长编》卷一五零，庆历四年六月辛卯条，第 3624 页。
⑤ 《名臣碑传琬琰集》中卷六，司马光：《庞庄敏公籍墓志铭》。
⑥ 《长编》卷二八九，元丰元年年二月丁卯条，第 5714 页。
⑦ 《长编》卷二六八，熙宁八年九月条，第 6570 页。

之”[①]。

北宋出现的这种禁军服劳役现象对南宋士兵服役兵种产生了很大的影响，随着南宋禁军军事职能的边缘化，越来越多的禁军士兵沦为服役之用。宋高宗绍兴六年（1136），两浙西路提点刑狱朱绎因所管治下“斥堠递铺见缺铺兵”，请求宋高宗于各州派遣“厢军或禁军补足”[②]。宋孝宗乾道元年（1165），“差厢禁军牵马长行，日支米二升，铜钱六十文”，以至南宋中后期形成了“禁兵但供厮役，大抵如昔之厢军”[③] 的局面。

但是在宋代军队中服役的士兵依然是以厢兵为主，因为禁军服役超过一定限度时，会导致兵力疲惫，难以适应训练征战的需要。如宋神宗元丰五年（1082），熙河路的禁军“累经和雇版筑，人力疲弊，甚要休息”[④]。在这种情况下，宋政府有时会主动停止禁兵士兵服役，以保证他们有充足的时间参与军事训练，宋神宗熙宁七年（1074）九月，诏“系役厢、禁军，自今权免役，专隶习武艺”[⑤]，十月神宗再次诏“熙河路募禁军筑城，颇妨教阅，近已降指挥罢之，宜令总管司约束兵官教阅。”[⑥] 元丰二年（1079），神宗规定“禁军、教阅厢军，毋得以为作院工匠”[⑦]。元丰五年（1082），宋神宗特选“厢军万五千人，工匠千人，义勇保甲万

---

① 《传家集》卷七十七《殿中丞薛府君墓志铭》

② 《宋会要》方舆十一之六，第 7503 页。

③ 《通考》卷一五四《兵考六》考一三四三，第 4608 页。

④ 《长编》卷三三十，神宗元丰五年十月戊午条，第 7950 页。

⑤ 《长编》卷二五六，熙宁七年九月戊申条，第 6262 页。

⑥ 《长编》卷二五八，熙宁七年十月丁未条，第 6291 页。

⑦ 《长编》卷三〇一，元丰二年十月庚辰条。

人”发往盐州，用来代替“禁军有事役者”①，为了保证禁军专心训练备战，将成德军的“在府场务差遣参用禁军军员”改为“只差三百料钱已下不教阅厢军人员”②。宋哲宗元祐七年（1092）七月，诏“陕西、河东逐路经略司，自今缘边与造须和雇禁军，并开坐阙少役兵因依，条具取旨。若事速不可待报，听便和雇，亦具闻奏。如委官覆按，稍有不实，当置于法”，以改正之前“缘边惟紧急修造待报不及，方许直雇禁军，而诸路不以急缓与可待报者，悉雇禁兵充役”③ 的状况。

除厢兵、禁兵外，宋代的各类乡兵也多用以服役。从宋仁宗庆历四年（1044）七月“赐修水洛城禁军及弓箭手缗钱”④ 中可知在修水洛城工程中，除禁军士兵外还有弓箭手参与服役。宋神宗熙宁六年（1073）六月，王韶计划修筑河州城，上疏神宗请求“就本路择禁卒、蕃兵、弓箭手五千，及秦凤路先差下策应强壮三千”⑤ 作为工程劳动力，这一请求得到了神宗的同意，该工程中的劳动力包括禁兵、蕃兵、弓箭手、强壮诸多兵种。同年九月，“熙河路诸州城寨官司，应当差牛驴负载官物，并禀于经略司，如缓急边寇，听一面差发，仍以正兵兼蕃兵”⑥。熙宁七年（1074）五月，宋神宗诏熙河路“马步军并令年二月已后运粮草、材木修筑堡寨等厢军、义勇、弓箭手、藩兵、寨户、强人及自京至本路急脚、马递铺兵士，诸路差在熙河今年二月已后尝经战

---

① 《宋会要》方域十九之四九，第 7650 页。
② 《宋会要》食货四八之十七，第 5631 页。
③ 《长编》卷四七五，元祐七年七月乙巳条，第 11323 页。
④ 《长编》卷一五一，庆历四年七月壬申条，第 3666 页。
⑤ 《长编》卷二四六，熙宁六年七月己未条，第 5983 页。
⑥ 《长编》卷二四七，熙宁六年九月丁酉条，第 6032 页。

兵，并与特支钱”[①]，此次服役的军种包括了厢军、义勇、弓箭手、藩兵、寨户、强人。宋哲宗绍圣四年（1097），从“赐兰州增展金城关入役厢、禁军、弓箭手、蕃兵民特支有差”[②]中可以看出修筑金城关的士兵包括了禁军、厢军、弓箭手、蕃兵等诸多军种。元符二年（1099），章楶奏“乞差秦凤并岷州第四等以下，保甲应副，进筑城寨”[③]，保甲同样参与到了这次修筑城寨的工程中。

士兵的妻子在日常生活中有时也要为军队服役。如宋真宗景德四年（1007），知宜州刘永规役使“澄海军兵卒伐木，修盖州舍”。为了按时完成规定的任务，有士兵“率妻孥趣山林以采斫者”[④]，甚至“男担军装出边去”后，留在军营的妻子亦要承担修建军营驻地的劳役，不得不“女荷畚锸填濠还”[⑤]。

第三节　士兵在劳役期间的生活

一般情况下，宋代服役士兵劳动强度极大、劳动时间超长。对于从事官府手工业的役兵而言，他们则彻底丧失了人生自由，终日服役，生活极其艰苦。宋神宗熙宁五年（1072），三司官员言陕西地区的递铺卒在运输铜锡矿藏资源时，“二人挽一车，日

① 《长编》卷二五三，熙宁七年五月戊戌条，第 6186 页。
② 《长编》卷四八九，绍圣四年六月己巳条，第 11600 页。
③ 《长编》卷五〇七，元符二年三月甲辰条，第 12072 页。
④ 《长编》卷六六，景德四年七月，第 1472 页。
⑤ 吴泳：《鹤林集》卷二《汉中行》，文渊阁四库全书影印本。

铺运铜锡五千斤……道路有雨雪泥水之艰，士卒有风霜暴露之苦”①；熙宁六年（1073），修河州城的禁军、弓箭手、厢兵在服役五十余日后，因休息时间短、工作强度大，导致“缘身衣装溃裂始尽”②。更有甚者，某些士兵在冬季服役时，因天气严寒而“役兵堕指，行旅摧辀，老弱号呼”③，这些史料直接反映了劳役士兵们的艰苦生活环境。

在劳役中，多数士兵不分寒暑昼夜工作。以防河役兵为例，他们“盛暑昼夜即工”④。又如负责运输的劳役士兵，“官车辇盐输数十郡，役卒推挽，昼夜不得休息，疲者既不胜其敝”⑤。如遇恶劣天气，多数情况下不许士兵休做，仍须服役，如宋西京长泉税兼采柴务曾规定役卒每日必须采伐足够木材，“日有定课”，为了完成额定数量，役卒“虽祁寒暑雨必如其数”⑥。士兵服役的年龄范围也很广，“仪鸾司修内司人兵工匠，如遇年七十以上，委的昏耄残疾、不任执役之人，方许拨出额外养老”⑦，可见服役的士兵年龄最高可至七十岁以上，只有确实无法工作者才可以不参加劳役生产；也有些劳役是暂时性的调拨士兵服役，如宋神宗熙宁二年（1069）三月二日，中书门下请求调遣“役兵填池，请许之。”神宗担忧“所差兵士若不限定日月，必是居常役使，无期

---

① 《长编》卷二三〇，熙宁五年二月壬戌条，第5592页。

② 《长编》卷二四七，熙宁六年十月甲午条，第6031页。

③ 《三苏全集》卷九九《祈晴祝文》第15册，第530页。

④ 《宋会要》方域一五之五，第7652页。

⑤ 《苏魏公文集》卷五八《朝散大夫累赠户部侍郎赵公墓志铭》。

⑥ 《范忠宣集》卷十六《范大夫墓表》

⑦ 《宋会要》职官二七之六二，第2967页。

放散”，遂“可与百人，令役一月”[①]。

在艰苦的劳作环境下，死亡在劳役士兵中非常多见。以修筑皇帝陵墓工程为例，宋太祖乾道二年（1166），士兵在修筑安陵时，通往墓室的隧道发生塌方事件，导致“役兵压死者二百人”[②]。在宋代的矿冶业中，一旦发生矿难，服役的士兵多难逃死伤，如宋真宗大中祥符六年（1013）二月，江南路信州铅山县的矿场就因“开放坑港”[③]，导致兵卒死伤甚众。负责修河之役兵如果遇河堤决口那么多会死伤；宋哲宗元祐五年（1090），宋政府“为修堤开河，糜费巨万，及护堤压埽之人溺死无数”[④]。对于那些负责纲运的役卒而言，他们面临的死亡风险也很多，宋仁宗天圣七年（1029），三司发运使言“黄河挽舟卒不习湍险，多溺死”[⑤]，而负责陆路运输的役兵们，“般运往诸州，官自置场出卖，以致兵士逃亡死损，公人破荡家业，比比皆是。嗟怨之声，盈于道路”[⑥]。宋哲宗元祐元年（1086），右司谏苏辙言四川地区：“蜀道行于溪山之间，最号险恶，般茶至陕西，人力最苦。元丰之初，始于成都府路厢军数百人贴铺般运，不一二年死亡略尽。”[⑦]修筑城寨的役兵亦面临死亡，以宋神宗熙宁年间开封重新修固城墙为例，参与修筑城墙的士兵有“河北、京东简中、崇胜、奉化

---

① 《宋会要》帝系二之三六，第 62 页。

② 《长编》卷五，乾道二年二月丁巳条，第 122 页。

③ 《长编》卷八〇，大中祥符六年二月甲寅条，第 1821 页。

④ 《长编》卷三七四，元祐五年四月甲午条，第 9076—9077 页。

⑤ 《长编》卷一〇七，天圣七年四月壬辰条，第 2506 页。

⑥ 《长编》卷四四〇，皇祐元年十月壬戌条，第 4016 页。

⑦ 《长编》卷三六六，元祐元年二月癸未条，第 8806 页。

十指挥，及废监牧军士五千人，专隶其役”①，此后据右司谏苏辙言，“京城四门外，所在白骨如麻，多是筑城开濠死损人夫”②。南宋刘克庄所作的《开壕行》一诗，更加形象地反映了役兵修城时的艰苦生活：

前人筑城官已高，后人下车来开壕。
画图先至中书省，诸公聚看称贤劳。
壕深数丈周十里，役兵大半化为鬼。
传闻又起旁县夫，凿教四面皆成水，
何时此地不为边，使我地脉重相连。③

尽管此诗用语稍显夸张，但是也反映了修筑城池这一劳役的确会使役兵死亡。

关于士兵的具体生存年龄并未有详细的文献存世记载，由于他们地位卑微，也无人为他们撰写墓志碑铭。但是在考古发现中宋代漏泽园中的墓砖为我们提供了宋代士兵生存年龄的一个片断。有些墓砖中记载了士兵死亡的原因，如死于劳役现场；有些则只是简单了记叙了其大概的死亡年龄；有些记载中甚至没有士兵的名字，如 1975 年在山东兖州出土的士兵墓砖刻有“崇宁四年三月十八日，兵士刘善”④ 的字样。现将《北宋陕州漏泽园》中涉及士兵死亡年龄的墓砖列为下表（见表 3-1）：

---

① 《长编》卷二六七，熙宁八年八月庚戌条，第 6552 页。

② 《长编》卷三七〇，元祐元年闰二月辛亥条，第 8936 页。

③ 《后村先生大全集》卷八《开壕行》。

④ 樊英民：《山东兖州市出土的宋代漏泽园墓砖》，《考古》2002 年第 1 期，第 96 页。

表 3-1 《北宋陕州漏泽园》所载士兵死亡年龄表①

姓名	死亡年龄	备注
佚名	十八九岁	
顾皋	二十一二岁	牢城营身死
李宁	二十一二岁	
佚名	二十一二岁	赵上保瓦务官道内身死
陈进	二十一二岁	
朱成	二十一二岁	
程吉	二十二三岁	
佚名	二十三四岁	永定涧身死
佚名	二十三四岁	城东厢身死
佚名	二十四五岁	赵上保瓦务官道内身死
韩遂	二十四五岁	
杜用	二十四五岁	
佚名	二十四五岁	七里社身死
李元	二十四五岁	
张宣	二十六七岁	
乔忠	二十六七岁	
杨和	二十七八岁	东门递铺身死
丁德	二十八岁	城东厢身死
蔡辛	二十八岁	
毋秀	二十八九岁	
杨元	二十八九岁	
刘德	二十九岁	
原信	三十一二岁	壕寨司寄役军人，牢城营身亡
张进	三十一二岁	
成吉	三十一二岁	
王进	三十一二岁	

① 参见三门峡市文物工作队《北宋陕州漏泽园》，文物出版社 1999 年版，第 62—278 页。

续表 **1**

姓名	死亡年龄	备注
佚名	三十一二岁	七里社身死
梁友	三十一二岁	城南厢身死
佚名	三十一二岁	
田吉	三十七八岁	
李青	三十一二岁	
王德	三十四五岁	
王信	三十四五岁	东门递铺身死
李二君	三十四五岁	
佚名	三十四五岁	三里涧南官道内身死
张宁	三十七八岁	
张青	三十八九岁	
张和	三十八九岁	南新店身死
白保	四十一二岁	府院身死
薛简	四十一二岁	牢城营身死
佚名	四十一二岁	七里社身死
佚名	四十三四岁	磁钟身死
张进	四十四五岁	
张文	四十四五岁	
孙贵	四十五六岁	
佚名	四十六七岁	城东厢身死
遇厄	四十六七岁	城东厢郭家店身死
佚名	四十八九岁	赵上保瓦务官道内身死
王贵	五十一二岁	递铺内身死
甘吉	五十一二岁	
张能	五十五六岁	
刘成	五十一二岁	城东厢杨家店身死
田闰	五十一二岁	
唐吉	五十三四岁	
侯进	七十二岁	
翟政	八十一二	

续表 **2**

姓名	死亡年龄	备注
张贵	无	
张德	无	
佚名	无	
王过	无	
马定	无	磁钟铺身死
陈吉	无	
佚名	无	
张进	无	
刘进	无	
佚名	无	
佚名	无	城东厢身死
冯贵	无	
董安	无	

这些墓砖中共记载死亡士兵六十九人，无死亡年龄记载者十三人，有死亡年龄者五十六人，其中二十岁以下者一人，二十至三十岁二十一人，三十至四十岁十六人，四十至五十岁十人，五十至六十岁六人，六十至七十岁零人，七十至八十岁一人，八十岁以上一人，平均每人二十八点六三岁。从表中也可以看出士兵在二十至四十岁之间死亡的人数最多，合计达百分之五十五以上，处于中壮年时期的士兵多因劳役的艰苦而早早去世。由此也可见宋代劳役士兵生活的艰辛。

表 3-2　《北宋陕州漏泽园》士兵死亡年龄比例表

死亡年龄	人数	占有死亡年龄记载人数比例
20 岁以下	1	1.7%
20 岁—30 岁	21	37.5%
30 岁—40 岁	16	28.5%
40 岁—50 岁	10	17.8%
50 岁—60 岁	6	10.7%
60 岁—70 岁	0	0%
70 岁—80 岁	1	1.7%
80 岁以上	1	1.7%

宋政府为了防止役兵大规模伤亡，出现劳动力短缺的局面，要求官员必须对役兵严格管理，禁止虐用。宋真宗天禧三年（1019），诏“滑州修河兵夫，方属凝寒，宜令官吏常切存抚，无令失所”①。宋仁宗皇祐四年（1052）四月，诏“去冬修河兵夫逃亡及死者甚众，盖官吏不能抚存，自今宜会其死亡数而加罚之。”② 对那些工作强度大的劳役士兵，宋政府有时采取“各差使臣管辖，察其饮食医药”的方法，责令官员爱惜士兵。如果在工程中士兵发生了死亡事故，这些官员必须“书其历”③。但是一些官员在处理劳役士兵死亡事件时，常常为了避免其受到宋政府的惩罚而瞒报，如将劳役中死亡的士兵谎报逃亡，用“除其军籍”④来规避个人过错；或在役兵垂死之际，官员即遣散他们归还驻

① 《长编》卷九四，天禧三年十月辛亥，第 2169 页。
② 《长编》卷一七二，皇祐四年四月戊寅条，第 4141 页。
③ 《长编》卷二五〇，熙宁七年二月乙卯条，第 6092 页。
④ 《长编》卷一〇二，天圣二年十月壬戌条，第 2367 页。

地，这些劳役士兵“毙于道路者不知其数”①，官员借此逃避责任。

除对官员加强管理外，宋廷也主动对士兵采取了一些抚恤政策，进行人文关怀。如宋真宗景德元年（1004），“以盛暑赐仪州制胜关采木军士缗钱有差”②；景德三年（1006），“赐自京至永安诸陵西京役卒钱，令遇风雪休息之”③；景德四年（1007），诏“修奉园陵役兵，日午则休息之，值风雨权停”④。以上三则记载都是宋真宗下诏准许士兵在恶劣自然天气下休息，其中在景德四年（1007）的诏令中又准予修奉园陵役兵士兵可在中午休息，同年十二月继续规定“每旬停做一日，愿作者听之”⑤，即十日可休息一日。

除给予士兵一定的休息时间外，宋真宗景德四年（1007），规定铸钱监中劳役士兵自五月二日至八月一日，因盛暑“铸钱止收半功”⑥，大中祥符五年（1012）六月，宋真宗诏“铸造务诸作，每夏月役半功，至午时放。”⑦ 天禧四年（1020）十月，判河中府陈尧叟“请以兵夫二万，自来岁二月兴作，除三伏半功外，至十月而成”⑧ 修白浮图村水利工程，其中陈尧叟主动言及夏天三伏时，士兵半功劳作。宋神宗元丰元年（1078）四月，规定

---

① 《长编》卷四一六，元祐三年十一月癸卯条，第 10115 页。
② 《长编》卷五六，景德元年四月己亥条，第 1246 页。
③ 《长编》卷六四，景德三年九月壬辰条，第 1431 页。
④ 《长编》卷六五，景德四年夏四月戊寅条，第 1454 页。
⑤ 《长编》卷六七，景德四年夏四月戊申条，第 1488 页。
⑥ 《长编》卷六五，景德四年夏四月己卯条，第 1452 页。
⑦ 《宋会要》食货五五之十八，第 5757 页。
⑧ 《宋史》卷九一《河渠一》，第 2264 页。

“新埽役兵疲于盛暑，可三分日力，用二分全役，一分与放半功，当午大热听少休息”①。五月因曹村决口神宗再次规定“见修河提［堤］，增卑培薄，正须兵夫赴役，候涨水定，即先降指挥，分日力三分之一放半功”②。不过从这些对士兵休息的规定中也可以看出除盛暑等恶劣天气外，士兵仍需全天劳作，休息日少。

除给予士兵休息时间外，宋朝给以役兵的常见抚恤形式有如下几种：其一是给他们发放钱物，如宋真宗景德三年（1006），诏“缘黄河肄役兵匠，自今除月廪外，别给口粮”③，庆历三年宋仁宗“赐河阳修雄武堤役卒缗钱”④；在庆历六年（1046）和皇祐五年（1053）宋仁宗分别两次“赐黄河役卒衫裤”⑤。因参加劳役的兵种不同，他们在工程完工后所得到赏赐也不同，如宋神宗熙宁七年（1074），岷州修城毕工后，宋廷“赐诸军特支钱，禁军五百，厢军、弓箭手、蕃兵、义勇三百”⑥。其中禁军所得赏赐高于厢军、弓箭手、蕃兵、义勇所得。乡兵服役有时也可缓解他们的贫苦生活，如在解决“弓箭手饥馑，若不如此，恐流散、饿殍”的问题时，王安石提出可采取“募人修筑城池之类，或借助免息，或赈济”⑦ 三种方案，其中出钱招募弓箭手也是其中一种。其二是降低士兵的劳动强度，如宋仁宗庆历三年（1043），因“镇戎军及山外弓箭手，今年差役修城，已有劳苦之嗟”诏“来

① 《长编》卷二八九，元丰元年四月辛未条，第7072页。

② 《宋会要》方舆十五之二，第7650页。

③ 《长编》卷六四，景德三年四月辛酉条，第1426页。

④ 《长编》卷一五四，庆历三年十二月甲辰条。

⑤ 《长编》卷一五八，庆历六年六月甲戌条，第3832页；《长编》卷一七四，皇祐五年六月己丑条，第4214页。

⑥ 《长编》卷二五四，熙宁七年七月辛酉条，第6225页。

⑦ 《长编》卷二四六，熙宁六年七月丁酉条，第5999页。

春止令增筑所居城堡”①。其三是派遣医官前往工程地点为士兵防治疾病，宋神宗元丰元年（1078），诏“提举修闭曹村决口所察视兵夫饮食，如有疾病，令医官悉心治疗，具全失分厘以闻，当议赏训”②，一个月后再次从太医局选取医生十人，“给官局熟药，乘驿诣曹村决河所医治见役兵夫”③。再如钱监士兵因闻锡气，“久而病脊，以至不能起，惟以蒸豚喂之”④，一些钱监的官员采取此法用以祛除士兵的劳疾。

但是宋政府的这些抚恤政策却不能从根本改变服劳役士兵悲惨的生活现状。一些服劳役的士兵为了躲避服役，采取了各种方式借此逃离劳役。其中有些士兵自残身体，“以镰斧自断足指”，希望通过此举使自己丧失部分劳动能力，以便“利于徙邻州牢城”⑤，解除自己的劳役。尽管在牢城为兵也需要服役，生活并不轻松，但是对于那些甘愿自残身体的士兵而言，他们宁愿受到惩处前往牢城，也不愿继续在原处服役，可以看出劳役士兵生活的困苦与劳役的繁重。士兵们的这一做法在初始阶段尚能达到逃避劳役的作用，但是随着“诸军故断手足，以避征役及图徙便郡者”的事件日益增多，宋真宗大中祥符五年（1012），知升州张咏请求对于那些自残的士兵，“决配本乡五百里外牢城”，并规定了“罪重者从重断”⑥ 处罚政策，以此杜绝此事的发生。

随着宋政府规定的日渐完善，自残的兵士很难达到避役效

① 《长编》卷一四五，庆历三年十二月辛丑条，第3513页。
② 《长编》卷二八八，元丰元年二月庚戌条，第7043页。
③ 《长编》卷二八九，元丰元年三月庚戌条，第7069页。
④ 王得臣：《麈史》卷下。
⑤ 《长编》卷七七，大中祥符二月乙巳条，第1755页。
⑥ 《长编》卷七八，大中祥符五年六月乙丑条，第1773页。

果，加之自残身体毕竟会导致肉体受到损害，在宋仁宗天圣六年（1028），又出现了役兵故意触犯刑律，借此受到惩罚以避役的现象。比如“沿汴河清军士盗伐榆柳，自来杖配西京开山指挥，缘比便河功役忧轻，故要移配”[①]，这些役兵认为诸如“杖配西京开山指挥”此类处罚也要比做河清兵稍显清闲，故蓄意犯法以避役。面对士兵这种新的避役方式，宋政府也相应的调整了相关法律的制裁标准，采取了将之前对“河清军士盗伐提埽榆柳，准条，凡盗及卖、知情者，赃不满千钱，以违制失论”的规定，改为“自今河清军士盗不满千钱者，决讫仍旧充役。千钱以上及三犯者，决讫刺配广南远恶州牢城”[②]。

士兵在宋政府越来越严厉的管理下很难避役，兼之生活依旧劳苦，有些人选择逃亡，“疲者既不胜其敝，因而窜逃”[③]。宋神宗熙宁四年（1071），“淤田役兵多走死，至一指挥但有军员五人归营者”，剩余未逃亡的士兵妻子也集体于府界“诉于提点刑狱，乞放淤田兵士”[④]。役兵的大量逃亡会导致工程无法按时完成，如宋神宗熙宁三年（1070），陕西沿边修葺城寨，所用“厢军近年逃亡颇多，役使不足”[⑤]。这也迫使宋政府加大了处罚逃亡役卒的力度，规定“军法莫严于逃窜，禁军三犯，厢军五犯，大率处死”[⑥]，以此举警戒士卒，使其忌惮逃亡。

一些士兵在繁重的劳役面前，为了生存多集体罢役或有组织

---

① 《宋会要》刑法四之十五，第6629页。
② 《宋会要》刑法四之十六，第6629页。
③ 《苏魏公文集》卷五十八《朝散大夫累赠户部侍郎赵公墓志铭》，第885页。
④ 《长编》卷二二三，熙宁四年五月癸巳条，第5423页。
⑤ 《长编》卷二一八，熙宁三年十二月庚辰条，第5309页。
⑥ 《长编拾补》卷六，熙宁二年十二月，第282页。

反抗宋政府。如运送官物的士兵“苦其道路之险”，故结伙“乃率众钱佣便舟而下”[1]，在罢役的同时还带走了辇运的钱物。针对这一行为，宋政府对相关士兵的处罚也非常严苛，上述士兵在被宋政府擒获后“坐始谋与率钱卒三人皆当斩”[2]。宋哲宗在位时期，修黄河役卒因“暴露日久、迫寒饥思归”而集体罢役“辄渡河者，五百许人”[3]。此外，也发生过大规模的武力反抗现象，宋仁宗嘉祐年间，“石塘河役兵叛，其首周元自称周大王，震动汝、洛间”[4]。宋神宗在位时期，“役卒二百挟刃，群噪入屯营为逆”[5]。熙宁九年（1076），河北路、京东路多有“盗贼”结伙“攻劫镇市，杀伤官吏”，经官员调查后得知这些“盗贼”多由配隶河清军的逃亡士兵组成。[6]

由于劳役士兵常年劳役，处于生死之间，部分士兵的性格也转变得愈加凶残，多借劳役之机，行杀人夺财之恶事。以部分河清卒为例，他们常在河边作恶，“贼害行客，取其资财，弃尸水中，颇难彰露”，对社会治安造成了恶劣的影响。除杀人夺财外，处于边界地区的劳役士兵还常走私宋朝违禁财物，“厢禁军兵士，与北客偷违禁物色并见钱”[7]，借此牟取利益。

也有极其稀少的劳役士兵运气较好，可逃离劳役从事较为清闲的杂役生活。如士兵范友，原是黄河埽岸的一名服役兵士，

---

① 《安阳集》卷五〇《故尚书工部侍郎致仕赠工部尚书崔公行状》，文渊阁四库全书影印本。

② 《安阳集》卷五〇《故尚书工部侍郎致仕赠工部尚书崔公行状》。

③ 《横塘集》卷十九《丁大夫墓志铭》。

④ 《宋史》卷二九〇《陈希亮传》，第9921页。

⑤ 《武溪集》卷二〇《宋故殿中丞知梅州陈公墓碣》，文渊阁四库全书影印本。

⑥ 《长编》卷二七七，熙宁九年七月辛酉条，第6768页。

⑦ 《宋会要》刑法三之十一，第6583页。

“因张郎官（张渊道）入西川，差为水手，后从至行在，今为院子”①，其就是一名运气较好的士兵代表。

第四节　役兵的出戍和调拨

宋政府会经常调动服役士兵们在不同地点服役，一般多为由地方征召士兵至京城服役，如宋高宗绍兴二年（1132），修筑临安城时“以修内司所集湖、秀等五州役卒就筑之”②。除此类工程外，宋代官府手工业所需求的役兵也常从外地征召，如宋神宗在位时期设立的军器监中的兵器制造人员，即有“东西八作司广备指挥兵级”③ 等。这些兵匠不但有京城中各府衙单位的兵匠，还包括宋境内其他各州的兵匠，他们定期赴京城服劳役，“将作［监］取外州兵匠，并于二月下诸路，官司因循”，神宗熙宁六年（1073）七月，改做“将作监岁用兵匠，并于秋季下诸路铲刷，明年春首起发，约夏季皆集，千里内七月终，千里外六月终。虽有替换补填，更不起发”④，此后宋神宗再诏“将作监岁用兵匠，并于秋季下诸路铲刷，明年春首起发，约夏季皆集，千里内七月终，千里外六月终。虽有替换补填，更不起发。”士兵赶赴京城服役大多可以得到一定赏赐，如宋真宗景德元年（1004）闰九

① ［宋］洪迈：《夷坚志》甲志卷十三《范友妻》，中华书局 2006 年版，第 115 页。

② 《要录》卷五一，绍兴二年正月己未条，第 900 页。

③ 《长编》卷二四六，熙宁六年七月庚寅条，第 5995 页。

④ 《长编》卷二四六，熙宁六年七月乙未条，第 5997 页。

月，“诸州兵在京执役者两月一赐缗钱”①。

役兵不仅由地方调至京城服役，也须调至其他地区服役，京城士兵也不例外。宋神宗熙宁元年（1068），因河北路频发地震，神宗诏“差厢军五十人赴河北都转运司，葺治本路地震摧损城壁橹等工役”②；元丰二年（1079），宋神宗“发壮役兵二千，京东厢军一千，滨、棣州修城拣中崇胜兵五指挥，并赴洛口工役”③；元丰六年（1083），熙河路修筑胜灵、西关、临洮、皋兰四堡调用保宁六指挥修筑，但是因需要五十至六十万人服役，该处的六指挥约三千人的士兵无法完工，熙河兰会路经略安抚制置使司遂请求宋神宗“于河东、陕西近里团结役兵，每路差一千五百人相兼工役”④。在彭汝砺所做诗句“戍卒初来自邓州，问言曾见法曹否？祗云白发青衫者，黑瘦三分似状头”⑤ 中也反映了役兵从邓州到邵州远距离的出戍情况。

由于劳役苦累，士兵多不愿出戍服役，尤其以生活在京城的厢兵为甚。从《长编》记载宋神宗熙宁六年（1073）十月，“募在京厢军赴河州，人支钱千，赐袍一”⑥ 中可以看出，为了激励士兵往河州服劳役，宋廷特意对其支付了一千铜钱的特殊经费作为赏赐，相当于厢军三个月的工资收入，同时赐袍一件。虽然史料中并未注明这一批前往河州的厢军从事何类工作，但河州是在

① 《长编》卷五七，景德元年闰九月己巳条，第 1262 页。

② 《宋会要》瑞异三之三四。

③ 《宋会要》方域十六之十至十一，第 6714—6715 页。

④ 《长编》卷三四一，元丰六年十一月丙午条，第 8196 页。

⑤ 彭汝砺：《鄱阳集》卷十一《役兵初自邓来戍邵因问法曹弟动静戏成小诗》，文渊阁四库全书影印本。

⑥ 《长编》卷二四七，熙宁六年十月丙戌条，第 6025 页。

宋神宗熙宁年间新收复的地区，这批厢军应为北宋东京中工艺较为娴熟的士兵，派到河州修城。在《长编》同月的甲午条记载言“河州修城禁军、弓箭手、厢兵，自兴工五十余日，缘身衣装渍裂始尽，虽日得雇钱，而募人助役，尤为劳费”①，可见河州的禁军、弓箭手都参与到劳役当中，从京师发往河州的这一部分厢军更应参与到这一劳役中。从这些士兵们因劳役而“缘身衣装渍裂始尽”的记叙中，可以看出生活在不同地区的服役士兵的生活差异之大。

第五节　士兵被官员私役状况

宋代官员多借职权私役各类人员，如宋真宗大中祥符六年(1013)，判三司都磨勘司杨嵎“私役使公人”②，宋仁宗嘉祐六年(1061)，左骐骥使、嘉州防御使、入内都知史志聪“市后苑枯木，私役亲从官”③。其中，士兵也多被宋代官员私役，宋朝皇帝对此事多予以禁止，以妨士兵训练，导致战斗力减弱。宋太祖乾德五年（967），下诏“诸道骑兵颇为长吏役使，失于教习，自今禁止之”④，至宋仁宗在位年间，规定“诏诸道兵为长吏之所役使，失于教习者，着为禁令”⑤。治平三年（1066），宋英宗诏：“河北战兵三十万一千余人，陕西战兵四十五万九百余人，并义

① 《长编》卷二四七，熙宁六年十月甲午条，第6031页。
② 《长编》卷八十，大中祥符六年三月戊申条，第1820页。
③ 《长编》卷一九五，嘉祐六年十一月庚申条，第4730页。
④ 《长编》卷五，乾德二年三月条，第104页。
⑤ 《历代名臣奏议》卷二二二，第1827页。

勇，令本路都总管常加训练，毋得占役。”① 尽管宋代皇帝多下诏禁止私役士兵，但是却未有效遏制官员的这一行为，难以禁止官员私役士兵。如熙宁五年（1072），在宋神宗做出将“密州观察使向传范所占陕府等兵级二十八人”减放归军队的决定后，作为对向传范补偿，又以“剩员八十人代之”②。在这个事件中，宋神宗先是禁止向传范私役禁军，此后却又以剩员八十人作为交换，人数反而相对之前增加了将近三倍之多，由此也可看出，禁止宋朝官员私役士兵是非常困难的。至南宋宋高宗绍兴二年（1132），官员私役士兵更加难以禁绝，发展为“诸州往往冗占，以将迎为急务，教习为虚文”③。

私劳士兵在宋代屡见不鲜，官员多私役士兵劳役以谋私利。如宋真宗大中祥符（1010）年间，江守恩“违制市青苗，私役军士六百人”④。宋真宗景德年间，知宜州刘永规“课澄海卒伐木葺州廨，数不中程即杖之，至有率妻孥趣山林以采斫者”，他不但私役士兵，甚至士兵的妻子都要一同前往服役，若不能如数完成任务，士兵则会受杖打的严酷刑罚。不过刘永规的暴虐虽然未受到宋政府的惩罚，却在景德四年（1007）六月，“军校陈进因众怨，鼓噪杀永规”，他得到了应受的惩罚。但是刘永规之死并未能警醒宋朝官员的私役士兵之风，天禧二年（1018），宫苑使、奖州团练使李溥“私役兵健为姻家吏部侍郎林特起宅”⑤。宋仁宗在位时期官员私役士兵的现象发展成为“诸州知州、部署、钤

① 《长编》卷二〇八，治平三年五月甲子条，第5053页。
② 《长编》卷二三三，熙宁五年五月癸未条，第5647页。
③ 《要录》卷六一，绍兴二年十二月辛亥条，第1053页。
④ 《长编》卷七四，大中祥符三年九月癸巳条，第1689页。
⑤ 《长编》卷九一，天禧二年二月丙午条，第2111页。

辖、都监多遣军卒入山，伐薪烧炭”①，私自贩卖。当时私用士兵从事劳役已经成为一种常态，如“内臣梁举直私役官兵”②。天圣元年（1023），鄜州钤辖、阶州刺史刘宝“私役兵以橐驼为商旅载物”③。嘉祐三年（1058），内侍副都知、昭宣使、果州防御使武继隆“私役兵匠计庸至百二十二匹”④。宋神宗在位时期，步军副指挥使宋守约“私役军士，修盖第宅、物业，日不减一二百人”⑤。熙宁五年（1072），内殿承制苏濬永“私役战卒”⑥。宋哲宗元祐七年（1092），鄜延路第四将向怀德“私役禁军”⑦。宋高宗在位时期，官员陈俊卿在列举宋朝军政弊端时指出宋军“诸州将兵，例供私役，教阅不时，缓急不堪依仗”⑧。官员张俊“营第宅房廊，作酒肆名太平楼，搬运花石，皆劳军兵”⑨。刘宝使淮南兵士“伐山烧炭，诸役纷然”⑩。在边界的士兵如果被官员私役，甚至还有被敌军俘获的危险，如宋高宗绍兴二十八年（1158），京东淮东宣抚处置使杜琳私自派遣所辖士兵渡过淮河于金人统治区伐薪“为敌人（金军）掩执以去”⑪。

官员私役士兵的人数规模甚大，从宋仁宗宝元二年（1039）

---

① 《宋会要》刑法二之十二，第 6501 页。
② 《文忠集》附录卷五《事迹》，第 2636 页。
③ 《长编》卷一〇一，天圣元年十二月辛酉条，第 2344 页。
④ 《长编》卷一八八，嘉祐三年十月己未条，第 4531 页。
⑤ 《古灵集》卷六《弹步军副指挥使宋守约状》。
⑥ 《长编》卷二三四，熙宁五年六月癸亥条，第 5679 页。
⑦ 《长编》卷四七五，元祐七年七月乙巳条，第 11322 页。
⑧ 《朱熹集》卷九六《陈俊卿行状》，第 4909 页。
⑨ ［宋］庄绰：《鸡肋编》卷下，中华书局 1983 年版，第 93 页。
⑩ 《要录》卷一八八，绍兴三十一年正月壬辰条，第 3142 页。
⑪ 《要录》卷一二四，绍兴八年十二月甲寅条，第 2007 页。

韩琦奏“如故将相、戚里及权近之家，多占六军，耗蠹县官衣粮，有妨征役，在京者不啻数千人”① 中，可以看出当时官员私役士兵人数之多。宋仁宗庆历元年（1041）五月，“鄜延都钤辖、知鄜州张亢国家竭财用以赡军，今军士有手艺者，管兵之官，每指挥抽占三之一”②，从事手工业的士兵已经达到总兵数比例的三分之一。根据南宋官员李邴所形容“今诸郡厢禁冗占私役者，大郡二三千人，小郡亦数百人”③，可推测宋朝较大的州府至少有四至五成指挥的士兵被官员私役。宋理宗时的绍兴府官员，“朝士差借，虽补外而甲乙相传；权贵占留，虽易世而执持不遣；乡官之借出，其为数猥众；浙漕之抽差视，他司独多计二百有八人。以私仆而挂公籍者有之，以虚名而窃实廪者又有之”，李鸣复感叹言道“一郡如此，他可想见”④。

官员私役军兵的军种范围极广，除常见的私役禁军、厢军兵种外，还有私役铺兵的现象。尽管宋朝规定“诸路马铺兵士，不得抽赴它处功役”⑤，宋徽宗宣和五年（1123），规定“辄以承受发下递角为名，差占铺兵，以私役禁军法，发遣者徒一年”⑥；宋高宗绍兴四年（1134）“根刷使臣私役铺兵者，依前项辄别差使私役禁军法断罪”⑦；但是如宋高宗绍兴二十九年（1159）“铺兵猥多，徒以资官吏荷担舆轿之役”⑧ 的情况在宋朝仍然很多见。

① 《长编》卷一二三，宝元二年四月己酉条，第 2908 页。
② 《长编》卷一三二，庆历元年七月乙酉条，第 3148 页。
③ 《宋史》卷三七五《李邴传》，第 11609 页。
④ 《历代名臣奏议》卷三百三十九，第 7484 页。
⑤ 《宋会要》方舆十之二一，第 7492 页。
⑥ 《宋会要》方舆十之三八，第 7492 页。
⑦ 《宋会要》方舆十一之三，第 475 页。
⑧ 《宋会要》方舆十一之十三，第 7480 页。

官员私役士兵时，多选用士兵中精通手工业之人，这些士兵平日不习训练，专门为官员从事生产，官员则借此中饱私囊。如宋真宗朝，杨崇勋“尝役兵工作木偶戏人，涂以丹白，舟载鬻于京师”①。宋神宗在位时期，陕西官员“留手下或五七百人或千余人”，使“其间至有匠氏、乐工、组绣、书画、机巧百端”以牟取利益，这部分士兵“不预逐日教阅之”②。孙沔在并州为官时“私役使吏卒，往来青州、麟州市买纱、绢、纸、药物”。还有官员自置蔬圃，“多占人兵”③ 耕作，“守居有蔬圃，役老卒守之”④。作物成熟后，官员也私役士兵出售蔬粮，从中牟取利益。如宋徽宗政和四年（1114），深州官廨有菜圃，种植面积达千六百余畦，菜圃中的菜成熟后，“河北副将令禁卒卖菜，虚价钱者五十六人”⑤。宋徽宗朝大臣高俅，命令士兵为他“私家修造”，“砖瓦、泥土之类尽出军营。”⑥ 南宋时，这一现象更为严重，宋孝宗专门针对此事诏“不许私役战士盖造私第，营葺房廊，修筑园圃，及兴贩工作等”⑦，但是官员私役依然我行我素，按虞允文言，仅金州一处，官员“私役部曲，修盖廊房，营建第宅，以至采柴、烧炭、割漆、伐木、博坊、磨坊，尽役诸军之力”⑧。宋宁宗嘉定三年（1210），宋朝诸多军队中的士兵“多为诸将私役，

① 《宋史》卷二九〇《杨崇勲传》，第 9714 页。

② ［宋］杜范：《清献集》卷九《奏状论陕西官员占留禁军有妨教阅》，文渊阁四库全书影印本。

③ 《宋会要》方舆四之十六。

④ 张师正：《括异志》，文渊阁四库全书影印本。

⑤ 《罗鄂州小集》卷六《胡金部彸传》，文渊阁四库全书影印本。

⑥ 《靖康要录笺注》卷七，靖康元年五月二十一日，第 792 页。

⑦ 《要录》卷二百，绍兴三十二年十一月丙子条，第 3387 页。

⑧ 《历代名臣奏议》卷二四〇，第 1872 页。

其间军士，有因食贫而为手技者，则又拘而使之，否则计日而责其工直。”① 宋理宗时甚至出现了，“近而辅郡至有寓公占四五百兵者”②。

官员私自占用士兵回易的现象在宋朝也很多见，官员私役士兵“或占优闲，或使回易”③。如宋神宗元丰元年（1078），秦凤路副总管夏元几“用禁军回易私茶”④，宋高宗绍兴十五年（1145），殿前司左军统制李捧“擅差官兵回易”⑤，都统制刘宝“多差军士往湖广贩卖回易”⑥。宋高宗在位时期，为了杜绝这一现象的出现，曾规定“若诸军更敢擅差军兵回易，行在委殿前司、马、步军司，在外委诸路都统制，严行觉察，并去处委所在州县收捉，押赴朝廷。其擅差官兵，依私役禁军法，其所贩物货，计脏坐罪，若诸州县知而不举，与同罪”⑦，严禁“内外将佐，营造回易，掊敛军士。”⑧ 但是宋政府对官员的处罚并未杜绝这一现象，其后多有官员“创造回易，殆六十余所，下至油盐酱醋，皆令军人坐铺出卖”⑨。在宋宁宗开禧北伐前，“诸军皆有回易，以至邸店酒息，皆有宽剩，其不肖者，固掩为已有，而其贤者，犹得以激赏其军也。及乎出戍数多，调发不时，诸军在寨所

① 佚名：《续修两朝纲目备要》卷一二，嘉定三年六月丁巳条，第 1221 页，中华书局 1995 年版。

② 《宋史》卷一九五《兵九》，第 4872 页。

③ 《历代名臣奏议》卷二二四。

④ 《长编》卷二八九，元丰元年四月丙午条，第 7063 页。

⑤ 《宋会要》职官七十之三十，第 3959 页。

⑥ 《宋会要》职官七十之五十，第 3969 页。

⑦ 《宋会要》职官五七之二三，第 3663 页。

⑧ 《宋史》卷三一《高宗八》，第 592 页。

⑨ 《文忠集》卷一四六《奏池州副都统郝政施为未善》。

余无几，营运日削，无所取办，而独于互送之礼，买工之弊，不肯少损。盛寒出战，无望牛酒，衣不蔽体，日食尚阙，望敌惊奔，势实使然。”①

大量士兵被官员私役必然会对军队的战斗力造成削弱，士兵应战时，“无望牛酒，衣不蔽体，日食尚阙，望敌惊奔，势实使然”②，毫无士气，难以取胜。被官员私役下的士兵，除少数士兵不忍暴虐而奋起反抗外，大多则迫于官员的权利而忍受劳役，如宋神宗在位时期的官员宋守约“前后私役军士，修盖第宅物业，日不减一二百人，及分布东西窑灶，变造砖甓，津般土木，以至脱堑打草之类，莫非军人。道途怨嗟，无敢言者”③。到南宋后期，官员私役士兵回易则演变为对士兵财产剥夺的一种手段。真德秀曾提到，凡士兵“家资稍厚者，必使之治货财”④，若士兵经营盈利，则官员收入增多，若士兵经营不善导致亏损，则以士兵自己的财产抵债，如此加深了对士兵财产的掠夺。宋理宗宝祐二年（1254），右正言戴庆炣言：“数十年来，诸处戎帅专肆贪婪，逼令军人营运”⑤，这种处境下的士兵不但生活艰辛，而且极度贫困，被官员剥削所致“贫至骨矣”⑥。

不过也有极少数的士兵被官员私役时生活较好，如宋徽宗宣和年间，承节郎怀景元于秀州多宝寺为蔡攸置局应奉，嗜好吃鳖

① 《历代名臣奏议》卷三三八，第 4377 页。

② 《历代名臣奏议》卷三百三十八，第 4378 页。

③ ［宋］陈襄：《古灵集》卷六《弹步军副指挥使宋守约状》，文渊阁四库全书影印本。

④ 《西山文集》卷四《除江东漕十一月二十二日朝辞奏事札子三》。

⑤ 《宋史全文》卷三五，宝祐二年二月甲子条，第 2856 页。

⑥ 《历代名臣奏议》卷三三八，第 4378 页。

肉，“一卒善庖”①，怀景元专遣此人为自己烹制。这名士兵靠着自己善于烹饪的手艺，专职成为怀景元的厨师，远离了军队的征伐训练劳役，似乎生活也不甚困苦。又如张俊军中一名老卒为他进行回易，他驾驶华丽巨船航行海外进行贸易，贩卖名贵“凌锦、齐玩、珍馐、佳果、黄白之器。募紫衣吏，轩昂文雅”②，这样的生活与他之前从军征战相比自然会悠闲很多。

① 《夷坚志》甲志卷二《鳖报》，第14页。

② 《鹤林玉露》丙编卷二《老卒回易》，第269页。

第四章　其他特殊服役士兵

宋代还有部分士兵担任着除劳役外的其他职务，在元丰八年（1085），司马光上宋哲宗的《乞罢将官状》中列举了这些士兵的部分职务："（士兵）除出军外，余数不多，通判以下，诸官白直，来往防送，仓库守宿，街市巡逻，尽出其间"①，其中包括了当直兵士和负责迎送官员的士兵等，屯驻在京城的班直士兵和部分三衙士兵需要守卫皇室安全并供京城中各种礼仪典礼所用。

第一节　当直兵士

一、当直兵士供役范围

当直兵士是指那些被宋政府从军队中按一定比例抽调的为皇室、官员服务以及为一些府衙机构值勤做各类杂活的士兵。如熙宁五年（1072），宋神宗规定"皇亲见阙当直兵士，令步军司、军头司将自来不合差赴宫院兵士内有罪轻之人，亦许差拨"② 专

① 《传家集》卷四八《乞罢将官状》。

② 《宋会要》帝系四之二七，第106页。

为皇亲使用，宋朝宗室仲爰、仲忽任判大宗正事官时，宋哲宗诏“各特添差兵士二十人”①。官员也配置有当直士兵以备他们生活中的各种需求，如太常博士张子能的妻子突发急病，张子能即“尽呼直宿数卒”②。在出土的南宋虞公著夫妇合葬墓中的壁画《出行图》中刻绘了官员外出时，他的当直兵士沿途护送的队列景象：“画中刻有士兵十八人，包括轿旁执伞者一、向后吆呼者一、轿左前扛剑者四、轿右前执骨朵者四、擎物者二、叉手者二。”③

在宋朝当直的兵种中，为官员服务的士兵多从剩员士兵和部分厢军士兵中抽调。不过在宋神宗、宋哲宗在位时期，曾依熙宁、元符敕令，规定官员的当直士兵可“差下禁军兼厢军充知州、通判等官员当直”④，至宋徽宗大观二年（1109），又将这一规定改为“不许差拨禁军当直，从此尽占厢军”⑤。不过在政和三年（1113），宋徽宗接受了两浙转运司“禁军自有分轮番次之法，即不妨教阅，欲乞权依熙宁、元丰令文，许令兼差充”的建议，改诏“禁军当直，不妨教阅，兵官赏罚等，并依本司所乞，余路依此。”⑥ 如宋徽宗政和五年（1115），在营田司使臣调遣当直兵士时，宋徽宗允许他在厢军人数不足数额的情况下，“从下差禁军”⑦。此外，铺兵有时也被调拨充当当直士兵，如宋哲宗元祐五

① 《宋会要》帝系四之二七至二八，第106—107页。

② 《夷坚志》甲志卷第二四《张夫人》，第129页。

③ 马洪路：《南宋虞公著墓〈出行图〉小议》，《考古》1986年第7期，第672页。

④ 《宋会要》食货四三之八，第5576页。

⑤ 《宋会要》食货四七之八，第5577页。

⑥ 《宋会要》食货四七之八，第5577页。

⑦ 《宋会要》职官四四之五五，第3391页。

年（1090），有“官员差役人充白直不足，乞依旧例差铺兵士”[1]的记载。宋代皇室的当直兵士多是禁军士兵，宋孝宗淳熙十年（1183），皇孙英国公所需“亲事官及白直兵士乞下皇城司、步军司依格差拨”[2]。

被调拨为官员当直的士兵有各自的服役期限，有“逐季一替”[3]的，也有半年一替的，如宋仁宗年间，规定为御史台官员当直的士兵服役时限是“其应差在臣僚下当直人，诸军指挥差到兵士，限半年一替。如过限不令交替，乞行严断。”[4]士兵在为官员当直期间，他们的休息时间要由他们所供职的官员休息时间决定，如苏轼读书“至夜分犹不寐”，他的两名当直兵士“给事左右，坐久甚苦之……夜久寒甚，不肯睡，连作冤苦声”[5]。

当直兵士的供役范围非常广泛，种类多杂，主要是供府衙中杂事所需或为官员备各式劳役所用，他们的职能多样。如宋代郊祀大礼之前，搬运礼器进行事前的排摆时，需要差派士兵当直，“每遇大礼，合用乐舞去处，系差般运大乐军兵八十八人；大乐用登歌乐去处，系差拨般运大乐军兵一十人，系殿前马步三司借差”[6]，“合用搬运大乐军兵一百五十人，及遮护乐架、油幕屋，乞依例下所属差拨，绞缚施行”[7]。宗室服丧，需“各差当直兵

---

① 《长编》卷四四九，元祐五年十月己酉条，第 10794 页。
② 《宋会要》帝系二之三二，第 60 页。
③ 《宋会要》职官三十之八，第 2995 页。
④ 《宋会要》职官三四之二四，第 3050 页。
⑤ 王炜：《道山清话》卷一，丛书集成初编本，商务印书馆，第 8—9 页。
⑥ 《宋会要》乐四之六，第 324 页。
⑦ 《宋会要》乐四之五，第 324 页。

士”。中书后省中的职役士兵中有“把门兵士”[①]，检正所中有“白直兵士”[②]，检详所中则有白直兵士与看管兵士，讲筵所、军头司有洒扫兵士，官告院有看管兵士，科举考试时类试院有兵士服职役。[③] 仪鸾司“为拣什物库受纳”[④] 有专门的当直士兵工作。宋高宗绍兴三十二年（1162）规定“临安府差看管案牍兵士”[⑤]差六人服役。另外从“诸军粮料院减兵士二人”[⑥]；“诸司审计司、诸军审计司各减兵士三人”[⑦] 的记载中可知诸军粮料院、诸司审计司、诸军审计司也有当直士兵。此外，某些重要官员的家庙也派遣派士兵，如“忠烈张循王府在清河坊”，有“兵级二十七名”[⑧]，以供洒扫之事。在军头司引呈射等公事时，亦需要从“步军司差破兵士，使臣、职级依使臣例，手分依承受例”[⑨] 进行管理。再如宋真宗因“以朝官注拟于堂，贫者留滞逆旅无以为资”[⑩]建朝集院，即由开封府差兵士在内当直。另外每当各地出现灾荒，派遣官员前往赈济灾民时，也需要有当直兵士供官员差使。宋高宗绍兴十六年（1146）六月，因天气大暑，“令翰林院差医官四员遍诣临安府城内外看诊，合用药仰户部行下，和剂局应副，置历支破。依例支给食钱，仍于本部辖下差拨担药兵士二

---

① 《宋会要》职官一之八三，第 2371 页。
② 《宋会要》职官六之六，第 2499 页。
③ 《宋会要》职官一三之一二，第 2670 页。
④ 《宋会要》职官二二之七，第 2863 页。
⑤ 《宋会要》职官五四之一，第 3577 页。
⑥ 《宋会要》职官二七之六十，第 2966 页。
⑦ 《宋会要》职官二七之六二，第 2967 页。
⑧ 《梦粱录》卷十《家庙》，第 249 页。
⑨ 《宋会要》职官三六之九〇，第 3116 页。
⑩ ［宋］王林：《燕翼诒谋录》卷五，中华书局 1983 年版，第 49 页。

名，候秋凉日住罢。每岁依此”[①]；宋宁宗开禧二年（1206），派遣给事中邓友龙充两淮宣谕使前往赈济，宋政府调拨当直兵士“三十人”[②]。

二、士兵当直的人数

宋太宗在位时规定，每名中央官员只派遣三名士兵当直[③]，但是地方官员却“自知州以下至簿尉，并给兵士、散从官、承符、手力之类，品位至卑，犹给七人”，二者对比“京臣傣兼从无准”[④]。其中翰林学士、尚书丞郎两省给舍并待制以上，他们虽然贵为“天子从官”，但是仅仅可得“从人则学士每员差开封府散从官各三人，待制以上两人”，他们的当直士兵人数少于地方官员的当直士兵人数，这出现了宋朝官员品位与他们所享有的当直士兵人数并不一致的问题。加之一些供官员当直的士兵“多是年老疾病，加以本营迁远，每日分番上下，尚只得一人指使。”[⑤]官员心中多青睐那些身体健壮的士兵为自己当直。为此宋仁宗朝大臣宋庠上《乞差当直兵士札子》，请求宋仁宗为京师官员合理配置当直士兵供官员差派，言“望下有司，将往代制度律令，比类今来官品，量添人数。又在京冗兵至众，乞除元差散从官外，只于诸军杂役兵士内。每员各给十人，以充当直，其剩员却乞放还本营。若上件官内有差任三司群牧使、御史中丞、知开封府、

① 《宋会要》职官三六之一〇四，第 3123 页。

② 《宋会要》职官四一之一五，第 3174 页。

③ 《长编》卷二四八，熙宁六年十一月甲戌条，第 6054 页。

④ ［宋］宋庠：《元宪集》卷三一《乞差当直兵士札子》，文渊阁四库全书影印本。

⑤ 《元宪集》卷三一《乞差当直兵士札子》。

管勾三宫观、三班院、提举在京诸司库务，自有合破公人兵士者，更不两给，庶其只奉朝请，出入公门，辩堂阶之有差，免仪服之失体，定为新制，庶协旧章”①，希望将官员的当直士兵人数增多，并由年轻且健壮的人担当。

宋代供不同机构、官员使用的当直士兵人数是不同的。尽管史料中并没有完整的记载供各级官员使用当直士兵的数量，但是在一些史籍中关于当直士兵人数增减的记载中也可以略见一二。宋真宗大中祥符七年（1014），八作司指挥使有当直兵士二人，“于效役杂役指挥内抽差”，规定“逐季一替，不得影占工匠”②。宋神宗元丰七年（1084），都大提举成都府永兴军等路榷茶公事陆师闵上札子言，“诸巡辖般茶铺使臣请受当直兵士，并依巡辖马递铺例”③，可知他们的当直士兵人数应与马递铺当直人数相同。宋高宗绍兴十六年（1146），复置御书院时，其中的当直士兵人员配置为：“隶翰林院亲事官共四人，翰林司二人，杂役兵士一十人，内节级二人”④。宋高宗逊位后居住在德寿宫中，德寿宫提点官有当直兵士可差兵士十人；干办事务官各有当兵士八人，“遇阙并报步军司差填”⑤。宋孝宗淳熙十四年（1187）八月之前，牛羊司中有当直兵士五十三人，后减为四十六人。⑥

备官员使用当直士兵人数根据官员资序的不同而各不相同，宋神宗元丰三年（1080）规定，“提举官自今与转运判官以资任

① 《元宪集》卷三一《乞差当直兵士札子》。
② 《宋会要》职官三十之八，第2955页。
③ 《宋会要》职官四三之六七，第3307页。
④ 《宋会要》职官三六之九六，第3119页。
⑤ 《宋会要》职官五三之三，第3575页。
⑥ 《宋会要》职官二一之十二，第2858页。

相压同者序官，其添给、当直、接送人船递马兵士，并同转运判官例”①，宋高宗绍兴二年（1132）闰四月规定，“当直人从、般担兵士，并依本资序依条格差破”②。如果官员需要更多的当直兵士，可就此事上奏皇帝审批。宋哲宗元祐五年（1090），桂州地方官员言“差役人充白直不足，乞依旧例差铺兵士”③。宋徽宗政和五年（1115），派遣五名营田司使臣“分差在新边城寨，往来照管耕种、催纳租课等事”，因“缘逐人依指使例各差破白直兵士二人，委是使唤不着”，改为“依监当官条例差破白直兵士五人”④。宣和七年（1125），王万等人请差当直兵士，“未敢专擅”，作书“欲乞盼状告示攒司，乞差破白直人”⑤。南宋宋光宗绍熙二年（1191），太常寺申请“乞差破赍擎案牍兵士四人，乞止令于步军司差破兵士二人”⑥。

如在京官员出外任职，他们的当直兵士也可带往任地继续当直，如熙宁九年（1076）八月，枢密院言“乞在京职事官准朝旨差出勾当，其见破当直兵士剩员愿将带前去，当随行人数者听。仍委合属去处，候见公文，照会差拨”⑦。在官员外出途中，如果当直兵不足，也可以再沿途州县选调，在范仲淹率“仆卒十余人，往广州省其父”的行程中，发生了随行士兵逃亡的现象，可于“诸州踏逐差填”⑧。建炎四年（1130），宋高宗规定官员行程

---

① 《宋会要》职官四三之四，第 3275 页。
② 《宋会要》职官三九之二，第 3147 页。
③ 《长编》卷四四九，元祐五年十月乙酉条，第 10795 页。
④ 《宋会要》职官四四之五五，第 3391 页。
⑤ 《俄藏黑水城出〈宋西北边境军政文书〉整理与研究》，第 38 页。
⑥ 《宋会要》职官二二之四二，第 2881 页。
⑦ 《宋会要》职官三二之三十，第 3020 页。
⑧ 《宋会要》职官四一之一三六，第 3184 页。

中“若白直兵士不及数，仍于本路州军差拨。如沿路有疾病、逃亡、事故之人，随处差填，逐州交替”[①]。

但是如果官员请求士兵当直的要求不能得到许可，他们多会私役士兵当直。如宋孝宗乾道年间，官员虞允文上奏称：“诸大将子弟、亲戚，错处于军中，廪给于公上而经营其私计，占白直者不下百人。”[②] 宋宁宗在位时期，遂宁府官员占用士兵当直“往往一司而由占破厢禁军四百余人者”[③]，宋政府严令禁止这种现象，官员占用了超过宋政府规定的当直士兵人数会受到惩戒，熙宁五年（1072），宋神宗诏“尚书兵部每季举行应宣借兵士剩员新定人数，如有多占，以违制论”[④]；宋高宗绍兴二年（1132），规定“官司过数差占白直兵士及外借人，并仰日下拘收发遣。如有违戾，各从徒二年科罪，许被差借人经赴尚书省陈诉”[⑤]。

由于在为官员当直期间，士兵可以暂时远离训练、征战、劳役等事，生活较好，故士兵多盼望抽调自当直，以便“利于优闲窠坐，奔走公门，苟图衣食”[⑥]。以致出钱购买名额，如南宋兵士谢荣“欲差充学院子，许王静钱五贯文”[⑦]。

这类士兵因多为官员服役，所以他们面对官员的机会较之其他士兵居多，有些士兵依靠这种较为特殊的身份作恶，宋仁宗天圣四年（1026），开封府捕得亲从兵士裴达等人，“各诈作后殿巡

① 《宋会要》职官四一之一三六，第 3184 页。
② 《历代名臣奏议》卷二二四，第 1982 页。
③ 《永乐大典》卷一〇九九八《雁湖集》《知遂宁府奏札》。
④ 《宋会要》职官十四之三，第 2689 页。
⑤ 《宋会要》职官十四之七，第 2691 页。
⑥ 《宋史》卷四〇一《辛弃疾传》，第 12163 页。
⑦ 《朱熹集》卷一九《按唐仲友第四状》，第 748 页。

察亲事官，并火下恐喝仓场所专典及官员、僧道、客旅金银钱物”①。但是由于所侍奉的官员个性脾气各异，这些士兵也多无辜被官员殴打，“有中军察视亲事官闵义一名，饮酒至醉，将把门兵士刘兴趯打”②；田登做官时“自讳其名，触者必怒，吏卒多被榜笞”③；又如武臣种谔“诈诞残忍，左右有犯，立斩，或先刳肺肝”④。

第二节　迎送官员的士兵

部分士兵还需承担迎送官员的职责。宋朝允许官员差派士兵沿途接送，这些负责迎送官员的士兵在官员的行程中“诸州交替，遇接人，据数遣返”，每到一处新的地点更换新的士兵负责迎送。根据《庆元条法事类》中的规定“禁军日合教阅，在法不许差出”⑤、宋英宗治平二年（1065）的规定“转运使、副判官、提刑，逐州差送迎人，通计随行当直人，不得过合破人数，如本处无厢军，即官吏结罪保明，许差近下禁军，陆路别差担擎兵士一十五人，节级一人”⑥ 来看，迎送官员的士兵兵种主要选派厢军士兵，其次为下禁军士兵。但是如果供迎送官员的厢军人数不足，官员也可调用禁军用以接送，如宋高宗绍兴四年（1134），官员上奏

① 《宋会要》兵三之五，第 6804 页

② 《李刚全集》卷五三《奏知行遣亲事官札子》，第 599 页。

③ 陆游：《老学庵笔记》卷五，中华书局 1983 年版，第 67 页。

④ 《宋史》卷三三五《种谔传》，第 10747 页。

⑤ ［宋］谢深甫：《庆元条法事类》卷六，黑龙江人民出版社 2002 年版。

⑥ 《宋会要》仪制四之二六，第 1911 页。

“例于管下州军差拨厢军接送，厢军不足，则以禁军填之”①。

宋代官员的资序等级不同，为迎送他们的士兵人数也各有差别。宋真宗咸平二年（999）八月，诏“定节镇防团军事州知州、都监、通判常从军士人数有差”②，天禧二年（1018）八月，流内铨向宋真宗建议“自今注军、监判官，请不兼通判，常从不给军士”③。为禁止官员越例差请士兵为自己迎送，宋政府规定“一人从借请，除兵卒所请合依格外，书表、客司等人多是妄作名色，增添借请，及格外差都吏，手分等，每名借请，犒设至多，合行禁止。”④ 宋仁宗康定元年（1040）七月，规定官员“赴官、罢任所过山险之处，量差军士防送，毋得过迎送人数之半”⑤。在《庆元条法事类》中存有更为详细的人数规定记载：

诸接送人应差军人者，兵官路分都监以上及知州许差禁军，一路总管、钤辖，仍须差马军（广南西路止差步军），总管不得二十人，钤辖不得过十五人，所差禁军马军通计不得过二分之一。余数及他官差厢军，先尽本城，次屯驻，驻泊，如不足，差近下禁军，并量人数将别差将级，节级部辖。⑥

在《庆元条法事类》中记载了部分迎送各级别官员士兵人数的明确数字，列为下表（见表4-1）：

① 《宋会要》职官三二之三三，第3022页。
② 《长编》卷四五，咸平二年八月辛未条，第961页。
③ 《长编》卷九二，天禧二年八月庚午条，第2125页。
④ 《庆元条法事类》卷十，第189页。
⑤ 《长编》卷一二八，康定元年七月乙卯条，第3025页。
⑥ 《庆元条法事类》卷十，第184页。

表 4-1　《庆元条法事类》中记载迎送官员士兵人数表①

官员	人数
在任官员	
使相知州	330
前宰相、执政官、节度使知州	260
太中大夫、观察使以上知州	130
太中大夫以上充转运使、发运使	130
都转运、发运使	120
路分副总管	100
路分总管、副总管	80
知州带一路都总管	80
发运副使、转运使副、三京大藩知州	80
提点刑狱、节镇知州	80
州总管、路分钤辖、缘边安抚副使、正刺史以上充都巡检使	70
发运、转运判官	70
提举常平	70
余州知州	70
知州带川、广一路钤辖者	60
知军监、通判资序人知广南路州	60
知州资序人充通判	60
大藩节镇州钤辖、安抚、都监	60
路分都监	60
缘边都、同巡检使	60
通判、知县资序人知广南路州、三路余州钤辖	40
知州带一路安抚、钤辖	40
其他钤辖	35
都监，都巡检使，知城，寨主，将副，经略安抚司干办公事、主管机宜文字	30

① 《庆元条法事类》卷十、卷十一，第 186—189 页。

续表 **1**

官员	人数
发运、转运司主管文字，提点刑狱司检法官	30
诸州教授及发运司主管籴粜、准备差遣官，通判资序人	30
监押，巡检，小使臣一下知城、寨主，转运司主管帐司	20
发运、转运司主管文字，提点刑狱司检法官，提举学事司主管文字	20
准备将领	20
发运司主管籴粜、准备差遣官，承直郎以下充经略安抚司干办公事、主管机宜文字	20
承务郎以上充签判、知县（大使臣知县同）	15
亲民资序大使臣充经略安抚、总管、钤辖司准备差使	12
县令、承务郎以上监当资序人充签判	10
监当资序大使臣、亲民资序小使臣充经略安抚、总管、钤辖司准备差使	8
幕职州县官	7
监当官	5
翰林医候	5
提点刑狱司缉捕盗贼若指使（州指使同）	5
茶酒帐设司厨子后槽	5
通引客司	4
客司	2
书表司	1
前任臣僚	
节度使	35
前宰相使臣	20
前执政官	15
致仕臣僚	
前宰相使臣	20
前执政官	15
曾任光禄大夫正任观察使以上	10
曾任枢密直学士以上	7

续表 2

官员	人数
曾任太中大夫正任刺史以上	4
故臣僚之家	
前节度使	15
前承宣使、节度使	13
前防御使	12
前团练使	10
前刺史	8

有些官员也多私自调发宋政府规定人数之外的士兵为自己迎送，他们“或借以般家属，或借以送行李”①。面对这种官员私役士兵迎送的情况，宋太祖早在乾德二年（964）三月，诏规定“禁臣僚往来假官军部送”②，可是尽管宋政府对此类事件多加以禁止，却很难对其有效遏制。

迎送官员的士兵较之劳役士兵的生活条件稍好，加之有些士兵迎送官员到规定地点后可以“不发回元差州军，并各拘留在司桩管，谓之签厅兵士，别给口券”③，可以短暂的脱离征战、训练的生活，获得较多的收入。但是士兵在长途跋涉的旅途中，也存在着死亡与不可预知的危险。如苏轼出官至虔州时，“长少卧病，幸而皆愈”，但他随身所带的士卒却“死者六人”④。范成大在行至衡州、永州之间时，“路中皆小丘阜，道径粗恶，非坚坺即乱石，砌处又泥淖，虽好晴旬余，犹未干，跬步防蹶，吏卒呻吟相闻”⑤。

---

① 《宋会要》职官三二之三三，第 3022 页。

② 《宋史》卷一《太祖本纪》，第 17 页。

③ 《庆元条法事类》卷十，第 189 页。

④ 《三苏全集》卷八五《答苏伯固三首》第 13 册，第 206 页。

⑤ 范成大：《范成大笔记六种》《骖鸾录》，中华书局 1989 年版，第 56 页。

第三节　皇宫仪卫士兵

一、宿卫兵

宋代还有一部分士兵专门担任护卫皇宫、仪仗兵等职务。按宋朝官员黄次山所奏“自古盛主，虽用文德，必有亲兵，专掌宿卫”①，诸朝代皆有士兵供皇宫宿卫之职。“古者天子必有亲兵，实自将之，所以备不虞，而强主威”②，如“（周）成王即政，周公指虎贲与常伯同戒于王，欲其知恤，虎贲者，犹今侍卫亲军也。康王初立，太保俾齐侯吕伋以虎贲百人迎于南门，吕伋者，太公望子，自诸侯入典，亲兵犹今殿前马步军都帅也。勋德世臣，聪司禁旅，虎贲锐士，宿卫王公，其为国家虑深远矣”③。宋代同样也设立宿卫亲兵以行宿卫皇宫之职。因为这些士兵的职责主要是护卫皇帝起居，所以须选拔武艺高强之士兵从事此职，如宋太祖“内侍数十人，皆善武艺，伉健，人敌数夫，骑上下山如飞”④。以御马直士兵为例，其挑选时，“千百人中始得一二人”⑤，宋代著名将领狄青起初即是御马直的一名士兵。⑥

---

① 《宋会要》职官三二之九，第 3010 页。

② 《历代名臣奏议》卷二百二十三，第 1767 页。

③ 《宋会要》职官三二之十一，第 3011 页。

④ 《东京梦华录笺注》卷七，第 692 页。

⑤ 《长编》卷四，乾德元年九月条，第 106 页。

⑥ 《宋史》卷二九〇《狄青传》，第 9718 页。

护卫皇帝的亲兵多是京师“三衙四厢所统之兵，关防周尽”①，朝野大内“守禁尤严，沿内城向南，皆殿司中军，将卒立寨卫护，名之中军”②。皇帝出外必须有士兵护卫，如正月元宵节皇帝出外赏灯，“驾坐一时，呈拽宣德楼，上皆垂黄绿帘，中一位乃御座，用黄罗设一彩棚，御龙直执黄盖掌扇，列于帘外”③。车驾行幸时，亦须“从卫禁旅，每以若干人为一列，相去若干步”④。皇帝外出京城，宿卫亲兵必须随行防护，如宋真宗大中祥符元年（1008）前往泰山封禅，诏入内内侍省“掌事带甲宿卫”⑤。奉神御的启运宫奉迎所也需要由士兵专职守卫，如宋高宗绍兴二十七年（1157），应天府启运宫奉迎所言“本宫元差破亲事官并黄院子及卫兵，共三百五十五人。昔因虏犯西京，迁奉神御前来福州，差禁军二十五人专充保护”⑥。当皇帝亲飨致斋时，在斋殿应有士兵对皇帝执勤保护。⑦ 除皇帝外，皇族也需要有士兵对他们进行保护，如“韩国、鲁国、魏国大长公主，陈国、卫国长公主宅，各差禁军十人，节级一人巡宿。”但是这一保护政策随后有部分取消，“罢郡县主宅巡护禁军。”⑧

宋朝驻扎在京城的宿卫亲军规模庞大，其中“殿前司所隶诸班直禁旅，自祖宗以来，专充扈卫，事体非轻”，标准人数应有

---

① 《要录》卷四六，绍兴元年八月条，第 838 页。

② 《宋会要》职官三二之七，第 3009 页。

③ ［宋］孟元老：《东京梦华录笺注》卷六《元宵》，中华书局 2006 年版，第 541 页。

④ 《宋会要》职官三二之二八，第 3009 页。

⑤ 《宋会要》礼二二之十五，第 890 页。

⑥ 《宋会要》礼十三之十二，第 579 页。

⑦ 《宋会要》礼七之三一，第 512 页。

⑧ 《长编》卷一二六，康定元年正月乙酉条，第 2980 页。

三千六百余名士兵①，但是在宋高宗绍兴三年（1133），亲兵人数急剧减少，数量“止五百余人，比照元额，阙及九分”②，神武中军统制辛永宗因担忧亲兵人数短缺难以行保卫之职责，此后请求在神武中军中“更选亲兵，通旧管作六百人……令主管官每夜轮一员，于禁中直宿”③以保证宿卫亲兵的数额如数，之后的宿卫亲兵数量多保持在这一数额。

宿卫亲兵的存在的确起到了护卫皇帝人身安全的作用，如宋仁宗庆历八年（1048），有四名亲从官深夜偷偷潜入皇宫，计划行刺，在他们“焚宫帘，斫宫人伤臂”的过程中被宿卫亲兵发觉，阻止了这一计划的继续进行，将他们斩杀。④宋理宗绍定三年（1230）闰二月，“逃卒穆椿逾入皇城，烧毁甲仗”⑤被宿卫士兵擒获。

宿卫亲兵不同于其他禁军与厢军，由于他们常年驻扎于京师，一般远离劳役之苦，只需行护卫皇宫之事，遂“无他役使，唯习戎艺耳，且廪给优厚”⑥。但是因为皇宫的安全十分重要，宋朝法规中对这些士兵要求也甚为严格，以此确保皇帝的人身安全不出现意外。如果宿卫士兵在自己应该上番之时无故不到，这些士兵将会受到惩罚：“（无故不到）一日笞四十，（无故不到）三日加一等，过杖一百，（无故不到）五日加一等，罪止徒二年。”⑦

---

① 《宋会要》职官三二之十一，第3011页。
② 《宋会要》职官三二之十一，第3011页。
③ 《宋会要》职官三二之九，第3010页。
④ 《宋会要》职官三四之二二，第3049页。
⑤ 《宋史全文》卷三一，绍定三年闰二月癸酉条，第2653页。
⑥ 《宋史》卷一八九《兵三》，第4639页。
⑦ ［宋］窦仪：《宋刑统》卷七，中华书局1987年版，第109页。

宋朝规定宿卫士兵的兵器不许远离身体，须随时佩戴，以便于守卫皇宫安全，凡“违者杖六十”①。若发生宿卫士兵上番之日有人冒名代替的情况，一经查出，被代替的士兵要受到“各徒一年”②的惩罚，代替者也须罚“杖一百”③。宿卫士兵因为常年生活于京城的重要政治地带，宋代礼制对他们约束甚严，一旦士兵违反，则会招致法规对他们的处罚。如宋哲宗绍圣四年（1097），从右司员外郎时彦等人诬告“贺北朝正旦使、副下三节人从喧笑失礼，及（躳）［射］弓处宣武、虎翼兵士杨千等喧闹罪状”④ 中可见，宋代的礼制对他们的管理甚严。皇宫是皇帝休息办公之处，禁止卫兵随意喧哗，如果卫兵扰乱宫殿安静的秩序也会受到处罚，如杨怀敏“先职皇城，不觉卫兵惊扰宫寝”，不但喧哗的士兵受到惩处，杨怀敏也因此被责“出为沿边安抚”⑤。

宿卫士兵在卫护皇宫时，也带有一定的风险，如宋神宗熙宁六年（1073）正月，王安石“从驾观镫，乘马入宣德门，卫士呵止之，挝伤安石马”。后王安石大怒，请送卫士于开封府，“又请罢勾当御药院内侍一人，上皆从之。安石犹不平，（蔡）确奏疏曰：“宿卫之士，拱卫人主而已，宰相下马非其处，卫士所应呵也。而开封府观望宰相，反用不应为之法，杖卫士者十人，自是以后，卫士孰敢守其职哉？”上善确言，然宰相乘马入宣德门是非，上卒亦弗究也。”⑥

---

① 《宋刑统》卷七，第 109 页。
② 《宋刑统》卷七，第 109 页。
③ 《宋刑统》卷七，第 118 页。
④ 《宋会要》职官五一之六，第 3539 页。
⑤ 《苏魏公文集》卷五十二《钱起居神道碑》，第 792 页。
⑥ 《长编》卷二四二，熙宁六年正月丁丑条，第 5898 页。

在诸多严格制度的约束下，宿卫亲兵也偶有无法忍受而逃亡之人，例如宋高宗绍兴三年（1133），提举宿卫亲兵杨沂中言自己所管宿卫亲兵“近来逃走，多是往诸军下冒名，显属紊乱军政。乞应有军马去处，今后如有宿卫亲兵逃走到军，并不得收留，立便收捉赴本所”①。除逃亡外，宿卫士兵也有叛乱之人，宋仁宗皇祐元年（1049），军头司步直兵士“拟欲作过于皇城内，先埋藏器仗，以期作乱”②。这些士兵如染病导致身体素质下降，多难继续从事宿卫，被改充剩员，生活艰难，甚至有“丐食于道者”，宋神宗熙宁四年（1071）七月，诏“诸班直长行尝备宿卫，自今病满百日可医治者，殿前指挥使补外处牢城指挥使，其余并与捧日、天武第五军押营”③，对他们加以抚恤。

除北宋初外，宋代宿卫班直“平素鲜有出外征战的机遇”④，不过一旦这部分士兵的生存状态被打破，他们多依靠自身高强的武艺，沦为寇乱，危害地方，如果“卫士以小罪或连坐降配，其居南方者病瘴疠，多不还，自恃才武，窘于衣食，或亡去为盗”⑤。这一现象，在两宋之交时多有发生，在开封府被金兵攻陷后，流窜出的宋朝班直士兵也各成一伙，结为寇乱，如薛广“本班直，去为盗，掠随、郢”⑥，其他班直如李孝忠、党忠、祝进、曹端、王在等人“皆去为盗”⑦，至建炎四年（1130）五月宋高宗

① 《宋会要》职官三二之一〇，第3010页。
② 《宋会要》职官五一之六，第3010页。
③ 《长编》卷二二五，熙宁四年七月丙午条，第5491页。
④ 《宋朝军制初探》，第17—18页。
⑤ 《长编》卷二五四，熙宁七年六月甲申条，第6211页。
⑥ 《要录》卷五，建炎元年五月庚寅条，第124页。
⑦ 《要录》卷一，建炎元年正月壬寅条，第28页。

在明州停留时，“诸班直为乱”①。

二、仪仗兵

宋代仪仗队因需求人数众多，且讲求纪律，故其中所用士兵甚多。仪仗士兵中多派遣禁军充役，如皇帝元日“御殿仪仗人均差天武、神卫兵士”，每逢“大驾仪仗，通号卤薄……凡兵卫以甲楯居外，为前导，捍蔽其先后，皆着之簿”②。

在《事实类苑》中记录了宋代不同大礼所需的士兵仪仗人数，列表如下（见表4-2）：

表4-2　士兵仪仗人数表③

仪仗种类	人数
南郊执仪仗兵士	13，600
太常寺鼓吹兵士	2640
太仆寺拥驾兵士	682
六军执擎人员兵士	552
左右金吾卫仗	125
左金吾仗	158
右金吾仗	359
殿中省押番人员并执擎兵士	531
司天台	162
同都司	4373

① 《要录》卷三三，建炎四年五月戊午条，第648页。

② 《石林燕语》卷四，第50页。

③ 《事实类苑》卷二十八《南郊执仗兵士》。

此外，宋初的皇帝行幸仪卫，有“殿前司随驾马队，凡诸班直内，殿前指挥使全班祗应”，其中“左班七十六人，二十四人在驾前左边引驾，五十二人作两队随驾……右班七十七人，二十四人在驾前右边引驾，五十三人在驾后作两队随驾，二十七人第一队，二十六人第二队……内殿直五十四人，散员六十四人，散指挥六十四人，散都头五十四人，散祗候五十四人，金枪五十四人，茶酒班祗应殿侍百五十七人，东第二班长入祗候殿侍十八人，驾后动乐三十一人，马队弩手分东西八十五人，招箭班三十五人，散直百七人，钧容直三百二十人，御龙直百四十二人，御龙骨朵子直二百二十人，并全班祗应。御龙弓箭直百三十三人，御龙弩直百三十三人，宽衣天武指挥二百一十六人……若随驾不使马队，即减内殿直、散员、散指挥、散都头、散祗候、金枪等直，仍减东西班马队弩手八十五人，余并同上”①。宋仁宗天圣五年（1027），三司言南郊需差派“仪鸾司兵士五千人”，即使按旧例依然需要“差三千二百四十七人”②。宋哲宗元祐元年（1086），太皇太后出入仪卫需要“添御龙骨朵子直三十六人，御龙弓箭直四十五人，御龙弩直四十五人，皇城司禁卫五十人，马队三百五十人，东西班、茶酒班殿侍共一百人，快行增至二十人”③。绍圣二年（1095），宋哲宗规定大礼的士兵仪仗队人数数量是“内殿直、散员、散指挥、散都头、散祗候，并增作一百四人，分四队，内人员各四人。金枪班添一队，作七十八人，内人员三人。弩手班添两队，充填拨过东西班殿侍马两队。禁卫御龙直、弓箭

① 《宋史》卷一四四《仪卫二》，第3387页。

② 《宋会要》职官二二之七，第2863页。

③ 《宋史》卷一四四《仪卫二》，第3393页。

直、弩直、长行，仍各添给银骨朵。禁卫外，添差编拦天武人员、长行共二百人，拣选有行止旧人充，出入止于宣德门外，至行在所，即止于行宫门外。”① 在元旦大朝会皇帝于大庆殿与群臣庆贺新年的到来时，大庆殿需有“甲胄长大武士四人，立于殿陛之角，谓之镇殿将军。”② 在大礼前士兵需要进行简要的培训，如“工部行下文思院制造，所有抬擎位版兵士八人，系绍兴府差禁军充，于大礼前一日赴太常寺教习”③。

宋代举办其他重大礼仪事件时，也需要士兵行仪仗之职。如皇帝辞世出殡时，需要仪仗士兵参与礼仪仪式，在安葬宋英宗于永厚陵时，命“兵士各执仪仗，分屯巩县、偃师，承安命使臣董之”④。进呈前朝实录是宋代的一项重大礼仪，这需要部分士兵出列以供礼仪所用。宋高宗绍兴十年（1140），在进呈《徽宗实录》时，有“日常御殿禁卫诸班直、亲从、亲兵等伞扇从物并内侍省执骨朵使臣，排立如仪……皇帝服履袍出，殿下鸣鞭。禁卫诸班直、亲从、亲兵等并内侍省执骨朵使臣、实录院点检文字使臣、书库官擎檐，亲事官并迎驾，自赞常起居。”⑤ 宋孝宗乾道二年（1166），国史院、日历所上呈编撰完毕的《三朝帝纪》与《光尧寿圣太上皇帝圣政》时，需要“禁卫诸班直、亲从等并入内省执骨朵，使臣、国史院、国史日历所、编类圣政点检文字已下，并腰舆下辇官并迎驾，自赞常起居”⑥。

---

① 《宋史》卷一四四《仪卫二》，第3390页。
② 《梦粱录》卷一《元旦大朝会》，第22页。
③ 《宋会要》礼二四之八八。
④ 李攸：《宋朝事实》卷十三。
⑤ 《宋会要》职官十八之二八，第2768页。
⑥ 《宋会要》职官十八之五五，第2782页。

宋代选用士兵充仪仗之用，可减轻百姓的负担，如宋朝曾有举行大礼，“皆预以近京州军召鸣鼓角者，贫民涉远而至，颇成劳费”的事例，但是此后因此举扰民，改由“太常寺选殿前司天武左右厢军士，每厢七十五人，人为角手，教习以备警场”①。

三、军艺兵

宋代还有一些士兵主要以表演军艺为主，从事表演性质的职役。宋代军队中设置了专门的军艺兵指挥如钧容直指挥，即为军队乐队，选取“诸军皆有善乐者”，设有“内侍一人，或二人监领。有押班二人，执乐二百三十二人。旧有百三十六人，景德三年加歌二人，杂剧四十人，板十人，琵琶七人，笙九人，筝九人，觱篥四十五人，笛三十五人，方响十一人，杖鼓三十四人，大鼓八人，羯鼓三人，喝诞十人，小乐器一人，排乐四十人，掌撰词一人”②，当皇帝“每巡省、游幸、亲征”回城时，各自身穿红衣或绿衣“自青城至朱雀门，列于御道之左右，奏乐迎奉”③，“其声相属，闻十数里”④；此外，还设置有招箭班指挥，这些士兵常在元旦大朝会或其他朝会时表演招箭技能，所谓“招箭”即招箭兵士对面有人对他们射箭弩，招箭兵士用各种动作接到箭弩。在表演之时，招箭士兵“十余人于垛子前，使人多用弩子射，其班士裹无脚小帽子，锦袄子路开弩子舞旋，搭箭过与使人彼窥得端正”⑤。此外还有一些士兵是临时征调用以出列表演，如

① 《长编》卷七九，大中祥符五年十月丁亥条，第 1803 页。
② 《通考》卷一四六《乐考十九》，第 4405 页。
③ 《通考》卷一四六《乐考十九》，第 4405 页。
④ 《通考》卷一四六《乐考十九》，第 4405 页。
⑤ 《梦粱录》卷一《元旦大朝会》，第 24 页。

开封的临水殿，定期有皇帝前往观争标锡宴，其时有“殿前出水棚，排立仪卫，近殿水中，横列四彩舟，上有诸军百戏，如大旗、狮豹、掉刀、蛮牌、神鬼、杂剧之类……小龙船二十只，上有绯衣军士各五十余人，各设旗鼓铜锣，船头有一军人校舞旗招引，乃虎翼指挥兵级也”① 予以助兴。这些表演的军士应为临水殿表演临时征调所用。

每逢宋朝重要的节日或礼仪之时，这些士兵出列表演以娱乐皇帝官员大众，每年的正月十六日，皇帝、官员齐游相国寺时，“寺之大殿，前设乐棚，诸军作乐”② 借此烘托气氛。三月一日，金明池、琼林苑向京师百姓开放，宋政府派遣“诸禁卫班直簪花，披锦绣捻金线衫袍，金带勒帛之类，结束竞逞鲜新，出内府金枪、宝装、弓剑，龙凤绣旗，红缨锦辔，万骑争驰，铎声震地”③，以供京师百姓娱乐观赏。清明节皇帝官员出外时，又有“诸军禁卫，各成队伍，跨马作乐四出，谓之摔脚，其旗旌鲜明，军容雄壮，人马精锐，又别为一景也”。④ 当皇帝登宝津楼时，有“诸军百戏呈于楼下……有花妆轻健军士百余，前列旗帜，各执雉尾、蛮牌、木刀初成行列拜舞，互变开门夺桥等阵，然后列成偃月阵。乐部复动蛮牌令，数内两人出阵对舞，如击刺之状，一人作奋击之势，一人作僵仆，出场凡五七对”⑤。

这些特殊服役士兵，除皇宫宿卫亲兵和部分军艺兵外，多为临时被宋政府由军队中按人数比例征调，他们在供职过程中，多

---

① 《东京梦华录笺注》卷七，第 626 页。
② 《东京梦华录笺注》卷六，第 596 页。
③ 《东京梦华录笺注》卷七，第 643—644 页。
④ 《东京梦华录笺注》卷七，第 626 页。
⑤ 《东京梦华录笺注》卷七，第 665 页。

会暂时性地远离征戍、训练和劳役的生活，生活条件较其他士兵较为优越。皇宫的宿卫亲兵因其职责特殊，所以他们的收入一般都很优厚，生活条件较好。

第五章　宋代士兵在军队中的迁降状况

第一节　诸军种之间的士兵迁降

士兵升迁或降等分成以下三步，“自厢军而升禁兵，禁兵而升上军，上军而升班直者”①。宋政府时常对军队中的士兵进行拣选，其中合格者可上迁，而不合格者则要降等。兵种的迁降对士兵的生活影响很大，其所担当的职能与收入都会随着兵种的迁降发生变化。宋真宗天禧元年（1017）二月，“遣使分往诸州军，拣厢军骁壮及等者升隶上军”②，共选出五千余人升迁兵种，宋仁宗康定、庆历之间，宋廷为了备战西夏的进攻，将诸多厢军“充禁旅”，“选河北、河东役兵补禁军”③。皇祐三年（1051），“选京东西、陕西、河北、河东本城、牢城、河清、装卸、马递铺卒长

① 《宋史》卷一九四《兵八》，第4825页。

② 《宋史》卷一九四《兵八》，第4827页。

③ 《长编》卷一〇〇，天圣元年正月辛丑条，第2320页。

五尺三寸胜带甲者，补禁军”①，嘉祐二年（1057），宋仁宗诏“神卫水军等以五年，诸司库务役兵以三年一拣”②；宋英宗治平元年（1064），“诏京畿并诸路拣龙骑、壮勇、归远、本城、牢城、宣效六军；河清、车营、致远、窑务、铸钱监、屯田务隶籍三十年胜铠甲者，部送京师填龙猛等军；其自广南拣中者，就填江西、荆湖归远阙额。仍诏每三年以龙猛等军阙数闻。又诏诸路，有步射引弓两石、彍弩四石五斗已上者，奏遣诣阙。”③ 当京城缺少禁军士兵多从各州选拔士兵补缺，如宋真宗大中祥符五年（1012），宋真宗“令河北诸州简本城兵士部送京师，分补禁军之阙。”④

宋政府也常把某些厢军指挥升为禁军或将地方士兵调往京城驻扎。宋真宗咸平六年（1003），石州厅子军因“巡警北平，道遇寇，踊跃争进，斩捕甚众”被宋真宗“升其军额以奖之”⑤ 皆升为禁军。景德四年（1007），河北骁健指挥军士护送宋真宗回京有功，“引对便殿，上询之，有愿留补禁旅者”，真宗以其骁勇，故“州给装钱部送阙下”⑥。大中祥符七年（1014），驻扎于益州、彭州的士兵“升为禁军，戍戎州，名曰宁远，俸料如忠勇等”⑦。天圣六年（1028），宋仁宗诏“镇戎军、原渭州蕃落指

---

① 《宋史》卷一九四《兵八》，第 4829 页。

② 《宋史》卷一九四《兵八》，第 4829 页。

③ 《宋史》卷一九四《兵八》，第 4830 页。

④ 《长编》卷七七，大中祥符五年三月甲午条，第 1766 页。

⑤ 《长编》卷五五，咸平六年六月己卯条，第 1204 页。

⑥ 《长编》卷六六，景德四年七月庚辰条，第 1475 页。

⑦ 《长编》卷八三，大中祥符七年七月辛巳条，第 1894 页。

挥”[①] 升为禁军，“其依广锐、劲勇军例，官给钱市马。”若士兵忠于宋廷，作战勇猛，宋政府也多对他们升迁军种，如宋仁宗年间王均作乱时，有士兵“不从王均为乱而能杀贼者”，宋政府不但赐予这些士兵军名“忠勇”，且“升为禁军”[②]。

第二节　士兵的迁资情况

宋人从军，除可获得一定经济收入外，还有一定的机会升迁为官，士兵多因军功、武艺精熟等原因升迁。以北宋名将狄青为例，他起于营伍，因屡有战功，“十余年而贵”[③]，官至枢密副使。此外，宋将岳飞[④]、韩世忠[⑤]、吴玠[⑥]、张俊[⑦]皆是从军后立有军功，逐级升迁。宋代之前一直有士兵因军功升为将领之例，如五代时期“皆以军卒为将”[⑧]。但是相比前朝，在宋代“重文抑武”

---

① 《长编》卷一〇六，天圣六年四月戊寅条，第 2470 页。

② 《长编》卷五一，咸平五年三月丁丑条，第 1125 页。

③ 据《宋史》卷二九〇《狄青传》记载：“（狄青）初隶骑御马直，选为散直。宝元初，赵元昊反，诏择卫士从边，以青为三班差使、殿侍、延州指使。”

④ 据《宋史》卷三六五《岳飞传》记载：“宣和四年，真定宣抚刘韐募敢战士，（岳）飞应募。”。

⑤ 据《宋史》卷三六四《韩世忠传》记载：“（韩世忠）年十八，以敢勇应募乡州，隶赤籍，挽强驰射，勇冠三军。”

⑥ 据《宋史》卷三六六《吴玠传》记载：“（吴玠）以良家子隶泾原军。政和中，夏人犯边，以功补进义副尉，稍擢队将。从讨方腊，破之；及击河北群盗，累功权泾原第十将。靖康初，夏人攻怀德军，玠以百余骑追击，斩首百四十级，擢第二副将。”

⑦ 据《宋史》卷三六九《张俊传》记载：“（张俊）年十六，为三阳弓箭手。”

⑧ 《燕翼诒谋录》卷五，第 44 页。

的传统影响下，士兵为官多为中下级官员，像狄青那样依靠军功，由一名普通士兵升迁至枢密副使的人则少之甚少。

宋朝建立后也实行了士兵转资制度，士兵“有功及呈试武艺”① 可转资，宋太祖在位时制定了士兵的《转员之例》，其中规定“定其功实，超转资级”，以期达到“不使上下人情习熟，又其下懔懔”② 的目的。《武经总要》中记载，士兵立有战功即可按资转官，“七资为第一等，五资为第二等，三资为第三等，二资为第四等，一资为第五等”③，转阶级法规定“三转为第一等，两转为第二等，一转为第三等”④，“厢禁军、蕃落及义军、弓箭手，自长行军士以上用此例”⑤。若有资格转资的士兵放弃转资，可改为领取相应钱物，宋神宗熙宁七年（1074）正月，“诸军十将以下至长行，遇有功及呈试武艺，当转资不愿转者，每一资有功人赐绢十五匹，呈试人十匹”⑥，宋哲宗元祐五年（1090），有士兵向枢密院请求“以匹帛银楪支赐，罢转资”⑦。

一、士兵因军功而迁资

在士兵转资的考核标准中，是否立有军功很重要。宋仁宗在皇祐元年（1049）二月，规定“自今麾下军士，非有战功，毋得请迁隶上军”⑧。如果在战争中士兵立有战功，即有可能获得转资

---

① 《长编》卷二四九，熙宁七年正月庚戌条，第 6069 页。
② 《挥麈录》余话卷一，上海书店出版社，2001 年版，第 210 页。
③ 《武经总要》前集卷十四，第 725 页。
④ 《武经总要》前集卷十四，第 725 页。
⑤ 《武经总要》前集卷十四，第 725 页。
⑥ 《长编》卷二四九，熙宁七年正月庚戌条，第 6069 页。
⑦ 《长编》卷四五三，元祐五年十二月丙辰条，第 10873 页。
⑧ 《长编》卷一六六，皇祐元年二月壬午条，第 4001 页。

的机会，如宋真宗大中祥符九年（1016）九月，在与唃厮啰政权作战中，宋军“被伤者百六十人，阵没者六七十人，其立功将校、使臣凡百三十九人，望赐酬奖”，以此奖励奋勇作战的宋军将士，诏“赐（曹）玮及驻泊钤辖高继忠、都监王怀信锦袍、金带、器币，立功者第迁一资，仍赐金帛，阵没者恤其家”。① 宋神宗熙宁八年（1075），诏“辰州黔江口新寨与土箪生蛮斗敌得功兵员，可令章惇疾速量功状大小犒赏、厚与支赐外，仍具报明闻奏，当议越等优与转资酬奖”②。宋哲宗元符二年（1099），西夏军队攻泾原平夏城，知平夏城乔松守城有功，宋政府给予乔松本人及驻地官兵转资奖励，“（乔）松迁三官，第一等两官，第二等一官，仍减二年磨勘，第三等一官将士转资支赐有差”③。

立有较大功劳的士兵，更有转资的机会，如宋真宗天禧四年（1020），教骏军士李谦升为本军小校，因他“军使武赟为逃卒霍兴所刺，（李）谦急持兴，以身蔽捍，中十六创，赟得走免。上善其义勇，特召见而奖之”④。宋神宗元丰元年（1078），“太皇太后得水疾，御医不能愈”，知邠州薛昌期荐士兵王举治疗太皇太后之疾，王举成功治愈后，被宋神宗封为“翰林医官，赐紫及绢三百”⑤。

宋政府也以转资升职作为奖励，用来激励士兵在战争中奋勇杀敌。宋仁宗在位时期，贝州发生军乱，庆历七年（1047）十二

---

① 《长编》卷八八，大中祥符九年九月丁未条，第 2013 页。

② 《宋会要》职官二五之一一，第 2919 页。

③ 《长编》卷五一〇，元符二年五月癸丑条，第 12138 页。

④ 《长编》卷九五，天禧四年六月己亥条，第 2199 页。

⑤ 《长编》卷二九三，元丰元年十月癸卯条，第 7147 页。

月，诏“有能缒索引官军致得城者，与诸卫上将军，赏钱二千贯”①。宋神宗元丰四年（1081），调发陕西、河东等地士兵攻讨西夏，枢密院建议“权宜重立赏格，诱激将士，以备大敌，自获级重伤等第转资外，重加赐绢，及捕获分厘功五等之赏”②，宋孝宗时四川、陕西、两淮地区出戍征战的官兵也被“特与转资，立到功效，别行推赏”③，以行激励。

故在宋朝战事频繁时，士兵立有战功的机会较多，加之战争时需要军事人才，多见士兵为官的记载，如宋高宗绍兴二年（1132），知无为军王彦恢言“沿边州军，多用武臣为守，或起于卒伍，或招于贼徒”④。

士兵因战功升迁时，宋政府以士兵的功劳大小与在战争中所受伤残轻重而定级。宋神宗熙宁六年（1073）九月，在为士兵迁资时，规定“（士兵）功劳等，以先后，先后等，比轻重；轻重等，以金疮多者为先”⑤；宋神宗熙宁六年（1073）十月，诏选拔军士为节级，“取两尝有功者，功等以先后，又等以重轻，又等以伤多者为上”⑥。

士兵以军功升迁人员数目较多，以宋仁宗庆历八年（1048）赏赐有功官兵为例，其中都虞候至士卒共八千四百人，宋政府将他们分为五等：第一等一百六十人，转五资；第二等三百人，转四资；第三等三百人，转三资；第四等六百十，转二资；第五等

① 《长编》卷一六一，庆历七年十二月癸丑条，第3998页。
② 《长编》卷三六八，元祐元年闰二月己丑条，第8874页。
③ 《历代名臣奏议》卷一八九，第2485页。
④ 《要录》卷六一，绍兴二年十二月丁亥条，第1045页。
⑤ 《长编》卷二四七，熙宁六年九月癸酉条，第6020页。
⑥ 《宋史》卷一九六《兵十》，第4884页。

一千八百人，转一资。五等人数相加为三千一百一十人，其中的士兵人数约占总人手的三分之一，剩余五千三百人也获得了金钱奖励。①

从宋孝宗对于绍兴三十二年（1162）在楚州淮阴县清河口皂角林、瓜州、河州、蔡州、寿春等第对金战争中立功与阵亡的宋军士兵迁资情况来看，当时的宋军士兵迁资多迁三资，任承节郎。其中在寿春抗金战争中，驻守此地的建昌军忠节指挥兵士唐达、丁达、吴早，武雄指挥兵士邓明、饶岳、吴照、邓志阵亡，宋孝宗即追赠七人为承节郎，七人子嗣中各自可选一子进勇副尉。② 承节郎为南宋武官中，武阶五十二阶之五十一阶，③ 尽管武阶颇低，但也给予了那些在战场上存活并有战功的士兵为官的机会。

宋代民兵也有立功转资的机会。宋神宗熙宁六年（1073），枢密院上疏中言及“弓箭手有功迁转，自押官至借职凡十四资”，若弓箭手立军功“以八等定赏：一、押官，承局；二、将虞候，十将；三、副兵马使，军使；四、副指挥使；五、都虞候；六、都指挥使；七、三班差使；八、借职。”④ 当年四月宋神宗下诏奖励攻讨河州香子城积庆寺士兵军功时，诏“诸军、弓箭手、勇敢等，获首级并重伤人，除已迁资外，更与迁一资……余虽不获

---

① 《长编》卷一六二，庆历八年闰正月戊申条，第 3907 页。

② 《文忠集》卷九七《建昌军忠节指挥兵士唐达、丁达、吴早，武雄指挥兵士邓明、饶岳、吴照、邓志，昨起发赴江州驻札前去寿春府阵亡各赠承节郎与一子进勇副尉》。

③ 龚延明：《宋代官制辞典》，第 596 页。

④ 《长编》卷二四五，熙宁六年五月癸亥条，第 5955 页。

首，亦与迁一资。”① 但是当民兵转资后，以弓箭手为例，之前宋政府分配给他们耕种的土地即需收回，“名下土田自今勿以自随，止令子孙或佃户刺填弓箭手”②。宋理宗景定三年（1262），吕文德报权军李鉴抗元军出战屡获胜利，宋理宗诏予以奖励，其中“立功将士、义兵补转有差”③。不过并非所有宋代士兵都可以迁转，南宋时规定归正人即不得迁转。④

现将《宋史》中记载的士兵为官的情况列于下表：

表 5-1　宋代士兵因军功升迁人名表

姓名	早期升迁过程
狄青	御马直→散直→三班差使、殿侍、延州指使⑤
岳飞	募为敢战士→补承信郎→补武经郎→留守司统制⑥
张俊	弓箭手→都指挥使→承信郎→武德郎⑦
韩世忠	敢勇→补一资→进义副尉→勇副尉⑧
吴玠	士兵→义副尉→队将→权泾原第十将⑨
杨琼	隶御龙直→神勇指挥使→御龙直指挥使→弩直都虞候兼御前忠佐马步都军头、领显州刺史→单州刺史⑩

① 《长编》卷二四四，熙宁六年四月甲午条，第 5940 页。
② 《长编》卷二四八，熙宁六年十一月甲子条，第 6050 页。
③ 《宋史全文》卷三六，景定三年正月甲戌条，第 2908 页。
④ 《文忠集》卷一三九《乞立下班祗应迁转法》。
⑤ 《宋史》卷二九〇《狄青传》，第 9718 页。
⑥ 《宋史》卷三六五《岳飞传》，第 11375 页。
⑦ 《宋史》卷三六九《张俊传》，第 11649 页。
⑧ 《宋史》卷三六四《韩世忠传》，第 11355 页。
⑨ 《宋史》卷三六六《吴玠传》，第 11408 页。
⑩ 《宋史》卷二八〇《杨琼传》，第 9501 页。

续表 1

姓名	早期升迁过程
钱守俊	铁骑卒→补禁卫，隶散员直→转殿前班都知→马步军副都军头→副都部署①
徐兴	拳勇得隶兵籍→隶御龙直→控鹤军使→控鹤副指挥使→天武都虞候→洺州部署→泾、原、环、庆十州部署②
王杲	募为卒→散指挥使→马军副都军头→龙卫右第二军都虞候→都军头、领勤州刺史→迁灵州副部署→降右千牛卫大将军③
张思钧	应募为卒→龙卫指挥使→知齐州→濮、郓、滨、棣州巡检→鄜延巡检使→益州钤辖兼绵、汉九州都巡检使④
张玉	散直→环庆路巡检→广西钤辖→进龙、神四厢都指挥使→副都总管→马步军都虞候⑤
孙节	隶军籍→右侍禁→西京左藏库副使→忠武军节度留后（战亡）⑥
高永能	士卒→殿侍→供奉官→供备库副使→知绥德城→鄜延都监→鄜延钤辖⑦
林广	捧日军卒→内殿崇班→环庆副都总管→步军都虞候→马军都虞候⑧
和斌	散直→德顺军指挥使→知宜州→知邕州⑨
刘阒	士卒→军校→虎翼指挥使→宣武神卫都指挥使、昭州刺史、辰州团练使→以左金吾大将军致仕⑩

① 《宋史》卷二八〇《钱守俊传》，第 9503 页。
② 《宋史》卷二八〇《徐兴传》，第 9504 页。
③ 《宋史》卷二八〇《王杲传》，第 9504 页。
④ 《宋史》卷二八〇《张思钧传》，第 9508 页。
⑤ 《宋史》卷二九〇《张玉传》，第 9722 页。
⑥ 《宋史》卷二九〇《孙节传》，第 9723 页。
⑦ 《宋史》卷三三四《高永能传》，第 10725 页。
⑧ 《宋史》卷三三四《林广传》，第 10737 页。
⑨ 《宋史》卷三五〇《和斌传》，第 11079 页。
⑩ 《宋史》卷三五〇《刘阒传》，第 11084。

续表 **2**

姓名	早期升迁过程
贾岩	内殿承制、庆州荔原堡都监→转庄宅副使，迁路监。→知皇城使、威州刺史，迁河东路钤辖→擢龙、神卫四厢都指挥使，迁步军都虞候、濠州团练使①
张蕴	士卒→小校→京西、泾原将→知绥德、怀宁、顺宁军等六城→累迁皇城使、荣州刺史、成州团练使、通州防御使，开德、河阳马步军副总管②
王恩	羽林→供备库副使→泾原将→龙、神卫都指挥使→马军都虞候→泾原副都总管→知渭州→迁马步军都指挥使、殿前都指挥使、武信军节度使→（去世）赠开府仪同三司③
赵隆	勇敢→熙河钤辖→知西宁州→龙神卫、捧日天武都指挥使→（去世）赠镇潼军节度使④
马遂	龙卫士兵→散直→三班奉职→北京指使→（去世）赠宫苑使⑤
杨震	士卒→安边巡检→知麟州建宁寨→（阵亡）赠武经郎⑥
朱昭	效用→秉义郎⑦
吕圆登	士卒→功最多，为爱将⑧
赵立	士卒→武卫都虞候→右武大夫、忠州刺史⑨
马俊	士卒→（阵亡）修武郎⑩

① 《宋史》卷三五〇《贾岩传》，第 11085 页。
② 《宋史》卷三五〇《张蕴传》，第 11087 页。
③ 《宋史》卷三五〇《王恩传》，第 11088 页。
④ 《宋史》卷三五〇《赵隆传》，第 11091 页。
⑤ 《宋史》卷四四六《马遂传》，第 13152 页。
⑥ 《宋史》卷四四六《杨震传》，第 13166 页。
⑦ 《宋史》卷四四六《朱昭传》，第 13170 页。
⑧ 《宋史》卷四四八《吕圆登传》，第 13213 页。
⑨ 《宋史》卷四四八《赵立传》，第 13210 页。
⑩ 《宋史》卷四四九《马俊传》，第 13228 页。

二、士兵因武艺出众而转资

如果士兵武艺出众，也可转资居官。宋真宗咸平三年（1000）四月，济州招安从军的魏捷被补为龙猛军队长，因为他“骁勇过人，众目为‘撼动山’”①，同年九月宋真宗“御便殿，阅捧日、天武军士教战，擢其射御绝伦者递迁之”②。宋神宗在位时期，王恩因射术高强，被补供备库副使，后为河州巡检。③ 在宋哲宗元符元年（1098），枢密院重修的《禁军春秋大教法》中有“事艺高强人转资、赐帛、免晚教、接送、防送有差”④ 之规定。乡兵武艺出众也可以转资升迁，宋神宗熙宁年间王蘧任知开封府鄢陵县事时，日日督习乡兵训练，“故艺绝为王畿，公日督其习，故艺绝为王畿十九邑之最，有旨引入庭阅，天子嘉叹，官其出伦者六人”⑤。

这种升迁多在皇帝大阅士兵时进行，如宋真宗咸平元年（998），“御崇政殿，召御龙直二百七十余人，阅试武艺，迁擢者二十六人”⑥，天圣元年（1023），宋仁宗“御承明殿阅试卫士，迁补有差。”⑦ 宋高宗绍兴五年（1135）三月，观“赵青等五十人角力，转资”⑧。

---

① 《长编》卷四七，咸平三年四月乙卯条，第 1023 页。
② 《长编》卷四七，咸平三年九月壬午条，第 1032 页。
③ 《宋史》卷三五〇《王恩传》，第 11088 页。
④ 《长编》卷四九七，元符元年四月丁未条，第 11837 页。
⑤ 谢飞：《北宋临城王氏家族墓志》，文物出版社 2009 年版，第 43 页。
⑥ 《长编》卷四十三，咸平元年正月丙寅条，第 908 页。
⑦ 《长编》卷一〇〇，天圣元年二月戊戌条，第 2316 页。
⑧ 《宋史》卷一二一《礼二十四》，第 2832 页。

三、士兵因提供军事情报而转资

士兵提供重要军事情报有功也可转资升迁。宋神宗熙宁四年（1071）四月，泾州就粮蕃落兵士安吉“告本营党仙等谋叛”，宋政府特以为“右班殿直，赐绢百匹，钱百千”[①]。熙宁六年（1073），两名从西夏逃亡而回的士兵向河东经略司报告西夏的最新军事情报：“夏人恐我大兵至，修筑于凉州，而凉州守乃我顺宁寨供奉王某之子，每言‘我有家属于此，如何不早图南归’。”宋神宗诏“转二卒各一资”[②]。

四、士兵在服役中的转资

士兵在劳役中如果有功也可转资。宋真宗大中祥符五年（1012）八月，赐“秦州小洛门采造务兵匠缗钱，仍委中使王怀信具勤瘁者名闻，咸与迁补”[③]。大中祥符七年（1014）十一月，因修筑宫殿士兵超期完成工作，宋真宗赏“军校工匠，第迁者九百一十三人”[④]，升迁人数众多。劳役士兵如能献策加速工程进程，提高工程质量，也可转资，如宋真宗大中祥符五年（1012）五月，“八作司请于京城东纽笮维舟以易汴桥”，宋政府予以献计兵匠迁一资的奖励，不过工程完工后仅仅半年，“覆舟者数十”[⑤]，献策士兵也被治罪。宋仁宗时，因士兵于施州修筑城池和关隘六

---

① 《长编》卷二二二，熙宁四年四月辛巳条，第5248页。
② 《长编》卷二四四，熙宁六年四月丁酉条，第5943页。
③ 《长编》卷七八，大中祥符五年八月甲辰条，第1779页。
④ 《长编》卷八三，大中祥符七年十一月乙丑条，第1902页。
⑤ 《长编》卷七七，大中祥符五年五月丙子条，第1765页。

十余所，仁宗诏“本州将士及忠州戍卒执役三年者，各补转一官”①。

五、士兵的其他转资情况

若士兵随皇帝亲征，可以有更多的机会获得转资，如绍兴三十二年（1162）三月，宋高宗御驾亲征，行军途中，诏“扈从及随逐一行官吏军兵依绍兴四年（1134）扈从至平江府例，并特与转一官资”②，四月再次下诏“诸班直等三百三十四人并诸军扈卫官兵二万九千七百三十二人各特与转一官资，出戍暴露并扈卫官兵二万九千七百三十二人，各特与转两官资，今日报台见之”③，其中随行的官兵皆得以转一官资，那些出戍条件恶劣的士兵得与转两官资。宋高宗此次出军总共“赏御营宿卫将士四万余人，进官有差”④。

和平时期，士兵转资周期与他们的从军时间和军种相关，诸如班直、三衙士兵的转资周期短于其他地区的士兵。在宋真宗景德二年（1005），规定“班直十年者出补军校”，后因殿前都指挥使高琼言“此非激劝之道，宿卫岂不劳乎？”，将时间缩短为八年⑤。宋孝宗淳熙年间，一名三衙士兵需要十年的时间可转资为武校尉，而“外路诸军则增至十五年”。宋光宗年间的宋金和平时期，官员周南上《兵论》言宋朝士兵因无战功难以转资，“三十年一军之中，白身而经转资者不能什一，经转资而得补授者不

① 《宋史》卷四二《理宗二》，第826页。

② 《文忠集》卷一六三《亲征录》。

③ 《文忠集》卷一六三《亲征录》。

④ 《宋史》卷三二《高宗二》，第464页。

⑤ 《长编》卷六一，景德二年十二月癸未条。

能百一”①。

此外，某些士兵在年龄增大，身体健康情况出现问题之时，有时宋政府以转资的形式将他们安排退伍。如宋哲宗元祐元年（1086）正月，枢密院请求“诸军年七十……诸班直、上四军除屯卫，拱圣以下除领军卫，仍并以有功劳者为左，无功劳者为右”，这些不能继续从军的班直士兵等其他部分驻扎京城的士兵可以得到转资机会。②

六、士兵的转资过程和弊端

士兵的升迁需要相关审核环节，如宋真宗景德元年（1004），“鄜州言飞骑卒靳进斩蕃酋，当补指挥使，有司以赏格太重，但拟本部十将”，宋真宗认为“朝廷悬赏示信，不可逾也”③，靳进才当以补指挥使。在南宋时，士兵转资审核时间更长，如宋孝宗隆兴二年（1164）七月，诸军粮料王正已所指出：“切见军士立功，获升转资级，报本院注籍之后，往往半年方得省寺经由。”④

但是宋代士兵转资过程中存在很多弊端。诸如德祐元年，贾似道为激励军兵作战“遂许喝转官资，诸军诟曰：‘要官资做甚，已未庚申官资何在?’似道不能答。”⑤ 从中可见在某些情况下，宋政府对士兵许诺的转资并不能兑现。还有些官员借掌握转资之权力，以不同的价格公开向士兵出售各级官职，赚取钱财。朱熹

---

① 《清正存稿》卷五《论待敌救楮二札上枢密院之第二札》，文渊阁四库全书影印本。

② 《长编》卷三六五，元祐元年二月庚申条，第8744页。

③ 《长编》卷五六，景德元年正月丁丑条，第1230页。

④ 《宋会要》职官二七之五九，第2966页。

⑤ 《宋季三朝政要》卷六，德祐元年正月丁亥条，第379页。

说“主将刻剥士卒，以为苞苴，升转阶级，皆有成价。”① 在宋孝宗淳祐十一年（1251），御史台上奏的《军功赏格违法之弊》中言：

在法，边戍获捷、奇功、暴露、撤戍者，制阃、军帅举奏授官，必其人身亲行阵，有战御功。今自守阙进勇副尉至承信郎、承节郎者，其弊尤多，乃以奉权要，酬私恩，或转售于人。方等第功赏之初，即窜名其中，朝廷审核，动涉岁年，已无稽考。甚至承受、厅吏、厮卒之流，足迹未尝出都门，而沾亲冒矢石、往来军旅之恩，授以名器。请申严帅阃，令立功人亲授告身，庶革冒滥。②

从中可见，那些在战争中厮杀的士卒，本可获得升迁的机会，但是其升迁的名额却被官员转卖他人。

---

① 《朱子语类》卷一〇七，第 2659 页。
② 《宋史》卷一九六《兵十》，第 4893 页。

第六章　宋代士兵的收入与消费状况

第一节　士兵收入状况

宋代百姓应募为兵后，脱离生产，专职从军，“为农者出租税以养兵，为兵者事征守以卫民”①，宋政府对他们发放俸禄以助其生活。宋代士兵收入包括从政府获得的收入与个人行为获得的收入之和。其中从政府获得的收入包括应募时发的钱物，每月发的军俸钱物，因诸多原因发放的非定期非固定驻地的补助，此外还需减去因将官等各类原因导致出现的军俸克扣；个人行为获得的收入形式多样，既包括个人私自从事的工商业活动，也包括利用士兵这一身份劫掠的民众钱物，还包括军属的经济收入。

① 《宋史》卷一九四《兵七》，第4803页。

一、宋代士兵月俸等固定收入情况

（一）招募支给之费

士兵从军后获得的第一笔收入是宋政府对他们发放的招募支给之费，即“以厚利召募愿为正军者”[①]，这里所言的“利”是指为士兵从军时收入的一些钱物，如钱财、军装、布帛等。宋真宗咸平二年（999）闰三月，“陕西所招马军安塞、清塞、拓边、蕃落、飞塞、保节、广锐，步军振武、神虎、保捷、定功、床子弩手，禁军清边弩手、捉生诸指挥，其募军例物，人不过十余千，募万人，所费财十万缗”[②]。

在宋政府急需兵源时，常给予从军人更为优厚的待遇。宋仁宗康定元年（1040）八月，令“诸州军揭榜以募投平羌者，送经略司拣试，给禁军例物外，别给钱十千、绢十匹”[③]。宋神宗元丰五年（1082），宋政府对于招募的士兵“依式赐外，仍增钱千”[④]。元丰六年（1083），神宗招保甲“依条放免后，若武艺及等，愿投军者，四十以下减一指，三十以下减二指。除例物外，增钱二千”[⑤]。宋哲宗元祐八年（1093），陕西地区禁兵大量缺额，“少人投军”，宋哲宗同意了枢密院的“今泾原、熙河、秦凤、环庆、鄜延路见阙禁军依式例物增钱一千，鄜延别增绢一匹”[⑥] 的建议，以多募人从军。但是那些灾荒之年从军的百姓，有时却只能得到

---

① 《长编》卷四四，咸平二年闰三月条，第 938 页。
② 《长编》卷一二七，康定元年六月甲申条，第 3017 页。
③ 《长编》卷一二八，康定元年八月癸巳条，第 3017 页。
④ 《宋史》卷一九四《兵七》，第 4803 页。
⑤ 《长编》卷三三七，元丰六年七月丁卯条，第 8132 页。
⑥ 《长编》卷四八〇，元祐八年正月丙申条，第 11423 页。

一半的从军钱物，宋神宗元丰四年（1081）六月，河北路发生水灾，神宗招从灾民中选年少强壮之人充军，补各州厢军阙额，“止支一半例物”①。

士兵从军时可得的军衣，一般包括头巾、丝麻鞋、布衫、系腰、汗衫、夹裤各一件以及一定数量的布匹。在《俄藏黑水城文献》相关文书的记载中，可以看出，这些物品常进行折值，常物物相折。诸如黑水城文书中的宋高宗建炎元年（1127）《保安军牒第七将为纽折招军例物事》中有“所有□□招军物例，乞下所属支给施行。当军□军资库勘会得并无见在例物。及官□库于事报人衣物内，纽折招军例物。□去后回据状申，今纽折得下项衣赐，可以折支招军例物。伍分需得行这招军例物，伍分除木绵支给本色外，合用细䌷。绢伍匹壹丈，䌷肆丈。”② 黑水城文书中，还记载了几名士兵例物折值的规定，士兵获得的头巾与麻鞋多折为布绢发放（见表 6-1）：

表 6-1　士兵参军例物折值表③

姓名	佚名	畅进	康义	刑远
折前例物	皂纱头巾一顶	皂纱头巾一顶	皂纱头巾一顶	麻鞋一领
折后例物	折绢三尺	折绢三尺	折绢三赤（尺）	折䌷五尺
折前例物	䌷五尺 丝麻鞋一量	䌷五尺 丝麻鞋一量	䌷五尺 丝麻鞋一量	
折后例物	折到布一复条折捌尺	折到布二丈二尺	折到布三丈二尺	

① 《长编》卷三一三，元丰四年六月条，第 7584 页。

② 《俄藏黑水城所出〈宋西北边境军政文书〉整理与研究》，第 197—198 页。

③ 《俄藏黑水城所出〈宋西北边境军政文书〉整理与研究》，第 254—257 页。

除正常招募外，宋代还存在二次招募士兵的情况，士兵因各种原因离开军队后，宋政府会再次招募他们，这些士兵可以获得两次入募之财。二次招募一般都出现在特殊的时代背景下，多是那些在战乱中逃散的宋兵，地方官员为了避免军事人力的流失而出资将这些士兵收募，诸如《开禧德安守城录》中所记载的“时枣阳溃卒无所底止，公议招之，以助守……便宜发经总制钱，遣使谕之，得二千一百一十人，皆踊跃愿从”。此外，在南宋初期，宋政府为了统一兵权，在把其他地方军队招募至神武等中央军队时，也常对这些士兵颁发钱物，如宋高宗绍兴四年（1134），下诏“以其军（神武左副军）万五千人属神武右军都统制张俊，寻以钱万五千缗、绢万匹赐之”[①]。

（二）军俸钱物

士民被招募充军后，宋政府即按月颁发俸钱，在士兵出戍时，宋政府将他们的俸禄分成两份发放，“军身出戍，老小在家，生券家粮官给两分”[②]，以此维系士兵在营家庭的生存。士兵获得的俸钱根据他们所处的军种不同而不同。《宋代·兵志》中记载：“诸班直自五千至七百，诸军（禁军）自一千至三百，凡五等；厢兵校阅者，有月俸钱五百至三百，凡三等，下者给酱菜钱或食盐而已。”[③] 其中班直俸钱七百至五千，上禁军俸钱一贯，中禁军俸钱七百文或五百文，下禁军俸钱三百文、四百文、五百文；厢兵与班直士兵月俸最高者之间相差有五贯钱之多，最下者仅可得酱菜钱或食盐，可见不同军种之间士兵收入的差距很大。也有部

---

① 《要录》卷七五，绍兴四年夏四月条，第1238页。

② 李曾伯：《可斋杂稿》卷一九。

③ 《宋史》卷一九四《兵八》，第4841页。

分厢军劳役士兵收入较多，如汉阳监役卒“月有廪给，供赡颇厚，非厢、禁军比也”①，铺兵“旧日，每人日支食钱二百省”，后“每人减作一百文省，自余铺每人减作七十文省”②。官员的亲兵待遇比普通士兵丰厚，如“（黄）潜善、（汪）伯彦别置亲兵一千人，请给居处优于众兵”③。收入的不同自然会导致不同军种士兵的生活状态不同，如北宋时，班直与上禁军常驻开封，他们“安居乐业”④，但诸如下禁军、厢军等军种则生活窘迫。

南宋时由于士兵编制种类增多，这类兵种之间的收入差距更加明显。南宋官员华岳对这种军兵间的收入差距曾做过对比，他指出：

诸军之效用、马校则日请钱三百、米三升，至诸军之吐浑、威雄，则月请钱三千、米一石五升耳；新招之敢死，则日请钱三百、米三升，诸路之将兵，月请米一石五斗或一石八斗、盐一斤半或钱三百耳；安抚司之强勇日请钱三百、米三升，至安抚司之亲兵，则请于诸州之禁军相为上下耳；两淮之弓弩手则岁免田租三百亩，已及一千余缗，忠义军、民兵令自备钱粮器甲；诸军新招之弩手则日请钱三百、米三升，而诸将之弩手则月请一石八斗、钱三百而已；诸军新招之水手则日请钱三百、米三升，而沿江淮之水军水手则自种自食而已；诸州军之厢军、牢城月请石五，衣赐在外，买工坐食。⑤

---

① 黄干：《勉斋集》卷二四《汉阳条奏便民五事之四领监卒》，文渊阁四库全书影印本。

② 《宋会要》方舆十一之十，第7505页。

③ 《历代名臣奏议》卷一八二，第2986页。

④ 《宋史》卷一九四《兵八》，第4835页。

⑤ 《翠微先生北征录》卷一《再上皇帝书续·恩威》，文渊阁四库全书影印本。

由此可见，即使是同一兵种因为编制不同，他们获得的收入也不同。这种收入的差距对从军的士兵造成很大影响，“俸钱给不多，悔离禁卫班。妻子号寒饥，语下嗟间关”[①] 的诗句就形象地描绘了一名士兵因军种调换而导致其经济收入发生变化。

除俸钱外，士兵从军时所需要的口粮与衣物也需宋政府供给，“屯兵便须给食”，“招到一军，即有一军之费，如衣装等下券食，皆不可阙也”[②]，宋代“自班直而下，将士月给粮，率称是为差；春冬赐衣，有绢绵，或加细布、缗钱”[③]。其中宋朝士兵的粮食供给标准通常为“人日食二升”[④]。在士兵出戍的行程中，每日特给口食，如宋哲宗元祐元年（1086）正月，诏“诸军差出者，每日特给口食，将校三升，兵给二升。”[⑤] 但在某些情况下，宋代士兵并不能足额足质地得到军粮，在军粮发放的过程中“多有减克”[⑥]，在军粮质量上，也常出现“诸军班所给粮多陈腐”[⑦]，“支散不时，又多粗恶”[⑧] 的情况。宋政府在向士兵发放粮衣时按先州县后边远地方的顺序，“州县类先支在州军兵，至递铺例不以时，遂使饥寒困厄”[⑨]。

至于军衣，前文中提到士兵在入伍时，宋政府会发放布料或

① ［宋］董嗣杲：《庐山集》卷二《赠接泥渡下李巡检》，文渊阁四库全书影印本。

② ［宋］曾伯：《可斋杂稿》续稿后卷卷八《回奏宣谕》。

③ 《宋史》卷一九四《兵八》，第 4841 页。

④ ［宋］沈括：《梦溪笔谈》卷十一，上海书店出版社 2003 年版，第 100 页。

⑤ 《长编》卷三六四，元祐元年正月庚子条，第 8707 页。

⑥ 《宋会要》食货五四之五，第 5740 页。

⑦ 《宋会要》食货六二之十，第 5953 页。

⑧ 《宋会要》食货五四之六，第 5740 页。

⑨ 《宋会要》方舆十一之六，第 7503 页。

军装，此后士兵也能定期得到春冬之衣，但军衣也会出现发放不及时的情况，这些延发军衣的士兵就只能面临“例皆赤露，并无衣装”① 的凄惨生活。在《黑水城文书》中就记载了一名士兵因出戍而导致冬装发放不及时，他的妻子向当地官员请求尽快为他发放：“曹进等今年冬衣赐，并不曾请领，念夫男曹进今应副从军使唤，［今］已是秋寒，并各赤露”②。此外，若士兵因征战导致身体残疾而不再符合从军条件时，则“给衣粮之半终其身”，若不愿继续从军，宋政府一次性给予“钱三十千听自便。”③ 相当于一名中禁军五年的月俸。

宋代还有减扣士兵军俸制度，以汀州为例，规定：“禁军及厢寨铺兵等，新刺者月粮支小分或半分，衣赐以分数给，始小分三分之一，至大分四分之一，逐次循上，率三数载始得全分。”④ 这项不公平的军俸制度对于入伍新兵而言，给他们的生活带来的负面影响不言而喻。

宋代乡兵也可得到宋政府定期发放的收入，但由于宋代乡兵种类众多，因为地域的不同，军俸发放的情况也各不相同。总体而言，其应略低于宋代募兵的军俸，出现“陕西蕃落弓箭手，贪召募钱物，利月入粮俸，多就鲸刺，混为营兵”⑤ 的情况。这类士兵的收入多种多样，既有按月发放钱物的，如“计人日支钱三百文、米三升，约一岁当用二十五万缗赏犒”⑥，也有宋政府减免

---

① 《宋会要》食货六二之六十，第 5978 页。
② 《俄藏黑水城所出〈宋西北边境军政文书〉整理与研究》，第 172 页。
③ 《长编》卷一三三，庆历元年五月条，第 3164 页。
④ 《永乐大典》卷一五六四《临汀志》。
⑤ 《长编》卷一三八，庆历二年十月条，第 3318 页。
⑥ 《宋会要》兵一之二九，第 6768 页。

士兵家庭赋税的措施，“募药箭弩手白芳子弟随军，其所贷钱粮悉蠲之”①，按华岳所言“岁免田租三百亩，已及一千余缗”，则减免税粮大体相当于拥有一亩地可收入三缗钱。下表（见表 6-2）为根据《宋史·兵志》中乡兵的月俸所制。

表 6-2　宋代乡兵月俸表

军种	待遇
陕西保毅	上番人月给米六
环庆寨户、强人弓手	廪给视中禁军
河北忠顺	人给粮二升
河北、陕西强人	上番防守，月给俸廪
河北、河东强壮	胜甲者蠲其户役，官给铠甲
河东、陕西弓箭手	人给田二顷，出甲士一人，及三顷者出战马一匹。自备弓马
河北、河东、陕西义勇	户三等以上置弩一，当税钱二千；三等以下官给。各营于其州，岁分两番训练，上番给奉廪，犯罪断比厢军，下番比强壮。召集防守，日给米二升，月给酱菜钱三百
麟州义军	免其租税
荆湖义军土丁、弩手	上番人给口粮，有功迁补
夔州路义军土丁、壮丁	月给衣粮，犒赐有差，有功者以次迁
陕西护塞	无事放营农，月给盐茗。有警召集防守，即廪给之
川峡土丁	自备土丁子弟在本家地分防拓之人，更无廪给酬赏

① 《长编》卷一六六，仁宗皇祐元年六月乙丑条，第 4001 页。

续表

军种	待遇
荆湖路义军土丁、弩手	上番人给口粮，有功迁补；自都副指挥使岁给绵袍、月给食钱，指挥使给食钱
义军土丁、壮丁	职级已上，冬赐绵袍，月给食盐、米麦、铁钱；其次紫绫绵袍，月给盐米；其次月给米盐而已。有功者以次迁
广南东路枪手	三等已上免身役，四等以下免户役，岁以十月一日集县阅教
福建路枪仗手	依弓手法赏之。听自置兵械寄于官

从上表中可以看出，宋代各类征兵皆有一定的收入，但收入不等，其中环庆寨户、强人弓手，月俸与中禁军相等，而河北忠顺则仅为人给粮二升，甚至某些乡兵还需自备兵器花费家中钱财。至于那些减免赋役的收入则需根据不同地区的劳役强度进行判断，收入多少均不等。有些兵种，士兵之间的收入则亦有细致之分，如邕州洞丁便依据其武艺分为三等，上等免差役，中等改为科配，下等则不但需服兵役，还无任何收入。①

除以上固定收入外，宋代三年举行一次郊祭大礼，这时宋政府也会给宋朝士兵发放郊赏，但这一收入却仅三年才可获得一次，时段周期性较长。

---

① 《永乐大典》卷八五〇六《邕州志》。

二、宋代士兵的非固定收入

（一）士兵从军中所得雇募之费

宋代士兵的生活除日常训练、作战外，包括禁军在内的士兵还需要承担本军种本职之外的各类社会劳役工作。宋政府有时会采取通过颁发钱物从军队中招募士兵的做法，这些钱物也成为士兵的一个非固定的收入来源。南宋人朱胜非言："今日之兵，既令执兵，又令服田，终岁勤劳，所得如故，有未可者。"① 在他看来，士兵每从事一项工作，就理应获得各自相应的报酬，可是在当时，士兵"既执兵，又服田"，最终却只得到一份收入，朱胜非感觉不公平，认为这些士兵理应得到比之前更多的收入。

宋太祖乾德元年（963）四月，因完成"凿池于朱明门外"工程的需要，"出内府钱，募诸军子弟数千人"②。此后此类事件亦多出现，诸如宋仁宗康定元年（1040），周美"遂募禁兵筑万安城而还"③，又如宋仁宗庆历三年（1043），王尧臣上疏言，陕西一带应加强修葺要害城寨，建议宋仁宗"若无丁夫可役处，许以省钱给带甲兵士，令番筑之"④。宋神宗元丰三年（1080），荆湖南路安抚司请求"依湖北沅州例，募禁军同丁夫建筑邵州溪峒城寨"⑤，又如元丰五年（1082），鄜延路"山城逼山受敌，有古城基并古壕限，权本路第三将米赟和募禁兵兴筑，凡七日功

① 《要录》卷七九，绍兴四年八月辛巳条，第 1292 页。
② 《长编》卷四，太祖乾德元年四月庚寅条，第 89 页。
③ 《长编》卷一二八，康定元年七月条，第 3037 页。
④ 《长编》卷一三九，庆历三年正月条，第 3341 页。
⑤ 《长编》卷三一〇，元丰三年十一月甲午条，第 7513 页。

毕”①，米赟还因此受到减磨勘三年奖励。宋哲宗元符元年（1098），秦凤路雇当地保甲修城。② 史料中并未记载每名所能获得此类招募之费的具体金额，但从诸如熙宁七年（1074），知沅州谢麟上奏言“本州屯田务无军士应募，乞依配罪人河州法配本州牢城”③ 的记载中可看出，大多士兵并不愿赚取此类应募劳役之钱，由此推断这一金额与士兵在劳役中所付出的劳动并不成正比。

此外，士兵在被选调出征捕盗时，也能得到额外的招募之钱财，如元丰八年（1085）宋哲宗遣鄜延路第一副将李浦抽调士兵捉拿当地盗贼时，命他“募胆勇兵员三五百人……兵级人给钱一千”④。

（二）军赏与抚恤收入

宋政府为了激励士兵斗志，在战争胜利后，通常会根据士兵在战争中的功绩给他们发放军赏，宋仁宗天圣三年（1025），“赐泾原路、环庆路曾经战守诸军缗钱有差。”⑤ 服劳役的士兵在劳役结束后，也可得到一定赏钱，天禧五年（1021），“泾原路驻泊都监王怀信言镇戎军界浚濠、筑堡寨功毕，诏赐将士缗钱有差”⑥。对于阵亡的士兵，宋政府会对其家人发放钱粮以为抚恤，如宋太宗雍熙四年（987），“赐北征军士阵亡者家三月粮”⑦。北宋末，

① 《长编》卷三三一，元丰五年十一月丙戌条，第 7971 页。
② 《长编》卷五〇三，元符元年十月丙子条，第 11970 页。
③ 《长编》卷二五八，熙宁七年十一月乙酉条，第 6303 页。
④ 《长编》卷三五五，元丰八年四月丁亥条。
⑤ 《长编》卷一〇三，天圣三年正月丙辰条，第 2386 页。
⑥ 《长编》卷九七，天禧五年正月庚辰条，第 2250 页。
⑦ 《宋史》卷四《宋太宗一》，第 79 页。

各处士兵前往开封勤王，“诸路勤王兵还营日，令所在人赐钱三千”[①]。士兵出戍也可获得一定出戍费用，宋真宗大中祥符七年（1014）八月规定屯驻、驻泊于岭表的禁军“得替日，各支出岭盘缠钱。”[②]

宋代军赏范围逐渐扩大，由颁发战争胜利性质的军赏，逐渐扩大至多种情况。诸如宋太宗太平兴国年间向出戍士兵发放银鞋钱[③]，宋真宗景德元年（1004），“赐峡路诸州军戍卒钱有差”[④]，又如南宋高宗时，“神武中军春大阅，诏户部赐钱万，缗充激犒”。对于身患疾病的士兵，宋政府也常给予他们一定的治病之费用，如宋高宗时，诏：“沿江诸军疾病者，令所在州赐钱，人一千，扈卫及殿前司神武中军令户部支给。”[⑤]

皇帝在视察军营或其他地区时，有时也多向所在地的士兵赏赐钱物，如宋太祖开宝六年（973）七月，“幸铁骑营，赐军士钱及羊酒有差”[⑥]。宋太宗太平兴国二年（977）十一月，“幸新修御龙弓箭直，赐军士钱帛”[⑦]。宋真宗景德二年（1004）三月，“幸军器内弓箭库，赐官吏、兵健绵帛有差”[⑧]。景德二年（1005）五月一日、三年（1006）五月四日、大中祥符二年（1009）五月六日；四年五月四日，宋真宗分别“观刈麦秧稻，赐役卒衣服缗

---

① 《要录》卷五，建炎元年五月乙巳条，第 131 页。
② 《宋会要》兵五之三。
③ 《宋史》卷一九四《兵八》，第 4898 页。
④ 《长编》卷五六，景德元年正月乙未条，第 1126 页。
⑤ 《要录》卷八四，绍兴五年正月戊辰条，第 1383 页。
⑥ 《宋会要》礼五二之二，第 1554 页。
⑦ 《宋会要》礼五二之三，第 1555 页。
⑧ 《宋会要》礼五二之五，第 1556 页。

钱”[①]。宋仁宗天圣三年（1025）赐“刈麦穗兵士等缗钱”[②]，同年八月，“幸瑞圣园观稼亭观刈粟，赐垦田兵士钱有差”[③]。

向皇帝献艺表演的士兵如果表演精彩也可获得赏赐。宋真宗咸平三年（1000）五月至金明池水心殿观赏水嬉与竞渡，特赐“善游军士及诸献技者赐物有差”[④]。宋仁宗天圣八年（1030）四月三日，前往金明池水心亭观水戏“赐军士缗帛”[⑤]。

皇帝检阅士兵武艺时，如果士兵表现优秀也可得到赏赐。如宋高宗绍兴十四年（1144）七月，“阅试殿前马步诸军将士，艺精者锡赉有差”[⑥]。

宋代发放赏赐钱物时，对于那些士兵出戍在外的家庭，将所赏钱物分为两份发放，一半发给士兵，另外一半发给住营家属。宋真宗大中祥符五年（1012），“赐诸班直、诸军及剩员薪炭有差，军士外戍，家属在营者半之”[⑦]。住营家属也常能得到宋政府的抚恤，宋仁宗康定元年（1040），诏“诸军戍边，其在营家属，并给以茶盐”[⑧]。又如宋孝宗隆兴元年（1163），诏令“淮东西、湖广总领所将镇江、建康、江州、鄂州、荆南等处见今差出屯戍官兵、在寨老小的实数目，依例支给犒设，使臣一贯文，军兵七百文”[⑨]。如果出戍的丈夫在前线立有战功，他们的住营妻子也会

---

① 《宋会要》礼五二之五，第1556页。
② 《宋会要》礼五二之七，第1557页。
③ 《宋会要》礼五二之七，第1557页。
④ 《宋会要》礼五二之五，第1556页。
⑤ 《宋会要》礼五二之七，第1557页。
⑥ 《要录》卷一五二，绍兴十四年七月甲子条，第2456页。
⑦ 《长编》卷七九，宋真宗大中祥符五年十二月丙寅条，第1807页。
⑧ 《长编》卷一二八，宋仁宗康定元年七月丁巳条，第3025页。
⑨ 《宋会要》兵五之二十，第6849页。

因此得到朝廷赏赐的钱物，如宋神宗元丰四年（1081），种谔率军攻取西夏米脂寨后，沈括建议宋神宗应奖励士卒之忠勇，宋神宗遂下诏“除九月辛亥当战汉蕃军士朝廷已有恩赏外，本路住营家属，可因告谕之际，以经略司封桩钱办牛酒，均行庆犒”①。

宋政府发放的军赏和抚恤在时间上具有很大的不固定性。下以北宋宋神宗熙宁三年（1070）至元丰二年（1079），十年间《续资治通鉴长编》中记载的军赏情况和宋理宗在位期间《宋史全文》中记载的军赏，制为下列二表（见表 6-3，6-4），作为对比。②

表 6-3　宋神宗熙宁三年至元丰二年士兵军赏表

时间	受赏地域	受赏原因	赏物	出处
熙宁三年四月	黄河河段	修河道	缗钱有差	《长编》卷二一〇，熙宁三年四月丙戌条，第 5115 页
熙宁三年八月	京西路济州等处	检阅军阵	蕃排兵十人、教头二人、枪刀手斗击刺十人并迁一级，余赐帛有差	《长编》卷二一四，熙宁三年八月丙戌条，第 5226 页

① 《长编》卷三一七，宋神宗元丰四年十月月戊午条，第 7660 页。

② 虽然以宋神宗在位时期的十年与理宗在位时期的三十八年对比，二者时段不同。但是选择这两个时段进行对比，是因为宋神宗时期为北宋军事战争、土木工程较为集中的时期之一，且历史记载较为丰富连续，可以较全面地展现这一时期士兵所获得的军赏收入情况。宋理宗在位时期同为南宋军事战争、劳役现象较为集中的时期，且记载较为连续。

续表 1

时间	受赏地域	受赏原因	赏物	出处
熙宁三年九月	开封	检阅军阵	各迁一级	《长编》卷二一五，熙宁三年九月条，第 5240 页
熙宁四年三月	河东路麟州	兵众暴露日久	各赐特支钱有差	《长编》卷二二一，熙宁四年三月条，第 5379 页
熙宁六年四月	京西南路唐州	修渠	特支钱有差	《长编》卷二四五，熙宁六年四月条，第 5952 页
熙宁六年四月	成都府路泸州、淯井监宁远寨	作战	特支钱有差	《长编》卷二四五，熙宁六年四月条，第 5952 页
熙宁六年五月	熙河路河州	修城	作袄	《长编》卷二四五，熙宁六年五月条，第 5961 页
熙宁六年七月	熙河路河州	作战	特支钱有差	《长编》卷二四六，熙宁六年七月条，第 5967 页
熙宁六年九月	熙河路岷州、洮州	收复岷、洮等州	特支钱	《长编》卷二四七，熙宁六年九月条，第 6021 页
熙宁六年九月	熙河路河州	劳役艰苦	禁军人给绢一匹，弓箭手、厢兵人给钱千	《长编》卷二四七，熙宁六年九月条，第 6031 页
熙宁六年十一月	荆湖北路辰州南江军	作战	赐特支钱有差	《长编》卷二四八，熙宁六年十一月条，第 6041 页
熙宁六年十一月	熙河路河州功赏	作战	获一级加赐绢五匹	《长编》卷二四八，熙宁六年十一月条，第 6044 页
熙宁七年一月	河北东路	训练	赐钱共十五万缗	《长编》卷二四九，熙宁七年一月条，第 6061 页
熙宁七年三月	熙河路岷州	修城	特支钱有差	《长编》卷二五二，熙宁七年三月条，第 6076 页

续表 **2**

时间	受赏地域	受赏原因	赏物	出处
熙宁七年四月	熙河路	作战	特支钱有差	《长编》卷二五四，熙宁七年四月条，第 6109 页
熙宁七年四月	成都府路泸州	作战	赐军名“忠胜义军”；人赐钱三千，有功者别议赏	《长编》卷二五四，熙宁七年四月条，第 6174 页
熙宁七年六月	熙河路洮州	作战	特支钱有差	《长编》卷二五四，熙宁七年六月条，第 6109 页
熙宁七年六月	熙河路岷州	修城毕工	特支钱：禁军五百，厢军、弓箭手、蕃兵、义勇三百	《长编》卷二五四，熙宁七年六月条，第 6225 页
熙宁八年闰四月	开封	修建三司完毕	银绢有差	《长编》卷二六三，熙宁八年闰四月条，第 6213 页
熙宁八年五月	熙河路	作战受伤	军士斗敌伤重，迁一资；不愿者，赐绢二十匹；伤轻，十匹	《长编》卷二六四，熙宁八年五月条，第 6462 页
熙宁八年十月	熙河路讲珠城	作战	特支钱有差	《长编》卷二六七，熙宁八年十月条，第 6547 页
熙宁八年十月	河东路	参与分画宋辽地界	特支钱有差	《长编》卷二六九，熙宁八年十月条，第 6563 页
熙宁九年正月	广南西路邕州	作战	获首级及别有功之人以赏，余优与支赐	《长编》卷二七二，熙宁九年正月条，第 6656 页
熙宁九年正月	成都府路茂州	作战	特支钱	《长编》卷二七七，熙宁九年正月条，第 6661 页
熙宁九年七月	广南西路	作战	赐衣袄	《长编》卷二七七，熙宁九年七月条，第 6665 页

续表 **3**

时间	受赏地域	受赏原因	赏物	出处
熙宁九年十月	广南西路崇明门至邕州的马递急脚铺	传递军情	特支钱	《长编》卷二七八，熙宁九年十月条，第 6716 页
熙宁十年三月	熙河路	军功	战殁者赐绢，免夏秋税支移、折变	《长编》卷二八四，熙宁十年三月条，第 6892 页
熙宁十年十月	京西北路滑州胙城县韩村	决河	特支钱	《长编》卷二八四，熙宁十年十月条，第 6946 页
熙宁十年十月	京西北路荥泽县	治河	特支钱	《长编》卷二八四，熙宁十年十月条，第 6954 页
熙宁十年十一月	河北东路、西路	修城	特支钱有差	《长编》卷二八四，熙宁十年十一月条，第 6989 页
元丰元年四月	京东路濮州、齐州、郓州、徐州	治水	钱三千	《长编》卷二八九，元丰元年四月条，第 7072—7073 页
元丰元年四月	荆湖北路	战功	特支钱有差	《长编》卷二八九，元丰元年四月条，第 7075 页
元丰元年四月	黄河	治河	特支钱有差	《长编》卷二九〇，元丰元年六月条，第 7075 页
元丰元年六月	河北路灵平埽	劳役	特支钱有差	《长编》卷二九〇，元丰元年六月条，第 7089 页
元丰元年六月	京西路	战死或受伤	遭劫贼杀死，可检例与存恤，并勘会诸捕盗并救助之人轻重伤，依条支赐	《长编》卷二九〇，元丰元年六月条，第 7104 页

续表 4

时间	受赏地域	受赏原因	赏物	出处
元丰元年八月	成都府路泸州	作战	特支钱	《长编》卷二九三，元丰元年八月己酉条，第 6775 页
元丰元年八月	开封	训练	银碗楪有差	《长编》卷二九三，元丰元年十一月条，第 7149 页
元丰元年十一月	荆湖北路	作战	各赐特支钱，诸效用人比类给之	《长编》卷二九四，元丰二年三月甲申条，第 7165 页
元丰二年三月	荆湖北路辰州	作战	特支钱	《长编》卷二九七，元丰二年三月条，第 7217 页
元丰二年三月	黄河南岸	治河	特支钱	《长编》卷二九七，元丰二年五月条，第 7227 页
元丰二年五月	淮南路运河	浚运河	兵匠赐绢	《长编》卷二九八，元丰二年五月辛丑条，第 7242 页
元丰二年十一月	广南西路顺州	出戍顺州，瘴没者众	缗钱	《长编》卷三〇一，元丰二年十一月壬寅条，第 7327 页

下表统计了宋理宗在位时期对士兵的军赏情况以与北宋军赏做一比较：

表 6-4　宋理宗时期士兵军赏表

时间	士兵受赏事件	出处
宝庆元年二月	出丰储仓米七万五千石赈临安贫民，马步军诸班直、皇城司守卫官兵给犒有差	《宋史全文》卷三一，宝庆元年二月戊午条，第 2620 页
宝庆二年十二月	以亲飨给犒军士	《宋史全文》卷三一，宝庆二年十二月庚子条，第 2635 页
绍定四年五月	给诸军口累重大钱，诏支犒殿、步司讨捕闽寇凯还军兵有差，阵亡者厚给其家	《宋史全文》卷三二，绍定四年五月癸未条，第 2667 页
绍定四年十二月	给诸军薪炭钱，出戍官兵倍之	《宋史全文》卷三二，绍定四年十二月己卯条，第 2670 页
绍定五年十一月	雪，给诸军雪寒钱，出戍军兵倍之	《宋史全文》卷三二，绍定五年十一月戊午，第 2673 页
绍定六年四月	诏："今岁明堂大礼，令有司惟事神仪物、诸军赏给悉循旧制，其乘舆服御、中外用度，并从省约。有司条具以闻。"	《宋史全文》卷三二，绍定六年四月壬午条，第 2676 页
绍定六年十月	诏给诸军寒雪钱，出戍官兵倍之	《宋史全文》卷三二，绍定六年十月戊子条，第 2679 页
绍定六年十二月	给诸军薪炭钱	《宋史全文》卷三二，绍定六年十二月甲申条，第 2682 页
端平元年五月	给诸军口累重大钱	《宋史全文》卷三二，端平元年五月戊寅条，第 2687 页
淳祐二年十一月	先给诸军雪寒钱，出戍者倍之	《宋史全文》卷三三，淳祐二年十一月甲辰条，第 2752 页
淳祐三年十二月	以严寒，再给诸军薪炭钱	《宋史全文》卷三三，淳祐三年十二月丙申条，第 2756 页
淳祐四年十一月	以祷雪，出封桩库十八界楮币二十万赈临安细民，犒三衙诸军亦如之	《宋史全文》卷三三，淳祐四年十一月戊午条，第 2766 页

续表 **1**

时间	士兵受赏事件	出处
淳祐四年十一月	以雪寒，给诸军钱，出戍者倍之	《宋史全文》卷三三，淳祐四年十一月辛酉条，第 2767 页
淳祐五年三月	出十七界楮币百万下淮东，犒水陆战守诸军	《宋史全文》卷三四，淳祐五年三月甲辰条，第 2777 页
淳祐五年七月	出封桩库十八界楮币二十万赈临安细民给散，三衙、诸军亦如之	《宋史全文》卷三四，淳祐五年七月乙巳条，第 2779 页
淳祐六年二月	蠲大理寺、三衙、临安府并属县点检赡军酒库所赃赏钱，以雪寒，出封桩库十八界楮币十万给三衙、诸军	《宋史全文》卷三四，淳祐六年二月壬申条，第 2782 页
淳祐八年十二月	诏以隆冬严寒，军人不易，出封桩库十八界官楮二十万，令三衙赈之	《宋史全文》卷三四，淳祐八年十二月辛巳条，第 2796 页
淳祐十一年四月	诏赐殿前司十七界会子十万贯、绢千匹，步军司五万贯、绢五百匹，令桩留济给贫乏及累重官兵	《宋史全文》卷三四，淳祐十一年四月壬辰条，第 2806 页
淳祐十一年五月	诏出封桩库十八界会子十万贯给诸军	《宋史全文》卷三四，淳祐十一年五月辛巳条，第 2807 页
淳祐十二年十一月	以隆寒，出封桩库十八界会子二十万赈三衙诸军，其出戍官兵之家倍支	《宋史全文》卷三四，淳祐十二年十一月壬寅条，第 2818 页
宝祐三年五月	以久雨……上谕辅臣："修筑江岸，军兵不易。闻补工值，雨多不给食，可令特支。"	《宋史全文》卷三五，宝祐三年五月丙午条，第 2842 页
宝祐四年二月	出封桩库楮币二十万，令殿、步、马司给犒，其大理寺、三衙、临安府属县、诸酒库所见监赃赏钱悉蠲之	《宋史全文》卷三五，宝祐四年二月甲戌条，第 2847 页
宝祐五年六月	出封桩库十八界楮币二十万贯赈都民，三衙、诸军亦如之	《宋史全文》卷三五，宝祐五年六月癸卯条，第 2859 页
宝祐五年九月	以久雨，出封桩库十八界楮币二十万赈都民，三衙、诸军亦如之	《宋史全文》卷三五，宝祐五年九月壬子条，第 2861 页

续表 **2**

时间	士兵受赏事件	出处
宝祐六年三月	诏出封桩库十八界楮币二十万赈三衙诸军	《宋史全文》卷三五，宝祐六年三月庚申条，第 2866 页
宝祐六年九月	诏出榷货务楮币一百万赈三衙、诸军	《宋史全文》卷三五，宝祐六年九月己巳条，第 2868 页
开庆元年正月	都省言："戍蜀官兵频年战御，酷暑隆冬，暴露可悯，合与更戍。今正当捍御之时。"诏蒲择之加抚重犒，候防春毕日更替	《宋史全文》卷三六，开庆元年正月辛亥条，第 2879 页
开庆元年正月	以雪寒，出封桩库十八界楮币二十万赈三衙诸军	《宋史全文》卷三六，开庆元年正月癸亥条，第 2880 页
开庆元年正月	上曰："海道戍兵雪寒可念，与在城寨者不同。可量与给犒一次。"	《宋史全文》卷三六，开庆元年正月丙寅条，第 2880 页
开庆元年正月	上曰："中外之兵皆贫，蜀兵尤甚。驱饿卒而婴强敌，其不误事者几希。"大全奏："旧岁行下蜀阃增支口券，正为此也。"	《宋史全文》卷三六，开庆元年正月辛未条，第 2880 页
景定元年正月	诏："鄂州战守将帅以至士卒特赐十七界楮币三千万，令宣司第功给犒。吕文德援蜀之赏未足酬功，令援鄂之勋尤为显著，特赐百万，良田万顷	《宋史全文》卷三六，景定元年正月己酉条，第 2889 页
景定二年正月	以雪寒，出封桩库十八界楮币三十万赈都民，三衙、诸军亦如之	《宋史全文》卷三六，景定二年正月庚辰条，第 2990 页
景定二年六月	诏出榷货务十八界楮币五万赈三衙诸军	《宋史全文》卷三六，景定二年八月癸巳条，第 2905 页
景定二年八月	以久雨，出封桩库楮二十万赈三衙诸军，发丰储仓米口石济都民	《宋史全文》卷三六，景定二年八月癸巳条，第 2905 页
景定二年十月	诏："物价未平，出封桩库楮币二十万赈三衙诸军，出丰储仓米五万石赈都民。"	《宋史全文》卷三六，景定二年十月戊戌条，第 2906 页

续表 3

时间	士兵受赏事件	出处
景定三年十二月	诏瑞雪应时，出封桩库十八界楮币四十万赈都民、三衙、诸军	《宋史全文》卷三六，景定三年十二月乙卯条，第 2914 页
景定三年十二月	戊辰，诏雪寒，再给诸军薪炭钱	《宋史全文》卷三六，景定三年十二月戊辰条，第 2914 页
景定四年正月	都省言："四川驻戍诸军守御良劳，合议优恤。"诏令制副给赐衣装、布匹有差。	《宋史全文》卷三六，景定四年正月戊子条，第 2914 页
景定五年七月	诏出封桩库十八界会二十万赈都民，三衙、诸军亦如之，内司宿卫应奉人并特给犒一次，以示优恤	《宋史全文》卷三六，景定五年七月丁丑条，第 2918 页
景定五年十月	诏："物贵原于楮轻，楮轻原于楮多。今以见钱关子复中兴旧法，每百七十七足陌，以一准十八楮三千，革钱楮亏折之弊。其官吏、诸军券，请并以见钱关于全给。"	《宋史全文》卷三六，景定五年十月乙丑条，第 2920 页
景定五年十月	诏出封桩库钱关二十万赈都民，诸军亦如之	《宋史全文》卷三六，景定五年十月乙丑条，第 2920 页

从宋神宗熙宁三年（1070）至元丰二年（1079）的十年中对士兵发放军赏与抚恤钱财的情况可以看出，这一收入是一个非定时、非固定地点的变量，十年间宋政府共向士兵发放钱物四十二次，约合一年四次，大体为三个月颁发军赏一次。其中熙河路十二次，京西路共五次，荆湖北路四次，河北西路、东路共四次，成都府路四次，广南西路四次，开封府三次，河东路两次，京东路一次，淮南路一次。熙河路因在这一时段战事密集，士兵受军赏次数最多，共十二次。其他地区的士兵得到此类钱物的原因也

多出于战争或劳役原因。如果某地区驻军没有此类事件的发生，则很难得到军赏与抚恤钱财的发放。

在宋理宗在位时期的三十八年间共军赏四十三次，约一年一次。这一时段士兵因战争受赏的事例较少，仅有三例，并且没有了对士兵劳役之苦而发的军赏。多是宋政府因士兵遭遇恶劣天气而发放的抚恤钱物，或因士兵贫困赐他们钱财。其中有记载军赏钱物颁发较多的年份，诸如绍定六年（1233）三次，宝祐五年（1257）四次，开庆元年（1259）四次，景定二年（1261）四次，皆因当年有恶劣的自然天气而发的赏赐。绍定六年的三次军赏中有两次军赏是因雪寒而发，宝祐五年（1257）的四次军赏中有三次因水雪之灾而发，开庆元年的四次军赏中有两次因雪寒而发，景定二年（1261）的四次军赏中有两次因雨雪之灾而发。

对比以上截取的两个时间段，南宋理宗时期的军赏发放与北宋对比，二者各有侧重，北宋时注重对士兵参加战争、劳役之事的赏赐发放，南宋时侧重对士兵遭遇各类恶劣自然天气和贫困发放钱财。南宋理宗时的钱物发放虽然频率有所下降，但是得到钱物的军兵范围要较北宋神宗时较广。这也从侧面反映出了宋理宗时士兵收入的下降，宋政府只得以军赏或抚恤的形式对他们补贴。

士兵所获得赏赐包括钱、物两种，多以特支钱之名发放，且因军种不同而有差别。如宋哲宗元祐四年（1089）向出征中露天而居的士兵发放抚恤钱财，规定钱财数量“比类厢军例”①，可见不同士兵得到抚恤收入的多寡是不同的。在宋神宗熙宁七年

① 《长编》卷四二一，元祐四年辛丑条，第 10207 页。

（1074）二月，“岷州修城毕工，赐诸军特支钱，禁军五百，厢军、弓箭手、蕃兵、义勇三百。改岷州缘边安抚使司为洮东安抚司。”① 中可以看出，禁军士兵获得了赏钱五百文，而厢军等兵种之获得了三百文。由于上禁军常驻京城一般不出外战、役，所以此处的禁军应为中、下禁军，他们获得的赏钱与其一个月的俸钱大抵相等，由此可见宋代士兵的赏钱应与月俸相同，且是非常量的一笔收入。但是士兵并不能经常性地获得赏钱，更有部分士兵可能终身没有机会获得赏钱，故宋政府发放的赏赐钱物对于士兵而言，并不能给他们带来丰盈的生活收入。

军赏收入有时也不能如数发放给应得的士兵，如“淮西以麾下将领，有欺隐军人之券；淮东以幕中参佐，有妄冒将士之赏”② 之事在宋代常有发生。宋高宗绍兴三十一年（1161），湖北京西制置使成闵率军前往建康，“士卒多道死，朝廷所给犒师物奄归己，不及士卒”③。此外，地方政府还面临着自身财政困难的窘境，如宋哲宗元符三年（1100）曾“降赦书优赏诸军将士”，特许“转运司于别司应系官及封桩钱物内借支”④，可以分析出宋代其他军赏受到财政困难的影响，也未必足额按时发放。

（三）其他各类收入

有一部分士兵可以足额得到宋政府所发的军俸、粮衣，甚至用有剩余。这部分剩余的物品，多被一些士兵投入市场以牟取利益，如粮价高时，某些士兵会趁“城中米贵，百姓饿死”的机

---

① 《长编》卷二五二，熙宁七年三月条，第 6226 页。

② 《要录》卷一〇三，绍兴六年七月丁丑条，第 1681 页。

③ 《要录》卷一九四，绍兴三十一年十一月丁亥条，第 3256 页。

④ 《长编》卷五二〇，宋哲宗元符三年正月条，第 2524 页。

会，“粜粮，月获原利百千”①，以谋得巨利。至于军衣，则有“每年诸军得衣”后，士兵“随手卖了”② 换取钱财的情况出现。宋政府为了避免这种士兵牟利的现象出现，制订了相应的政策回收士兵剩余的军粮、军衣，如用于回收剩余军粮的坐仓法于熙宁二年（1069）颁布施行，规定“诸军余粮愿粜入官者，计价支钱，复储其米于仓”③；此外，还有“诸仓支诸军月粮、口食，抑勒坐仓，抑低价粜买”④；以及“并州置场，中买军人所给衣绢”⑤ 的做法对士兵衣粮进行回购。

除以上收入外，士兵的违法收入也很多，常劫掠平民钱财，对宋代百姓强取豪夺，尽管宋朝明令禁止士兵扰民，也有岳飞“发命军士毋得践民禾稼，皆秋毫不敢犯”⑥ 的事例出现，但类似于“诸军比日以来，或造言惑众，强行捉募，或劫掠财物，或杀伤农民”⑦ 的现象更应是一种频发状态。每当宋代军纪不严时，这种现象，对士兵驻地民众的社会生产环境造成了很大的破坏。

有些士兵倒卖军队中的军事物资牟取利益，如因宋代缺乏马匹，士兵若出售战马即可换取较高的经济收益，于是多有“汉蕃义军、义儿私易卖官印马”，对于倒卖军事物资的行为，宋政府给予了严厉打击，规定凡倒卖战马者处以“徒一年”⑧ 的惩罚。

① 《三朝北盟会编》卷九七，第 714 页。
② 周必大：《文忠集》卷一百五十《论户部借绢》，文渊阁四库全书影印本。
③ 《宋史》卷一七五，《食货上三》，第 4243 页。
④ 《宋会要》食货五四之九，第 5742 页。
⑤ 《宋会要》食货六四之一九，第 5747 页。
⑥ 《要录》卷七六，绍兴四年五月甲寅条，第 1250 页。
⑦ 《要录》卷七八，绍兴四年七月辛未条，第 1282 页。
⑧ 《长编》卷二四九，熙宁六年十二月丁卯条，第 6078 页。

还有士兵将他们的兵器出售，换取钱财，宋政府对此严令禁止，宋神宗元丰六年（1083），下诏："闻鄜延诸州昨走散兵卒，带官器械，私易于民间。委转运司立限首纳，量支价钱，即限满藏匿，依私有禁兵器告赏法。"① 敌人首级也成了士兵交易的对象，如宋神宗熙宁三年（1070），保捷军士王青"以所获首级与副指挥使刘兴易取金钗"②。

以上论述了士兵的经济收入情况，从中可以看出，士兵的主要收入是军俸，而军赏等物都是非常规收入，在一名士兵约四十年的兵旅生活中，则几乎可以忽略不计。除少数班直与上禁军外，总体而言士兵的收入并不丰厚，大体仅可满足他们日常生活的支出，多数士兵依然过着贫贱生活。这主要是与宋初对士兵的经济收入制订的一系列制度约束有关，宋太祖在位时，"常戒禁兵，衣之长不得过膝，买鱼肉及酒入营门者皆有罪……盖使之习力，制其骄惰，故士卒衣食无外慕、安辛苦而易使"③，为了达到减少士兵"奢靡"现象的出现，统治者唯有控制士兵的军俸达到目的。至宋仁宗在位时，大臣夏竦也认为"兵不可富，富则骄，骄则内顾，内顾则战心怠"④。在这种制度的约束下，绝大多数士兵的经济情况不会过于富裕，甚至多数士兵在他们家属数目多的情况下，贫困不能自养。宋代纵然有"一人充军，数口之家得以全活"⑤ 这类通过从军使家庭摆脱贫困的可能性存在，但是类似"（士兵）各有老小三两口，除每日支破口食钱米外，别无请给，

---

① 《长编》卷三三三，元丰六年二月戊申条，第 8013 页。
② 《长编》卷二一九，熙宁三年十月庚午条，第 5255 页。
③ 《长编》卷一〇八，天圣七年五月甲午条，第 2524 页。
④ 夏竦：《文庄集》卷一三《省锡赉》，文渊阁四库全书影印本。
⑤ 强至：《忠献韩魏王家传》卷五，文渊阁四库全书影印本。

养赡不足"[①] 的经济状态应是士兵生活的常态。

第二节 士兵消费状况

一、士兵的消费环境与能力

关于宋代士兵消费情况的研究，程民生先生曾在《宋代物价研究》第十三章"宋人生活水平考察"中进行了简要的论述。[②]人们的消费能力受到自身收入多寡的制约，在宋代"兵不可富"的原则指导下，士兵的消费能力并不高，大多只是满足生活必需要求的最低限度，他们的消费也多围绕着衣食住行等生活必需品进行。

因士兵大多生活贫困，他们的消费水平也与贫民相差不大。类似"军士贫悴"[③] 在宋代记载中很常见，宋理宗曾言"中外之兵皆贫，蜀兵尤甚"[④]，这在一定程度上说明了士兵的经济状况。从宋理宗在嘉定十七年（1224）二月，"出丰储仓米七万五千石赈临安贫民"时，一并赐予"马步军诸班直、皇城司守卫官兵给犒有差"[⑤]，将官兵的赏赐与贫民的赏赐同时发放，这也可见士兵的经济状况的贫困和购买力的低下。

上节论述了宋代士兵的大多数生活必需品主要依靠宋政府供

---

① 《宋会要》兵四之三十，第 6835 页。
② 程民生：《宋代物价研究》，人民出版社 2008 年版，第 570 页。
③ 《宋史全文》卷三二，端平二年六月丁丑条，第 2710 页。
④ 《宋史全文》卷三六，开庆元年正月辛未条，第 2880 页。
⑤ 《宋史全文》卷三二，嘉定十七年二月戊午条，第 2620 页。

给，同时宋政府也对士兵消费做了很多约束性的限制。宋初，宋太祖规定“禁军将士，无故不令出班，故每班置市买二人。太祖朝法令严肃，无敢犯者”，从“买鱼肉及酒入营门者皆有罪”[①]，“葱韭不得入营门，岂知鱼肉之味”[②]。从此类规定中，可以看出宋初有很多商品是对士兵禁售的，士兵纵然有钱，但也无法买到这类商品。虽然这些限制性的制度在宋代中后期逐渐缺乏了对士兵的约束作用，至南宋时变为“三衙欲禁止子弟不许出营买卖”[③]，由原有的不许出营变为“欲禁止”并且最终这一提议也未执行。但是在宋政府管理严格的情况下，一般情况下宋代士兵是不许出营购买消费商品的，由于士兵衣粮补给皆由宋政府所发，所以通常宋代士兵的消费量并不大，靠宋政府所发略可满足温饱。尽管宋代政府向士兵提供衣粮消费，但是以燃料、生活用水为例，这些物品并未定期支给，又以住房为例，在营寨缺失的情况下士兵也要自谋住房，而且如果宋政府向士兵提供衣粮不足以支持士兵的需求时，士兵对衣粮也有一部分消费的需求。

由于士兵不同于士农工商其他阶层，他们的收入除宋政府所发放军饷外很少有额外来源，所以士兵驻扎地的物价水平与家庭人口数的多少就成为影响士兵消费的重要原因。咸平三年（1000）五月，宋真宗将驻扎四川地区的河东广锐三十指挥士兵因当地谷价格上涨，被宋真宗调还河东。[④] 宋神宗熙宁八年（1075），开封府斩马刀局的士兵因劳作强度大，所得收入较少，

---

① 《长编》卷一〇八，天圣七年七月甲午条，第2524页。

② 《长编》卷一六三，庆历八年二月甲寅条，第3928页。

③ 《文忠集》卷一三九《论临安乞与巡检推赏》。

④ 《长编》卷五一，咸平五年正月壬寅条，第1107页。

无力消费而作乱，如若平息此事，宋政府须给士兵发放更多的钱财，以满足他们的消费需求，宋神宗为此感叹“若依市价，即费钱多，那得许钱给与”。但是同等金额的钱财在宋代的其他地区则可获得较好的消费状态，因此王安石建议神宗言：“若以京师雇直太重，则如信州等处铁极好，匠极工，向见所作器极精，而问得雇直至贱，何不下信州置造也。”① 可见物价对于士兵消费的冲击是巨大的。宋哲宗元符二年（1099），驻屯陕西地区的士兵因“穷边物贵地寒”，不得不“已截襟抽絮以自给”②。南宋宋理宗曾言“军人所请不多，适值物贵，不足赡给。军心不安，实原于此。”③ 军心不安的原因是无法消费，而无法消费的原因是物价增长，士兵的微薄收入无法满足自己的消费需求。

又如宋光宗时，在湖北、京西两处发行会子，并且规定仅许在两路境内流通。这两处戍兵在每月领料钱后，须得依靠客旅贸易购买所需物品，而会子在两路边界鄂州，必须兑换现钱才可使用。一些奸诈的商人“乘其急遽低价以售用”，这导致士兵辛苦所得的一贯会子仅能兑换五百左右的现钱，会子贬值约半，致使士兵受到经济损失。为此，官员彭龟年上疏请“下湖广总领所多方措置，须使现钱会子官私流通，便商旅兴贩之利，免戍卒折阅之怨”④。又如宋理宗时，李曾伯因见楮币币值下降导致淮东、淮西两路士兵购买力下降，士兵多贫困，遂建议“命淮东、西总所饷军券钱并给芝楮四分”⑤。

---

① 《长编》卷二六二，熙宁八年四月戊子条。第 6411 页。

② 《长编》卷五一六，元符二年闰九月戊子条，第 12284 页。

③ 《宋史全文》卷三二，绍定四年四月丁丑条，第 12701 页。

④ 《止堂集》卷六《论湖北京西楮币疏》。

⑤ 《宋史全文》卷三三，嘉熙元年九月丁未条。

士兵的收入是需要供全家消费的，士兵家庭的人口数大体上也与宋代一般家庭规模相仿，多为五口。也有士兵家庭由三口组成，如宋高宗绍兴十二年（1142），一名士兵自言家中“惟一妻一子”①。宋孝宗乾道三年（1167）秋，“临安大雷震，军器所作坊兵龙泽夫妇并小儿曰‘郭僧’，凡三人震死于一室”②，或士兵年老无子女者，收养义子，“有老卒夫妇居牙城中，白昼为人所屠……卒有义子”③。某些士兵妻子在生育时产下多胞胎，如《宋史·五行志》中记载了十六例士兵家庭产三胞胎的情况。④ 按章谊所言：“今新招之人，日支食钱百钱省、口食二升半，别无衣食自营之资，迫于老幼糊口之计，其抚养存恤，有所未尽者。”⑤可知士兵仅靠自己的微薄收入很难满足养家之需。如果士兵家口众多，那么他的消费自然主要以衣食为主，诸如“（士兵）各有老小三两口，除每日支破口食钱米外，别无请给，养赡不足”⑥。若家口稍少，士兵还可有一些钱财用来休闲消费。

---

① 《夷坚志》甲志卷十一《梅先遇人》。

② 《咸淳临安志》卷九十二，第 4749 页。

③ 《渭南文集》卷三八《朝奉大夫直秘阁张公墓志铭》。

④ 《宋史》卷六二《五行一》中所载：“京师龙捷军卒宜超妻产三男，安州骁健军卒赵远妻产三男，邢州招收军卒李遇、汝州归化军卒鱼霸妻产三男，澶州龙卫军卒靳兴妻产三男，滑州归化军卒安旺妻产二男一女，扬州顺化军卒俞钊产三男，常州卒徐流妻产三男，奉化县卒朱旺妻产三男，雍丘县营卒盛泰妻产三男，卫州宣武军卒李筠妻产三男，澶州静戎军卒郑穗妻产三男，邕州澄海军卒梁济妻产三男，大名府宣勇军卒徐璘产三男，定州骁武军卒张吉产三男，曹州雄勇军卒聂德产三男。”第 1366—1368 页。

⑤ 《历代名臣奏议》卷九一，第 1245 页。

⑥ 《宋会要》兵四之三十。

二、士兵的消费分类

（一）衣食燃料消费

1. 饮食消费

饮食消费是宋代士兵的必要消费，按南宋吴自牧在《梦粱录》中记载道南宋时："盖人家每日不可阙者，柴、米、油、盐、酱、醋、茶。"① 如前所述宋代士兵受到很多消费限制，诸如鱼、肉、酒、葱、韭等食物多不许士兵购买，士兵多靠宋政府按月发放的米面充饥，但是有时士兵所得食粮多为陈腐之粮并且斗升不足，不得不自行购买。在物价暴涨之时，如因两宋之交的战争原因，某些地区，"斗米逾千钱"②，这远远超过了士兵的消费范围。面对高昂的物价，士兵只有打家劫舍的选择，否则只能饥饿而亡。

各地士兵多有自己的饮食习惯，如宋高宗绍兴二十四年（1154），成闵率军前往扬州，军中士兵多是浙江人，他们"素不食粟"，可当时军粮多为粟食，士兵因不习惯而"死者甚众"③。服役士兵平日所食之物多简陋难食，宋仁宗天圣元年（1023），滑州修河役兵"暴露作苦，所饭菽粟或爨未熟，乃不可食"④。

士兵迁移时，宋政府多给他们发放钱粮"当徙者给装钱、在道口粮，勿复奏裁"⑤，供士兵行旅之用，但是在实际中，官员少发漏发钱粮现象严重，甚至也有不发的情况出现。士兵不得自行

① 《梦粱录》卷二。

② 《海陵集》卷二三《葛文康公神道碑》。

③ 《宋史》卷三七〇《成闵传》，第 11023 页。

④ 《长编》卷一〇一，天圣元年闰九月壬辰条，第 2335 页。

⑤ 《宋史》卷一八九《兵三》，第 4642 页。

配置路途之口粮，如北宋鄜延路在战事多发时“诸军数出”，官府并不支付足额的钱财以路用，士兵为满足路途中的花销不得不“鬻衣装以自给”[①]。又如范仲淹所言，调拨捉拿盗贼的士兵“支赐不多，又是七百已下料钱，每日计得钱二十余文，在路只供得火队柴薪盐醋斂掠，或遇天寒路远，不免饥冻，岂有勇气向前力战”[②]。对于某些乡兵而言，他们出戍则必须自备口粮，如宋神宗熙宁三年（1070），判延州郭逵言“陕西义勇赴缘边战守，自今令自赍一月口食，与折将来户税。若不能自备，听于起发州军请口食一月赍行”[③]。在这种情况，士兵被强迫消费了平时不需消费的物品，且多无经济能力在路途中消费，诸如三司使张方平所言“两川迎送之役，有经涉水路，来往万里之远，至有饿乏病死者不可胜数”[④] 的情况屡有发生，在宋神宗熙宁八年（1074）发生了“诸路寄招兵士发遣赴京，道路饥死者众”[⑤] 之事。

在战争中，如果军粮供应不及时，士兵为了自己的需求，也只得自行购买。如南宋初宋军攻克河州，主将令人“支钱十余万”，但因“食物踊贵，炊饼一直钱数十”，士兵所得的赏赐买不到一个炊饼，皆大怒言“我曹捐躯下河州，今性命之贱，乃不直一炊饼也。”[⑥]

营寨在修建之时，需在营中掘井供士兵饮用，宋哲宗元祐四

---

① 《长编》卷二二二，熙宁四年四月癸亥条，第 5403 页。

② 范仲淹：《范文正奏议》卷下《奏乞指挥管设捉贼兵士》。

③ 《长编》卷二一七，熙宁三年十一月壬辰条，第 5273 页。

④ 《长编》卷一八七，嘉祐三年四月丁卯条，第 4509 页。

⑤ 《长编》卷二六一，熙宁八年三月丁巳条，第 6365 页。

⑥ ［宋］员兴宗：《九华集》卷二四《平河之功士以赏薄致怨》，文渊阁四库全书影印本。

年（1089），新踏寨因“寨基内新开四井，止是质孤河内渗水，别无泉源，缓急必见阙用”① 之因停止了营建营寨。但是有些营寨的士兵还需要自己买水以供饮用，如环州洪德寨、淮安镇的士兵“去井泉樵苏极远，薪水之价倍他郡”②，从中可见这一地区士兵的饮用水需要自己出钱购买。

士兵的饮食消费还包括购买食盐，如宋仁宗在位时，王君贶计划更改河北盐法，但是更改后盐的价格将会升高，宋仁宗批曰：“朕不忍河北军民顿食贵盐”③，反对这一方案的施行。从中可见士兵的一部分食盐是需要自行购买的。对于食盐，士兵由于收入微薄且私贩食盐的价格便宜，于是士兵多买私盐，诸如“军人、百姓结集徒众买私盐”④ 以节省生活开销。

2. 服装消费

士兵军衣由官府供给，分为平时衣装与战争时的甲胄两类。宋人服饰的穿着在古代社会有着鲜明的等级限制，“士庶之间，车服之制，至于丧葬，各有等差”⑤。士兵的服饰以“帽子、衫、带；又不能具，则或深衣，或凉衫”⑥ 为主，如招箭班士兵“皆长脚幞头，紫绣抹额，紫宽衫”。其中士兵多带“锦帽、花帽、素帽、贴金帽、鹅帽”⑦ 或带抹额即多种颜色的布裁成的布条系在额间，如北宋士兵王则，“在军中常裹花帽，人见其花帽，皆

---

① 《长编》卷四二一，元祐四年正月乙未条，第 10194 页。
② 《长编》卷五二，咸平五年五月戊申条，第 1132 页。
③ 《墨客挥犀》卷二，第 14 页。
④ 《宋会要》食货二六之六，第 5236 页。
⑤ 《宋史》卷一五三《舆服志五》，第 3564 页。
⑥ 《宋史》卷一五三《舆服志五》，第 3578 页。
⑦ 《中国风俗通史宋代卷》，第 85 页。

知其是则也”①。

由于宋代服饰的消费逐渐趋于奢靡化，且服装出现了较多的流行元素，很容易在同一群体中形成攀比之风。甚至受虚荣心的影响，士兵之间也会互相攀比各自的衣服，争相购买当时的流行服饰。如宋仁宗庆历年间居住在京城，士兵多争相购买当时的流行服饰：

见请军帅从卒，一例新紫罗衫、红罗抱肚、白绫裤、丝鞋，戴青纱帽，拖长绅带，鲜华烂然，其服装少敝，固已耻于众也。一青纱帽，市估千钱，至于衫裤，盖一身之服，不啻万钱。今之上四军请给，比诸军为至厚，然月受千钱，正可买得一帽尔。度所戴帽，岁须二枚，补染服装，须要鲜洁，则于诸事略称此也。计其所受廪给，不足一身之费，若有妻子，安得不饥冻，妻子既不免饥冻，小人之情，岂能不归怨于上。②

可见在当时，衣装消费占了宋代士兵消费总额的绝大部分，甚至某些士兵为了购买当时的流行服饰，导致家庭贫穷，不过从“月受千钱”的记载中可知，这些士兵应为京城中的班直士兵或上禁军士兵这类高收入者。在他们争相攀比之时，那些收入微薄的士兵中有部分士兵没有钱财供自己购买衣服，只能“衣纸而擐甲者，此最为方今大忧”③。在寒冬季节，士兵若无衣服则多冻饿而亡，如宋神宗宦官王中正在元丰四年（1081）领兵时“不恤士卒，冻饿死者最甚”④，元丰六年（1083）永乐城失守后，“官兵、

---

① ［宋］袁文：《瓮牖闲评》卷六，第 96 页。
② 《长编》卷一六三，庆历八年二月甲寅条，第 2313 页。
③ 《长编》卷二二二，熙宁四年四月癸亥条，第 5403 页。
④ 《长编》卷三二一，元丰四年十二月丙寅条，第 5821 页。

民夫及其赍送之人冻饿而死亡者，无虑数十万”[①]。那些逃亡在外的士兵多“藏匿民间，或在山谷”[②]，由于无法出外消费，所以“寒饿转死者甚多”。若士兵无消费能力购买冬衣，宋政府有时候也会给予抚恤政策，宋真宗咸平五年（1002），遣使“分诣黄、汴河视守冻军士，其冬衣未给者就制与之。”[③] 宋高宗绍兴六年（1136）十一月，主管殿前司公事杨沂中调拨强壮入队充军，时天寒，士兵无衣，高宗诏“有司制绵裘四千，授之”[④]。

3. 燃料消费

在冬季，宋人需要燃烧煤炭木材以取暖，士兵也不例外。每逢大寒之时，宋政府也多发放薪水钱，供士兵购买燃料取暖，宋太祖乾德元年（963），“以久雨，赐诸军薪蒸有差”[⑤]，宋真宗大中祥符六年（1016）对戍守环州的士兵“赐薪水钱”[⑥]，宋高宗绍兴二十九年（1159）因大雨雪，“给三衙卫士、行在贫民钱及薪炭”[⑦]。但是一些地区因地理原因燃料价格极高，如环州洪德寨和淮安镇因地理位置近边，“去井泉樵苏极远，薪水之价倍他郡，二镇寨特甚”[⑧]，士兵所花费用高于其他之地，尽管宋政府有时给予抚恤，但是也难满足士兵的燃料需求。在“薪炭食物，其价增倍，民忧冻饿”[⑨] 的情况下，士兵也只好减少自己的燃料使用。

---

① 《长编》卷三三六，元丰六年闰六月丙申条，第 8108 页。
② 《长编》卷一九五，嘉祐六年十一月辛未条，第 4731 页。
③ 《长编》卷五三，咸平五年十二月壬申条，第 1170 页。
④ 《要录》卷一〇六，绍兴六年十一月丙寅条，第 1279 页。
⑤ 《长编》卷四，乾德元年六月丙午条，第 96 页。
⑥ 《宋史》卷八《真宗三》，第 157 页。
⑦ 《宋史》卷三二《高宗九》，第 599 页。
⑧ 《长编》卷五二，咸平五年五月戊申条，第 1132 页。
⑨ 《长编》卷一八九，嘉祐四年正月丁酉条，第 4547 页。

（二）士兵雇人从军的费用

服征战之役与劳役，是作为一名士兵对于宋朝所必尽的责任，但是宋代有少数略显富有的士兵不愿出戍服役，就采用了出钱雇他人替自己服役的方法。这一情况在征调民兵中多有发生，如宋仁宗时选河北、河东两路弓手为军，有些弓手不愿从军，遂“雇代人入籍”①。景祐二年（1035）五月，宋仁宗诏：“施州义军，如闻多雇人代戍，既不时教阅，复私加役，使其令监司察视违者，以私役兵防论”②，用以禁止。宋哲宗元祐七年（1092），荆湖南路兵马钤辖谢麟也指出当地存在着土丁“雇人，每遇上番，依禁军例教阅武艺及专习弩”③ 的现象。除民兵外，其他军种也存在这一现象，如宋神宗元丰六年（1083）彭孙言：“泾原路蕃兵皆富有，出入止是雇人仆从军，盖旧无正官管辖，遇军行始差将副，人心不相谙，故难指呼。乞差蕃官两员及谙事将官同管辖处置，庶皆得素养之兵为用。”④

（三）娱乐消费

士兵如果有空闲时间且有一定的钱财，也多进行休闲娱乐消费，如南宋在临安“城内外创立瓦舍，招集乐妓，以为军卒暇日娱戏之地”⑤，这些瓦舍是专门供士兵娱乐之场所。尽管宋初宋太祖对士兵饮食消费限制较为严格，但是到了宋代中后期这一禁令渐渐失去了约束力，士兵也多在空暇之时出外饮酒食肉。

除上述娱乐消费外，许多士兵多爱赌博，这也成为某些士兵

---

① 《宋会要》兵一之五，第6756页。
② 《宋会要》兵一之三，第6755页。
③ 《宋会要》兵一之十，第6758页。
④ 《长编》卷三三五，元丰六年五月戊午条，第8083页。
⑤ 《梦粱录》卷一九《瓦舍》，第406页。

消费中重要的生活支出，《续墨客挥犀》中记载赵州“厩有守卒，夜即赌博”[①]。宋人为聚敛钱财多开赌舍，供宋代军民赌博，宋哲宗时定州城中有一柜坊，“明出牌榜，召军民赌博”[②]。但是在大多数情况下，宋政府严格禁止士兵赌博，朱熹在知南康军时多次出榜禁止军民赌博，“立赏钱三十贯文，禁止百姓及军人赌博”[③]。但是士兵为了满足赌博的需求，多于“民家停留”[④] 进行赌博。

士兵们赌博的赌本除钱财外也包括一切可以用来赌博的物品，例如军衣，宋真宗大中祥符六年（1013），有巡卒三人“因寒食假质军装赌博”[⑤]。由于军队中严禁士兵赌博，这也成为士兵诬陷同辈的一种方法，“诸军亡卒，每擒获，多妄引同辈尝共赌博”[⑥] 以坑害他们。除赌博外，部分士兵多爱出入妓院消费，甚至为了争夺歌妓而大打出手，诸如“悍卒吴顺，在娼舍踢死民陈舍僧”[⑦]。

（四）其他消费

除以上消费外，宋代士兵还有其他消费，如盔甲军器修理的费用，如周必大所言“带甲之人往往有磨甲之费”[⑧]。如果士兵临时缺乏住房，需要自己租房而住，又需有赁居之消费支出，但是这一消费时常被宋政府下发的免租减租令影响，可以少支出部分

① 《续墨客挥犀》卷一《厩猴》，第 427 页。

② 《三苏全集》卷六四《乞降度牒修定州禁军营房状》第 12 册，第 468 页。

③ 《朱熹集》卷一百《约束榜》，第 5548 页。

④ 《长编》卷七一，大中祥符二年三月丙寅条，第 1607 页。

⑤ 《长编》卷八〇，大中祥符六年三月丁未条，第 1820 页。

⑥ 《长编》卷八四，大中祥符八年正月戊戌条，第 1915 页。

⑦ 《罗鄂州小集》附录《郢州太守墓志》。

⑧ 《文忠集》卷一三九《论军士磨甲》，《全宋文》卷五〇六一，第 228 册，第 47 页。

租房钱。如淳熙八年（1181），宋孝宗诏“应临安府及诸路官私房僦，不限贯百，十分减三”[①]，士兵的租房费用也在减少之列。此外，士兵在出征前，多出钱捐赠寺庙为自己祈福，保祐自己从战争中平安归来，如山西沁县城内关帝庙宋碑中就存有大量士兵施主姓名。[②]

（五）士兵对钱财的储存

有些勤俭的士兵会将自己的收入储存积攒以备后用。但是，宋朝内地，在诸民尚奢的风气下，宋真宗咸平二年（999），张齐贤就指出宋代诸多地区形成了“近岁见俗尤薄，奢侈相尚”的风气，“内自京师士大夫，外及远方之人，下及军中士伍，畎亩农民，其服食器用，比于数十年之前，皆华靡而不实矣”[③]。在这种风气的影响下本就收入微薄的士兵难以积攒钱财用以储蓄。但有些地区还是存在着尚节俭的美德，如广南西路的民众多朴素，北宋末年，当地峒丁被宋政府调遣北上勤王，他们或“日得券钱”，或被宋朝廷给以犒赏，许多人将这些钱财“积而不用。比归，人有二三百缗之积”[④]，积攒下了一笔财富，并被当地人长期传为美谈。

---

① 《宋史全文》卷二七上，淳熙八年正月条，第2261页。

② 参见王曾瑜《山西沁县城内关帝庙宋碑中有关军制的考释》，《点滴编》，河北大学出版社2010年版。

③ 《长编》卷一九六，宝元二年五月丁未条，第4759页。

④ ［宋］周去非：《岭外代答》卷三，中华书局1999年版，第135页。

第七章　宋代士兵的家庭生活

第一节　士兵的婚姻状态

宋政府对士兵结婚成家经历了一个由最初不鼓励士兵娶妻成家转而逐渐加以支持的过程。宋初，太祖为了构建一支战斗力强的军队而制订了更戍等军法以磨炼士兵的意志，规定士兵“自龙卫而下，皆番戍诸路，有事即以征讨”①，以此达到士兵“习山川劳苦，远妻孥、怀土之恋”。在这项政策中流露出了宋太祖对于士兵妻子的态度，即如果士兵长期与妻孥居住，则会产生恋家情绪而不能在对外作战中舍身杀敌，如苏轼言“虽天下之勇夫，无以过之，及其退而思其身，顾其妻子，未始不恻然悔也。此非必勇者也”②。

但是在北宋统一后，宋朝军队的职责也相应由征战转为戍守为主。此时，宋朝军队中多会出现士兵逃亡为寇等违反军纪的现象。在一系列事件面前，宋政府逐渐意识到，士兵结婚后，他们

---

① 马端临：《文献通考》卷一五二《兵考四》，第 1327 页。

② 《三苏全集》卷四七，第 607 页。

的妻子可以在很大程度上抑制士兵逃亡、叛乱。如宋太宗至道元年（995），嘉州士兵张嶙率众叛乱，“帝（宋太宗）欲尽按诛军人妻子”时，有大臣言“可勿杀，令尽索营中书，遣使者招抚之，谕以释罪，而亲属皆全，必自引来归，可因破贼矣”。太宗接纳了这一建议，利用士兵与妻子之间的亲情，达到了“士卒果斩张嶙首，自投来归”① 的效果，最终以最小成本妥善解决这一叛乱。又如宋徽宗收复燕京后，针对如何使辽军降将郭药师忠心于宋，大臣也提出了应将所统领士兵妻子“留之京师”②，以达到防止士兵叛乱的目的。

宋朝规定，若士兵亡入贼境，宋政府会“没其妻子为奴婢”，并“限百日招诱，限满不获，实入贼境者，其妻子论如法”。③ 若士兵逃离军队，宋廷会采取“逐人父母妻男枷禁监捉”④ 的惩罚。那些在战争中溃散不归的士兵，他们的“父母妻男，兄弟子孙并收管禁系”⑤。如士兵参与叛乱，他们的妻子会判“分配别州军诸指挥为奴婢”⑥。

基于以上原因，宋政府逐渐鼓励士兵结婚，在特殊情况下还对准备娶妻的士兵发放钱财以给资助。如南宋为驻扎在建康地区的士兵发放“聘娶教阅，冬年节支，犒及纸札，捉逃菜种等杂费钱，通约计三十一万一千七百二十贯”⑦，某些地区军队还专门为

① 《宋会要》兵十一之四，第 6839 页。

② 《三朝北盟会编》卷二一四，宋高宗绍兴十五年十月条，第 1543 页。

③ 《长编》卷五五，真宗咸平六年六月，第 1204 页。

④ 孙继民：《俄藏黑水城所出〈宋西北边境军政文书〉整理与研究》，中华书局 2009 年版，第 182 页。

⑤ 《宋西北边境军政文书》，第 40 页。

⑥ 《长编》卷二五〇，宋神宗熙宁七年二月，第 6091 页。

⑦ 《景定建康志》卷三八《武卫志一》。

士兵“支婚嫁钱，酒米帛以乐其家，每名支钱一百贯酒四瓶米一硕绢一匹”，若士兵妻子去世，士兵亦可获得三日的丧假。①

宋代军队中部分生活相对稳定的士兵可以迎娶本地资产与他们相当的女子，过着“在京禁军及其家属，率皆生长京师，亲姻联布，安居乐业”② 的生活。甚至宋政府为了保证京城诸班士兵“子孙魁杰，世为禁卫”，他们的妻子“尽取女子之长者”③。但是由于绝大部分士兵都需要长时间出戍，一旦女子选择嫁给士兵为妻，就决定了她要面对未来聚少离多的生活，时常遇到“军还到营，未及三两月，又复出军，不惟道路劳苦，妻孥间阔，人情郁结”④ 的情况。甚至士兵在战争中丧命，她们更要承担成为寡妇的风险。更有些士兵在相约叛宋之前采取互杀妻子之法，以此相互展示他们叛宋的决心，如宋高宗时“朝廷调威果卒三千人入卫，未行，军士叶浓等相与谋，互杀妻子以为变”⑤。此外作为士兵妻子，她们若私自逃亡会受到宋代法律严惩，诸如“尝有禁卒之妻，背夫以逃，虽遇赦自首，法犹不原”⑥。对于这种婚姻生活，宋代家庭多不愿选择将他们的女儿与士兵成婚。宋代文人写下了许多诸如“宁为路傍草，莫作战士妻”⑦，“彼美如花人，如

---

① 《宝庆四明志》卷七《叙兵》，宋元地方志丛书第 8 册，大化书局 1980 年版，第 5154 页。

② 《宋史》卷一九四《兵八》，第 4835 页。

③ 《宋朝名臣奏议》卷四十五，王襄：《上钦宗论彗星》，第 1076 页。

④ 《端明集》卷二二《论兵十事》，《全宋文》卷一〇〇三第 46 册，第 381 页。

⑤ 《要录》卷十六，建炎二年六月乙卯条，第 328 页。

⑥ 《摛文堂集》卷十五《故朝奉郎尚书职方员外郎通判德顺军兼管内劝农事轻车都尉赐绯鱼袋累赠太子太师梁公神道碑》，文渊阁四库全书影印本。

⑦ 《潜山集》卷一《征妇怨》，文渊阁四库全书影印本。

花复如玉。嫁作征人妻，别长欢日促”① 的诗句，反映了当时宋代女子对于与士兵结婚多不认同的社会思想。关于士兵结婚的具体年龄，史籍中鲜有记载，但从《夷坚志》中记载“京师修内司兵士阚喜，以年老解军籍，为贩夫，卖果实自给。其妻汤氏，旧给事掖廷，晚乃嫁喜”② 来看，阚喜这名士兵的结婚年龄应该较晚。

不论宋代女子是否倾向与士兵成婚，宋代士兵都存在着成家娶妻的需求。如果需求无法满足，士兵则会掳掠驻军、行军地区女子，强迫她们和自己成亲。士兵的这种做法在参加战争中表现的尤为突出，“军卒多虏掠妇女，人有三四，每随军而行，谓之老小”③，这给宋代民众的正常生活带来了恶劣的影响，宋政府对此多次严明军纪，禁止士兵抢夺民间女子为妻。但是在宋代，士兵掳掠民女在多数军队中已经成为一种习惯，如当宋太祖“谓权侍卫步军司事、保宁留后王继勋曰‘此军新募，或无妻，当有愿与为婚者，不须备聘财，但酒炙可耳’”时，王继勋居然认为宋太祖允许所辖士兵抢掠民女，遂“纵令部下掠人子女，里巷为之纷扰”④。可见在宋代官兵意识中，抢掠民女是正常的行为。至于禁止掳掠民女的军纪，则完全需视领军将领自身态度而定，如果将领对此不加重视，这一现象则很难杜绝，如宋初王全斌攻蜀成功后，“不恤军务，纵部下掠子女，夺财货，蜀人苦之”⑤。此后，

---

① 李彭：《日涉园集》卷三《拟古》，宋集珍本丛刊第 33 册，线装书局 2004 年版，第 27 页。

② 《夷坚志》卷乙志卷第十一《米张家》，第 67 页。

③ 庄绰：《鸡肋编》卷中，中华书局 1983 年版，第 69 页。

④ 《长编》卷六，乾德三年十一月庚午，第 159 页。

⑤ 《长编》卷六，乾德三年正月，第 147 页。

宋太祖规定“亲属为军士所掠者，即时遣还之。因大搜于军，无得匿人妻女”[①]。

宋政府为了减少士兵抢掠民女的情况发生，也实行了一些其他政策以解决士兵难于娶妻的状况。首先宋政府实施了一系列的包办士兵婚姻，北宋仁宗时规定“自今当配妇人，以妻窑务或军营致远务卒之无家者”[②]。这种官府主持下的包办婚姻对象多是官营手工业的女工或军营中其他士兵之女以及军中孀妇这三种女性。一些官员或平民犯法后，他们的妻女或婢女也多被罚发配军中，嫁给士兵为妻。如宋真宗时，蔡州团练使德雍家婢女因过失火，判罚“杖脊，配窑务卒为妻”[③]；又如宋神宗时内殿崇班盘知谅因罪处死，他的“妻女等配军士无家者”[④]；张邦昌被宋高宗处死后，他的妻子李氏，被罚“杖脊配军营”[⑤]。南宋官员马光祖为了解决士兵婚姻，规定“诸军应有女年十四岁以上，及孀妇无依愿再嫁者，许就诸军择年纪相当之人，议亲”[⑥]。

如果士兵阵亡，宋政府对他们的妻子也实行了一定的抚恤政策。如宋神宗熙宁七年（1074），宋政府规定“诸阵亡军士祖父母、父母、妻无子孙依倚者，人日给米二升，以终其身，妇人改嫁即停给”。当熙宁八年（1075）后，宋军出征交趾，在战争中死亡士兵的妻子“贫饥无所归”，为了解决她们的苦难，宋神宗

---

① 《长编》卷十六，开宝八年十一月，第 353 页。

② 《长编》卷一〇一，天圣元年八月甲午，第 2336 页。

③ 《长编》卷九一，天禧二年二月戊辰，第 2099 页。

④ 《长编》卷二一三，熙宁三年七月，第 5187 页。

⑤ 《要录》卷七，建炎元年七月丙辰，第 191 页。

⑥ 周应合：《景定建康志》卷三九《诸军婚嫁》，宋元地方志丛书第 8 册，大化书局 1980 年版，第 1977 页。

诏“西京、开封府界差赴安南军士已死而妻未改嫁若孤遗无依者，人给米二硕。”但是在这条记载中，宋政府对士兵寡女所提供的生活补助，只为每人每日给米二升而已，这只能起到杯水车薪之用。据《宋史·杨遂传》中记载，“杨遂穴贝州城时，为叛兵所伤，同行卒刘顺救之，得免。及贵，顺已死，访恤其家甚至。故人妻子贫不能活者，一切收养之。人推其义”①，也反映出了士兵妻子失去丈夫后的艰难生活。

第二节　士兵家属的住营与随营家庭生活

“兵所以卫民者”②。作为宋代的国防力量，士兵出戍是他们的职责之一。士兵出戍后，宋政府对士兵家庭实行了两类管理方法，即住营与随营。住营即为士兵出戍而士兵家庭成员仍留在原军营，而随营即为士兵家庭成员随从士兵一起出戍。宋初关于士兵家庭成员的住营与随营与否制订了明确的管理制度，规定“其京畿诸州便运路者，则有就粮兵焉，许挈家属以往，及本州兵皆更迭屯驻，代还始复旧所。”③ 仅京畿地区就粮禁军允许家属随营，其他士兵出戍时，他们的家属则只能住营而不能随士兵出戍。

---

① 《宋史》卷三四九《杨遂传》，第 10062 页。

② 《长编》卷一七七，至和元年十月己亥，第 4285 页。

③ 《通考》卷一五二《兵考四》，第 1326 页。

一、住营家庭的生活

宋政府对于留驻京城的士兵家属施行了一系列生活保障政策，如宋仁宗康定元年（1040），诏令内侍省每月选差内臣若干人，前往军营访查民情，如果士兵家属“有疾者，令翰林祗候看验；死丧无亲属者，官为殡埋。其外处令本属官差人依此存恤”①。

多数士兵家属在丈夫出戍后并不能拥有优渥的生活，景德二年（1005），当宋真宗得知“军士屯戍于外，妻孥受所给月粮，或致亏少，微弱不能上诉”后，曾“诏开封府察其奸弊”②。但是这一政策并未得到充分的贯彻，至宋仁宗宝元二年（1039）时，仍有大臣上奏“禁兵西戍，其家属在营者多贫窭”③。由于丈夫的出戍，住营家属在面对自然灾害到来之时，常表现的脆弱无力，仁宗皇祐四年（1052），鄜州士兵广锐、振武二指挥出戍延州后，他们的家乡遭遇了水灾，士兵妻女等家人缺乏抗御能力而丧命，待士兵归家，已然“家人无在”④。

士兵的职业特性决定了他们在战争中会面临随时殒命的风险。作为士兵妻子，丈夫每一次出戍都会使她们面临成为寡女的风险，以至于征调士兵时常会出现“儿妻牵衣父抱哭”⑤ 的场景。妻子挂念出戍后的丈夫，担心他是否会战死沙场，而暗自感伤，

① 《宋会要》兵五之二，第 6840 页。

② 《长编》卷五九，景德二年正月辛巳，第 1315 页。

③ 《宋会要》兵二之二，第 6772 页。

④ 《长编》卷一七三，宋神宗皇祐四年八月庚寅条，第 4168 页。

⑤ 李复：《潏水集》卷十一《兵馈行》，文渊阁四库全书影印本。

“怕作沙场梦，秋宵不敢眠。”[①] 宋人赵汝鐩为此写下了“莲浴双鸳鸯，梧栖双凤凰。双舞蝶度墙，双飞燕归梁。倚栏人颦翠，忍泪心暗伤。闭户罗帏悄，孤灯耿空房。欲睡睡未得，独坐理丝簧。弹吹不成调，征夫天一方”[②] 的凄凉诗句。住营妻子常采取缝制衣装寄给前线丈夫的做法，以寄托其思念之情，她们“夜夜灯前做针线，倩谁边上寄寒衣”[③]，甚至“上有泪痕不教洗”，以盼望“征夫见时认针指”[④]。也有妻子选择寄书信的方式向丈夫倾诉相思之苦，吕居仁记载一位住营妻子在她的丈夫出戍后“尝以数十钱托一教学秀才写书”[⑤]，出戍在外的士兵收到信后也会回信给远在营中的妻子，“君书一二纸，妾泪万千行”[⑥]，书信往来间更是寄托了夫妻之间的思念之情。在外的士兵也多思念家中的老小，如宋高宗绍兴九年（1139），郭孝友言驻扎在龙泉县的士兵“有父母妻子，类多老弱，人人盼望归期，其身力不可得而使用”[⑦]，这种思想对军队战斗力造成了削弱。每当有个别士兵从前线回营后，会带来一些士兵死亡的消息以及他们尚未寄出的书信，得到噩耗的女子“左右前后尽哭泣声，盖战没之家属得书而

---

① 《两宋名贤小集》卷三百十四《戍妇吟二首》。

② 赵汝鐩：《野谷诗稿》卷一《征妇叹》，文渊阁四库全书影印本。

③ 陈允平：《两宋名贤小集》卷三一五《戍妇》，文渊阁四库全书影印本。

④ 刘克庄：《后村先生大全集》卷八《寄衣曲》，四川大学出版社 2008 年版，第 407 页。

⑤ 陶宗仪：《说郛》卷七，吕居仁《轩渠录》，第 2 册，中国书店 1986 年版，第 13 页。

⑥ 《后村先生大全集》卷四十三《征妇词十首·其一》，第 1147 页。

⑦ 乾隆二十六年《龙泉县志》卷十四，郭孝友：《告病陈国事疏》，《全宋文》第 158 册，第 112 页。

泣也。”①

宋代并非所有的士兵妻子都能做到一心挂念出征的丈夫忠贞守节，随着丈夫出戍时间的延长，生存压力的增加以及其他种种原因，个别军妻会出现与他人通奸的现象。针对此种现象宋政府制订了严格的法律予以制止，以保证前线士兵安心征战。庆历四年（1044），宋仁宗同意了大臣“自今差出屯驻、驻泊禁军，妻口在营及诸处犯奸，各加奸罪二等”② 的建议。元丰六年（1083），宋神宗进一步下诏规定，“诸军虽非出戍，因差出不宿于家，其妻犯奸许人告”③。宋代的司法官员对于蒙受奸情的士兵也多报有同情的判案态度，如《墨客挥犀》中记载，德州有一士兵发现自己出戍时，自己的妻子与一富人私通，遂设计将妻子杀害，而当地官员既同情他的遭遇又佩服他的胆识，最终宣布他无罪。④

二、随营家庭的生活

士兵家庭除住营外，也有随营者，即随同士兵一起出戍。家庭随营这一现象在宋代经历了一个由少至多的演变过程。宋初规定只有京畿地区的就粮禁军的妻子可以随营。北宋中前期这一比例较小，宋仁宗时，以范仲淹为代表的官员则建议仁宗应放宽对士兵家属随军的政策限制。范仲淹曾就此事上疏仁宗言“关内诸士兵多在边上，或代归而数月之间复出远戍，岂但星霜之苦，极

---

① 郑侠：《西塘集》卷一《陷兵》，文渊阁四库全书影印本。
② 《宋会要》刑法四之二十一，第 6632 页。
③ 《宋会要》刑法七之二十一，第 6744 页。
④ 《续墨客挥犀》卷四《有气岸》，第 449 页。

伤骨肉之恩，征夫不保其家，嫠妇颇多犯法，人情久则怨起，如得并迁其家于边住营，更免出军，父母妻子，乐其完聚，战则相救，守则相安，此可恃之兵也”①。范仲淹认为家属随军后，士兵家庭团圆，可以达到激励士兵士气的作用，同时便于管理他们，这在一定程度上减少了士兵夫妻双方在驻地犯罪事件的发生，减轻了维护社会治安的压力。

关于士兵家属随营这种做法是否会影响军队战斗力的争论，此后长期在宋朝大臣之间展开。宋高宗时的大臣张守认为“今每出师，则水舟陆车累累随行，谓之老小，其实皆妇女，故出师之数，妇女必倍之，弊日以滋，古所未有，以故所居则求宽洁，所食则求丰美，所用则求羡余，一有不足，则冒法抵禁，剧于寇盗，责其用命，御敌奋勇，立功其亦难矣”并建议“军人家口，遇出军日，并不得随行，各就本寨居止，官司常加存恤，修治窨屋，量添口食，如有军人及将校使臣，辄将带妇女老小随军，并行军法。”②

尽管招致一些大臣的反对，但是士兵家属随营在北宋中后期和南宋时已经较为普遍。由于两宋之交，宋军在金军的攻击下缺乏稳定的治所，故军队出征时士兵多携父母妻子随军，致使随营家属这一现象在南宋时多于北宋。绍兴四年（1134），令“岳飞就便差官兵三千人并家小前去广州屯戍”③。这种情况到宋孝宗依然多见。乾道四年（1168），将领郭谌领兵由剑州转屯金州时

① 《长编》卷一四九，庆历四年五月壬戌条，第3599页。

② 《历代名臣奏议》卷二二三，第2931页。

③ 《宋会要》兵五之十七，第6848页。

"同老少移那前去"①。乾道七年（1171），李复言"吴拱先带军马三千二百人同老小前去襄阳府屯驻，后来依数招填。欲乞将荆南、郢州出戍军马家小，下总领所差拨舟舡，津发前去就粮屯驻，庶几老小团聚安帖，防托荆襄边面"②。同年，令"马军司于三月中旬内将官兵连老小逐旋津发前去建康府，与出戍官兵一处居住"③。宋宁宗年间亦"发往寿昌军飞虎新军共一千九百四十三人，各人老小妻口更拣五十七人，并衣甲军器等，亦同老小妻口日下一并般挈往寿昌军一处居止，通作二千人永久屯驻"④。在南宋，还有部分"士卒骄惰，各将家属以自随"⑤，私自带全家随军，不服从官员管理。

南宋"军士老小同戍"⑥ 的现象多于北宋，是由南宋自身的条件所决定的，由于南宋对金、蒙政权多采取守势，需要在驻地长期驻屯士兵，遂"取妻子以安人心"，激励士兵士气，使驻守士兵无怀家恋土之思，"有室家团栾之乐，且无道路往来之劳"，⑦这在一定程度上提高了军队的战斗力。如果家属住营，则士兵俸禄需分开发放，既增大了南宋政府的负担，又会滋生驻地官员贪污军饷。家属随营则"可省日支券食，在本司可免岁费拆洗等钱，诚为利便"⑧。

---

① 《宋会要》兵五之二三，第 6851 页。
② 《潏水集》卷十一《兵馈行》。
③ 《宋会要》兵五之二六至二七，第 6852—6853 页。
④ 《西山集》卷九《申枢密院乞免将飞虎军永戍寿昌状》
⑤ 《昆陵集》卷七《论幸蜀札子》。
⑥ 《历代名臣奏议》卷三三七，第 4377 页。
⑦ 《西山集》卷九《申枢密院乞免将飞虎军永戍寿昌状》。
⑧ 《西山集》卷九《申枢密院乞免将飞虎军永戍寿昌状》。

若家属随营时丈夫战死，宋廷则会给予他们路费归家，如宋神宗元丰五年（1082），因“鄜延路没于王事”，诏：“有家属见在本路，欲归其乡里者，给赙外，其大使臣以上更支行李钱百千，小使臣五十千，差使、殿侍三十千，其余比类支给。”①

若士兵的家属在随营时在驻扎地过世，有时就处埋葬，在存世的北宋陕州漏泽园的墓砖中即有这样一条记载：“本府保捷第十五指挥兵士陈进妻阿赵，系通州磕底村人事，年约三十四岁”身故后埋葬于陕州。②

第三节　士兵家庭的居住情况

一、士兵营房的修建

士兵主要居住于宋政府所建造的营房中。按《宋平江城坊考》记载：“兵之有营，则古之制，兵不杂于民。宋度旷地立营，以居厢禁军。”③ 士兵有他们独自的生活空间即军营，居之远离世俗，便于宋朝军队统一管理调拨、训练、出征，并且防止与民众混杂而导致治安混乱。宋代军营多为集中密集而建，或与民居较为接近，如《东京梦华录》中所记载的“旧封邱门外袄庙斜街、州北瓦子、新封邱门大街，两边民户铺席，外余诸班直军营相

① 《长编》卷三三一，元丰五年十一月戊子条，第 7971 页。
② 《北宋陕州漏泽园》，第 170 页。
③ 《宋平江城坊考》，第 105 页。

对”①。

军队营房的数量有专门帐籍进行统计，宋朝规定“营房半岁一造”② 以便于官员统计，并规定地方官员若在巡视中发现当地营房损害严重，须进行修缮。宋真宗景德元年（1004），洛苑副使李允则知沧州，“巡视州境川原道路，浚浮阳湖，葺营垒官舍”③。宋孝宗乾道四年（1168），张津言明州驻扎有士兵五指挥，他们的军营在历年的修缮中存在诸多弊端，不能得到彻底的翻修整缮，他请求“各司将见修三五间舍屋以所破功料，须委监修相度日用功力，计定功限，永为定式”④ 以改善士兵的居住环境，最终“重修五营，增屋凡四百楹”⑤。

宋朝在新修建营寨之前，须先由官员设计工程施工图，按图修造。宋孝宗乾道四年（1168）在诏令殿前司修筑军寨时，“降殿前指挥使寨图，付殿前司依此改造新屋”⑥。官员需按图施工，且宋政府配备有工程监理人员，乾道四年（1168）十一月，宋孝宗诏于两浙路创造寨屋，“每寨委干办官一员、知县一员、巡检一员，监督工役，委是协济。”⑦ 宋代士兵军营建造场所多选空旷之地，乾道四年（1168）调荆南、郢州军队出戍，令湖北转运司于“荆南大军营寨相近踏逐系官空闲地段，疾速措置修盖”⑧。营

① 《东京梦华录笺注》卷三，第 312 页。
② 《长编》卷九二，天禧二年七月乙卯条，第 2120 页。
③ 《长编》卷五七，景德元年八月辛亥条，第 1260 页。
④ 《宋会要》职官三十之十一，第 2997 页。
⑤ 《宝庆四明志》卷七，第 5153 页。
⑥ 《宋会要》兵六之十九，第 6864 页。
⑦ 《宋会要》兵六之二一，第 6865 页。
⑧ 《宋会要》兵六之二十，第 6865 页。

寨或于废弃官地修筑，如宋真宗年间所修建的上清宫，在宋仁宗庆历三年（1043）十一月遭火灾烧毁，宋仁宗下诏将上清宫故地改造“为禁军营”①。但是在修建营寨的过程中，某些官员多强占民田墓地，对此行为宋政府多进行禁止。宋高宗绍兴十九年（1149），西溪标拨马军寨地多抢占民田修营寨，高宗得知后于十月十三日派遣宋贶“亲往检视，毋得侵掘坟墓，多占民田。”② 不过此后强征民田修建军营的情形仍然未有好转，只是对于坟茔之地采取了一些人性化的管理措施而已。宋孝宗乾道六年（1170）十二月，两浙路官员修建军营，转运判官胡昉建议“镇江府西门七里店至高资一带踏逐数处，见今标迁除官地外，有民间地段，欲从镇江府踏逐系官田地，依数对换。内有坟茔，即用篱围掰截，许令春秋祭祀”③。

如果士兵调拨戍往其他地区，原有军营或者空闲待士兵归营，这些军营因长时间无人居住多会因年久失修损坏，或被其他官员将军营地段占为己用，如北宋晚期官员晁说之所言，开封城的士兵出戍后，他们的原军营“十无一存者矣，今之贵臣强宗则为别馆园圃，与夫道宫释守宇者，皆昔之营地者”④。为了杜绝这一现象的出现，宋政府规定军营在士兵出戍后仍需由专门官员修缮治理。宋徽宗大观二年（1108）七月，御笔此类营房“在京仰工部，在外仰提刑、提举司，限两季完葺了当”⑤。宋孝宗乾道七年（1171），调拨临安士兵前往建康出戍，原士兵营房令“两浙

---

① 《长编》卷一四五，庆历三年十一月丙寅条，第 3494 页。
② 《宋会要》兵六之二十，第 6865 页。
③ 《宋会要》兵六之二十一至二二，第 6866 页。
④ 《嵩山文集》卷三《负薪对》。
⑤ 《宋会要》兵六之十五，第 6862 页。

转运司权行拘收"①进行管理。在士兵归营前，会有官员专门负责修缮，如宋孝宗隆兴二年（1164）三月，出戍士兵归京前，宋孝宗"虑恐营寨损弊"下诏"可令三衙及在外诸军检计，预行修葺"②。同年五月马军司上奏，此次修缮工程共修"墙漏倒塌、柱脚朽烂、篱壁笆箔损坏、合行修葺共计五千二百五十一间"③。

京城外其他地区的军营管理政策各不相同，如宋仁宗庆历三年（1043），因乐平县"不当驿路，旧有兵士四指挥，军营在县，自庆历三年三月内移起军营往并州"④，士兵调拨后，原军营即被拆毁。也有些空营在士兵出戍后改为他用，如改建成常平仓，宋神宗元丰三年（1080），诏诸路常平司修建常平仓，令其"于要会州县，指占空闲地或空营"⑤。此外，拆除军营的原因除将士兵调往他处外，也多因其他情况，如宋神宗元丰六年（1083），扩建开封城，"毁公私舍屋、田土"，其中部分士兵营房也在之中，而不得不迁营他处"拨移修盖"⑥。

士兵出戍屯驻的目的地则需要事先修建营房以供其居住，若士兵戍守地方官员没有及时修建营寨，会导致士兵无营房居住，不得不自谋住所而散居民间。宋仁宗庆历二年（1042），宋政府调拨军队前往定州驻屯，定州缺少营房供士兵居住，导致约六万士兵只得"皆寓居逆旅及民间，阗塞城市"⑦。为此，庆历六年

---

① 《宋会要》兵六之二二，第6865页。
② 《宋会要》兵六之十八，第6863页。
③ 《宋会要》兵六之十九，第6864页。
④ 《文忠集》卷一一六《乞减乐平县课额札子》。
⑤ 《宋会要》食货五三之十二至十三，第5725—5726页。
⑥ 《长编》卷三三二，元丰六年正月乙酉条，第7997页。
⑦ 《长编》卷一三六，庆历二年五月丙寅条，第3268页。

(1046) 二月，在调拨士兵出戍时，河东经略安抚使、判并州夏竦建议："将来分屯本路军马，郍（那）三千河阳，二千怀州，乞下河北、京西转运司计度粮草、营房。"① 又如《宋人佚简》中记载，当士兵从濠州调往舒州时，舒州地方官员即提前"备五千间要造寨屋"② 以供士兵居住。但是若果出军紧急，地方官员无暇修建营寨之时，士兵也只好暂居民家或住宿与寺庙当中。如《临汀志》中记载，宋高宗绍兴九年（1140），宋军招讨叛军，到达汀州城后并无军营，遂"初散泊民家，后或屯开元寺"，待到次年绍兴十年（1140），当地政府仍没有为士兵营建军营，他们只得全部住于当地寺庙同庆寺、文殊寺、开元寺中。③ 寺庙不但成为正规军队临近住宿的地点，也成为那些逃窜、溃败的无组织士兵临近居住的场所，如宋高宗绍兴元年（1131），有"溃兵数百，直入行在越州泊于禹迹寺"④。

宋代也有一些地区屯驻的士兵无营寨居住。他们或露天而住，宋真宗景德元年（1004），前四川诸路的巡检士兵规定"不许创立廨宇营壁"，士兵无营可住只得"多分泊道途"，此后才由相关官员上言陈弊端，景德元年（1004）八月这些士兵才享受到"造廨宇营壁以居之"⑤ 的待遇。或租民房而居，如温州驻军"无营可归，多是在外赁屋居止"⑥。景德三年（1006）因各地厢军调

---

① 《宋会要》兵五之三，第 6841 页。
② 《宋人佚简》。
③ 《临汀志》卷三，第 1335—1336 页。
④ 《要录》卷四十五，绍兴元年六月丁丑条，第 811 页。
⑤ 《长编》卷五七，景德元年八月庚辰条，第 1254 页。
⑥ 《宋会要》兵六之二六，第 6867 页。

拨都城服役“多阙营舍”，宋真宗诏“指射系官屋宇，令居止”①。宋真宗大中祥符九年（1016），秦州地区戍兵“多阙营屋，至有寓民舍者，颇或扰人”，知秦州曹玮“令役卒采木、陶瓦，为屋千四百区”，宋真宗对此事评价为“此州郡切务，深可嘉也”②。宋神宗熙宁四年（1071），河东路麟州因“弃所修第一寨”，士兵无营寨居住“暴露日久”，为抚恤士兵宋神宗赐士兵“各赐特支钱有差。”③ 熙宁五年（1072），熙河路通远军因无营寨，军队中“兵马暴露”，当地官员乞求修神平堡以安顿士兵。④ 宋徽宗政和元年（1111），新招募皇城水南北三巡检司士兵六百人，可是宋政府尚没有为他们准备营房居住，他们只得“各于街市赁屋，居住混杂，在出现了“逋逃寇盗，难以辨察，部辖酉点，不得如律”⑤ 的弊端后，才为这些士兵修建营房。宋高宗建炎四年（1130）六月，神武前军统制王燮治下士兵无营房居住，为挡风雨只得“架筱枝、蒙破席而寝处，雨不能免沾濡，暑无以芘烈日”，生活十分悲惨，宋高宗了解这一情况后下诏“赐钱三千缗，为席屋之费”⑥。在南宋末年的宋室南逃中，因缺乏营舍，战船较多，士兵“多于船上住坐”⑦。

也有些士兵因生活的地理位置不同，导致居住情况各不相同，如北宋居住在陕西极边一带的弓箭手，他们“就土山削成峻

---

① 《宋会要》兵六之十二，第 6860 页。

② 《长编》卷八六，大中祥符九年三月丙寅条，第 1981 页。

③ 《长编》卷二二一，神宗熙宁四年三月条，第 5379 页。

④ 《长编》卷二三七，神宗熙宁五年八月丁丑条，第 5757 页。

⑤ 《宋会要》兵六之十五，第 6862 页。

⑥ 《宋会要》兵六之十六，第 6862 页。

⑦ 《宋季三朝政要》卷六，第 489 页。

壁，盘开细径，凿穴以居。谓之崖巉，凡一巉所聚，少者百余家，多至三四百家。其情非不乐居城邑，就堡鄣，意务便于耕牧，又密迩敌境，相与保险，以防抄掠之患”①。

二、营房的造价与地理分布

宋朝对住所等级建造的规格限制严格，法律中规定不同身份者的宅所造价与装潢标准各不相同，军营这一宅所的营造标准也受到了宋朝制度的限制。

在《长编》宋仁宗景祐三年（1036）八月己酉条中记载有宋仁宗诏：

天下士庶之家，屋宇非邸店、楼阁临街市，毋得为四铺作及斗八。非品官毋得起门屋。非宫室、寺观毋得彩绘栋宇及闲朱黑漆梁柱窗牖，雕镂柱础。②

此外在《天圣令》中对宅院住所的规模规定记载存有更为详尽之规定：

诸王公以下，舍屋不得施行（重）拱、藻井。三品以上不得过九架，五品以上不得过七架，并听（厅）两头。六品以下不得过五架。其门舍，三品以上不［得］过五架三间，五品以上不得过三间两厦，六品以下及庶人不得过一间两厦。五品以上仍连作乌头大门。父、祖舍宅及门。子孙虽阴（荫）尽，仍听依旧居住。③

《庆元条法事类》中规定：

---

① 《潏水集》卷一《乞置弓箭手堡》。

② 《长编》卷一一九，景祐三年八月己酉条，第2798页。

③ 《天圣令》卷二八《营缮令》，第344页。

诸营造车服器物之属，于格、式有违者，论如于令有违律。①

《宋史·舆服志》中记载：

凡民庶家，不得施重栱、藻井及五色文采为饰，仍不得四铺飞檐。庶人舍屋，许五架，门一间两厦而已。②

由此可知，社会各阶层的地位官职不同，官方规定房屋的规格亦已与之对应各不相同，自然各自房屋造价亦不同。从造一间房屋的花费来看，根据程民生先生在《宋代物价研究》一书中的研究可知，宋代普通百姓房屋的造价一般情况下“砖石或砖木结构的房间，每间约值 33 贯，芦草竹板结构的简易房屋，每间价值约值 10 贯”③，居养院房屋的造价约为每间 24 缗，学社平均每间造价多约 25 贯—27 贯④，官舍的高价更高，有上百至上万贯不等。

相对比之下，士兵的宿舍则廉价很多，其中普通士兵营房的造价是每间四贯甚至更低，如建炎三年（1129）韩世忠军队修建营寨时，宋高宗诏“韩世忠诸军合用营寨席屋一万间，每间支钱四贯文”⑤。建炎四年（1130）二月，神武中军统制杨沂中言“张浚起发到马军一千人骑，已降指挥，令户部支钱一万贯，令本军收买席竹盖屋二千间应副安泊外，有武骑锐士、良家子、汉儿赤心军并骡马等，乞下所属支降钱一万贯文，盖席屋二千间”⑥，合计每间房屋成本五贯；绍兴二十三年（1153）平江府修建寨屋一

---

① 《庆元条法事类》卷四三，第 6 页。

② 《宋史》卷一五四《舆服六》，第 3600 页。

③ 《宋代物价研究》，第 49 页。

④ 《宋代物价研究》，第 52 页。

⑤ 《宋会要》兵七之十六，第 6877 页。

⑥ 《宋会要》兵六之十七，第 6878 页。

万三千三百九十四间，“每间支钱一十贯文，共计钱一十二万贯二千五百三十贯文”[①]。再如宋孝宗乾道元年（1165），马军司言“诸军将校将来归司休息，营寨损弊，令预行修葺。本司有漏倒塌、柱脚朽烂、篱壁笆箔损坏、合行修葺共计五千二百五十一间。每间计价钱二贯四伯有零”[②]，修葺的费用也仅仅通过二贯余。由上述记载可见，士兵每间营房的造价平均在四至十贯之间，低于宋代普通百姓房屋的造价。宋代班直士兵的住宿标准相比普通士兵要相对好一些，他们的营房造价在十贯至二十贯之间，如宋孝宗乾道六年（1171），“修盖马军寨，应副班直居住，每间估计材植、砖瓦、芦竹、蔑、石灰等价钱一十八贯二伯五十九文省。今来所造寨屋二千间，共计三万六千五百一十八贯文省，两司各计一万八千二百五十九贯文省。”[③]

关于军营的工程造价费用和材料，宋仁宗康定元年（1040）三司使郑戬与翰林学士丁度、知制诰叶清臣三人上奏仁宗，在言及陕西、河北军政时，说该地“营房大举率覆以茨苫，关右产材木，计一舍费五七千，万人不过五七万缗”，此则记载中不但提及了当时的营房造价费用，还言及了士兵营房的简陋与低劣的质量，仅仅“覆以茨苫”[④]。军营也多用竹木搭建，如扬州修建军营时，“其所用竹木，万数浩瀚”因淮东地区不产竹木只得“已分差使臣前去和州、太平州以来收买。”[⑤] 建造时投入资金的数量多少，也就决定了建筑质量与居住环境的优劣。如此廉价的军营多

① 《宋会要》兵六之十八，第 6878 页。
② 《宋会要》兵六之十九，第 6879 页。
③ 《宋会要》兵六之二一，第 6880 页。
④ 《长编》卷一二七，康定元年六月甲申条，第 3017 页。
⑤ 《宋会要》兵六之二十，第 6879 页。

士兵居住面积更加狭小，多是“低矮窄狭”① 之所，仅可遮风挡雨而已，导致“官兵居止不便”，又如按苏轼言定州军营状态“检得诸营军号例皆暗敝，妻子冻馁，十有五六”②。

士兵在军营供给数量允许的情况下，一般为一户分配一间军营。“只如诸军营房一指挥，各及五七百间”③，按一指挥五百人计算，则平均一人一间军营。再如宋仁宗至和二年（1055）诏剩员搬迁营舍时规定士兵“人给一间”④。宋哲宗元祐元年（1086）二月，成都府路修建铺兵营房，共招兵五十人，“起屋六十间”⑤，同样约为一人一间。若士兵家庭成员数量多，则居住环境拥挤。但宋政府也常常将数名单身士兵分配至一间军营居住，以此缓解军营不足的情况。

在重要的州府，军营分布在城池的四周。以开封为例，军营在东西南北八个方向皆有分布，同时在内城外城等重要位置亦设有军营，下表（见表 7-1）为根据地方志所统计的宋代南方部分地区士兵营寨分布表。

---

① 《宋会要》兵六之二三，第 6881 页。

② 《三苏全集》卷六四《乞降度牒修定州禁军营房状》第 12 册，第 207 页。

③ 《宋会要》职官三十之十，第 2996 页。

④ 《宋会要》兵六之十四，第 6876 页。

⑤ 《长编》卷三六六，元祐元年二月癸未条。

表 7-1　宋代南方部分地区营寨分布状况

地点	居住士兵	营寨位置	士兵数量
台州①	雄节第六指挥	州东北，天庆观前	祖额五百人
	威果第六十指挥	州东，米仓前	祖额四百人
	崇节第三十一指挥	州东南，靖越门内	祖额五百人
	牢城第十三指挥	州东，都米仓前	祖额二百人
	壮城指挥	州东，崇和门内	
	剩员	无定处	
	临海县弓兵	县东北，四里尉	
	黄岩县弓兵	县西四十九步	
	天台县弓兵	县东一十步	
	仙居县弓兵	县东八十步	
绍兴府②	雄节系将第一指挥	第五厢秦望门	额五百人
	威捷系将第二指挥	第一厢都亭桥	额五百人
	威果系将第念二指挥	第四厢鲤鱼桥东	额五百人
	威果系将第念三指挥	第三厢水沟坊	额五百人
	全捷系将第四指挥	第五厢秦望门	额五百人
	全捷系将第五指挥	第三厢水沟坊	额五百人
	威果不系将五十四指挥	第五厢	额五百人
	全捷不系将十三指挥	第五厢秦望门	额五百人
	防守步军司指挥	攒宫禁围外	额五百人
	厢军崇节第七指挥	第五厢秦望门	额五百人
	崇节第八指挥	第一厢	额五百人
	壮城指挥	第一厢北善法寺侧	额四百人
	牢城宁节第二指挥	第一厢马坊桥东	额二百五十人
	都泗堰营剩员指挥	会稽县东	额二十五人
	梁湖堰营剩员指挥	在上虞县西	额五十人
	钱清南堰营剩员指挥	山阴县西	无记载
	钱清北堰营营剩员指挥	萧山县东	额五十人

① 《赤诚志》卷十八，第 4287 页。

② 《会稽志》卷四，第 6214—6216 页。

续表 **1**

地点	居住士兵	营寨位置	士兵数量
	打竹索营剩员指挥	上虞县东	无记载
	通明堰营剩员指挥	上虞县东	额二十五人
	西兴捍江营剩员指挥	萧山县西	额二百人
临安①	禁卫诸班直	天庆坊；保民坊，崇新门里；艮山门里	无记载
	皇城司亲从亲事等指挥	丰乐桥东	无记载
	捧日天武龙神卫等指挥寨并殿前司马步军三司	诸军诸军寨并环列于府城，内外东至外沙，西至西溪安乐山，南至龙山，北抵江涨桥镇	无记载
	御辇院供御次供御下都辇官	崇新门里	无记载
	仪鸾司营	一在保安门里，一在丽正门外	无记载
	翰林司营	在盐桥南	无记载
	御厨营	一在天庆坊，一在报恩坊	无记载
	修内司壮役等指挥营	在万松岭下	无记载
	军器所万全东西作坊等指挥营	在大理寺西	无记载
	军头司等子营	在文思院后	无记载
	骐骥院教骏营	在紫坊岭下	无记载

① 《乾道临安志》卷一，第 4833 页。

续表 **2**

地点	居住士兵	营寨位置	士兵数量
明州①	威果五十五指挥	不隶将旧营以居养坊为之，在子城东南	额四百人今二百一十一人
	威果三十指挥	威果营西南厢顺城坊北	额五百一十人今三百七十七人
	威果五十五指挥	不隶将旧营以居养坊为之，在子城东南	额四百人今二百一十一人
	雄节指挥	营教场东北	额五百一十人今四百八十七人
	威胜指挥	西北厢石板巷	额五百一十人今二百二十八人
	全捷指挥	不隶将旧以居养坊为营，今在小江桥侧	额四百人今一百八十七人
	崇节二十八指挥	天庆观前	额四百四十一人今二百八十一人
	崇节二十九指挥	东寿昌寺前	额三百八十人今一百五十五人
	崇节三十指挥	东寿昌寺北	额三百八十人今一百二十六人
	壮城指挥	影泉坊巷口北	额二百人今一百九十三人
	宁节指挥	东北厢	无额今五十二人
	船场指挥	城外甬东厢	额四百人今一百七十九人
	清务指挥	在东南厢鄞江门里，后多拣充禁军，及有死亡不曾招填，营亦废为民居。	无记载
	都作院指挥	子城南二里嘉定十三年火移建威果三十指挥营侧	额四百八十人今四十六人

① 《宝庆四明志》卷七，第5152—5126页。

续表 **3**

地点	居住士兵	营寨位置	士兵数量
湖州①	威果指挥	在子城西南	第六十三指挥元额四百人今管数足
	雄节指挥	在子城西北	第十一指挥元额四千八百四十人今管数足
	全捷指挥	在子城西	第十九指挥元额四百人今管三百六十四人
	崇节指挥	在子城北	元额二百人今管三百二十九人第十八指挥元额三百人今管二百三十九人
	壮城兵	在子城西南	元额三百人今管三百三人
	牢城兵	在子城北	元无额系杂记加役人见管一百九十四 指挥元额二百人
	水军兵	在子城北	开江第四指挥元额二百人今管一百六人
	马军营	在骆驼桥北	无记载
常州②	威果六十六指挥	营在州桥南街西	额旧管四百人
	雄节十二指挥	营在通判厅东街北	额旧管五百人
汀州	禁军威果第三十五指挥营	在州西	额五百一十人
	广节第八指挥	营在州东	额二百六十人
	牢城第六指挥营	在州东横冈岭上	额二百二十二人
	保节第二十指挥	在州西秋成门外	额三百三十二人
	厢军保节第二十一指挥营	在州东	额三百三十二人

① 《吴兴志》卷十二。

② 《重修毗陵志》卷十二。

表中所列多为南宋较少发生战争的州县军营位置，在宋代边防地区，军营即使修筑于城外也须加强障护，宋神宗元丰元年(1078)，熙州“汉蕃民居及军营、寺观并在城外，无所障护”，诏“熙州增筑西南外罗城”①。士兵营寨建立的位置有时与他们的工作内容性质相关，如皇宫卫兵为了保障皇室安全以便迅速到达事故地，故他们的居住之地多在皇宫附近修造建造，如宋高宗的宿卫亲军即“于南宫门里殿门外，修盖瓦屋三间充宿舍”②。再以明州为例，因起初土军主要为捉捕盗贼而设，遂“就巡检廨宇左右置营”③，以此便于巡检司官员遇事调派。绍兴元年（1131）宋高宗申严城门之禁，以加强戒备并防止宋朝溃军作乱，于是临安外来调遣军队“悉屯于城外”④，不得屯于城内。

三、营房的损坏与修缮

如上文所述，在工程造价极低的情况下，士兵营寨极易因突发自然灾害而遭到损坏，无法继续居住。关于宋代营寨被损的记载，某些史书中记载并不全面，以《太宗实录》和《长编》同时段纪年进行比较后发现，《太宗实录》记太平兴国八年（983）营寨损坏五次，而在《长编》中却没有一次记载。

宋代营寨被毁坏的高峰期多是夏季洪灾多发期。其他原因依次为火灾、雪灾、飓风损害、地震等灾害。下表（见表7-2）所

① 《长编》卷二九〇，元丰元年六月乙巳条，第7086页。
② 《宋会要》职官三二之十，第3010页。
③ 《宝庆四明志》卷七，第5156页。
④ 《要录》卷四五，绍兴元年六月丁丑条，第2890页。

统计的是士兵营寨遭自然灾害损害记载，因史料部分记载的缺失，在宋代的现实生活中应更高于以下数量。

表 7-2 宋代士兵营舍损坏表

时间	地点	毁坏原因	毁坏程度
开宝三年（970）八月	永城县	火灾	燔军营①
天平兴国八年（983）六月丙戌	河南府	洪水	毁巩县军垒②
天平兴国八年（983）六月乙亥	无为军	风灾	毁军垒③
天平兴国八年（983）六月己亥	陕州	洪水	坏军垒千余间④
天平兴国八年（983）六月辛巳	河南府	洪水	坏军垒⑤
天平兴国八年（983）六月壬午	祁州	洪水	坏军垒⑥
大中祥符三年（1010）四月	升州	火灾	营舍烧毁⑦
大中祥符三年（1010）八月	升州、洪州、润州	火灾	营舍烧毁⑧
庆历八年（1048）	卫州	洪水	冲毁军营⑨
至和三年（1056）	开封	洪水	毁诸军营房⑩
嘉祐元年（1057）五月	开封	洪水	毁营房⑪
宋仁宗在位时期	开封	洪水	毁营房⑫
治平四年（1067）	潮州	地震	毁营房⑬

① 《宋史》卷六三《五行二》，第 1377 页。
② 《太宗实录》卷二六，天平兴国八年六月丙戌条，第 1 页。
③ 《太宗实录》卷二六，天平兴国八年六月乙亥条，第 3 页。
④ 《太宗实录》卷二六，天平兴国八年六月己亥条，第 3 页。
⑤ 《太宗实录》卷二六，天平兴国八年六月壬午条，第 6 页。
⑥ 《太宗实录》卷二六，第 6 页。
⑦ 《宋史》卷六三《五行二》，第 1375 页。
⑧ 《宋史》卷六三《五行二》，第 1377 页。
⑨ 《长编》卷一六四，庆历八年五月甲寅条，第 3957 页。
⑩ 《宋会要》瑞异三之二，第 2105 页。
⑪ 《宋史》卷六二《五行一》，第 1327 页。
⑫ 《乐全集》卷二三《论京师军储事》。
⑬ 《宋会要》瑞异三之三四，第 2121 页。

续表 1

时间	地点	毁坏原因	毁坏程度
治平年间	开封	洪水	营房倒塌①
熙宁十年（1077）七月	黄河流域四十五郡县	洪水	冲毁军营②
元丰四年（1081）	泰州	洪水	冲毁军营③
政和元年（1111）	两浙路	洪水	冲毁营房④
政和七年（1117）	熙河、环庆、泾原	地震	城寨摧塌⑤
绍兴元年（1131）	临安	大火	营舍烧毁⑥
绍兴二十九年（1159）四月	镇江府	火	营舍烧毁⑦
绍兴三十一年（1161）	临安	洪水	禁旅垒⑧
绍兴三十一年（1161）	临安	大雪	压塌营房⑨
绍兴二十三年（1153）六月	临安	大雨	毁军垒⑩
乾道二年（1166）	真州六合县	火灾	营舍烧毁⑪
乾道三年（1167）正月	婺州	火灾	营舍烧毁⑫
淳熙四年（1177）九月	定海、鄞县	风灾	营舍毁坏⑬
淳熙十一年（1184）二月辛酉	兴元府	火灾	营舍烧毁⑭

① 《文忠集》卷一二〇《濮议一》。
② 《宋会要》方域十四之二五，第 7558 页。
③ 《宋会要》瑞异三之四，第 2106 页。
④ 《宋会要》兵六之十六，第 6862 页。
⑤ 《宋会要》瑞异三之三七，第 2122 页。
⑥ 《宋史》卷六二《五行一》，第 1380 页。
⑦ 《宋史》卷六三《五行二》，第 1380 页。
⑧ 《宋史》卷六三《五行二》，第 1381 页。
⑨ 《宋会要》瑞异二之十七，第 2090 页。
⑩ 《宋会要》瑞异二之三一，第 2097 页。
⑪ 《宋会要》瑞异三之三六，第 2122 页。
⑫ 《宋会要》瑞异三之三六，第 2122 页。
⑬ 《宋史》卷六七《五行五》，第 1471 页。
⑭ 《宋史》卷六三《五行二》，第 1381 页。

续表 **2**

时间	地点	毁坏原因	毁坏程度
庆元三年（1197）闰月甲申	金州	火	毁营舍一千三百余间①
嘉定元年（1208）四月辛巳	临安	火灾	营舍烧毁②
嘉定十七年（1224）四月丁卯	西和州	火灾	焚军垒及居民二千余家③
宋理宗在位时期	荆湖地区	江水泛涨	营寨浸渰④

可见，自然灾害会给士兵的住宿环境带来很大的危害。其中火灾与洪水是军营经常遭受的灾害，在上表统计31次军营受损的记载中，共有11次因火灾毁坏军营之例，15次因水灾毁坏军营之例，分别占总数的35%和48%。

军营发生火灾，会烧毁大量军营，如宋宁宗庆元三年（1197）八月，发生在金州的大火，烧毁军营一千三百余间。⑤ 而洪水会冲毁营寨，宋仁宗时，大臣张方平指出“京畿大水，坏官私庐舍，自去秋至今春，半年之中，所修诸军营房十余万间”⑥；宋英宗治平年间，开封“大雨水，官私屋宇，倒塌无数，而军营尤甚”⑦；宋理宗在位时，荆湖地区因江水泛涨，至“此军营寨，俱被浸渰”⑧。军营之所以和其他建筑相比倒塌尤多，是由其低劣

① 《宋史》卷六三《五行二》，第1382页。
② 《宋史》卷六三《五行二》，第1383页。
③ 《宋史》卷六三《五行二》，第1384页。
④ 《可斋杂稿》卷一八《手奏荆阃事宜》。
⑤ 《宋史》卷六三《五行二》，第1382页。
⑥ 《乐全集》卷二三《论京师军储事》。
⑦ 《文忠集》卷一二〇《濮议一》。
⑧ 《可斋杂稿》卷一八《手奏荆阃事宜》。

的建筑质量决定的。洪水冲毁军营会导致士兵无处居住，宋仁宗庆历八年（1048），卫州频降大雨，山河水入城冲毁军营，士兵无处居住不得不“出城走避，今数日绝食”①；至和三年（1056）夏季，开封多降暴雨引发“大水坏城，及水窗以入，诸军营房、社稷诸祠坛壝并被浸损”，士兵以及其他居民只得“系筏以居”②；宋徽宗政和元年（1111），两浙路的厢军营房多因霖雨倒塌，“致见管军兵赁屋散居”③。

冬季的雪灾也会给士兵营房带来损害，宋高宗绍兴三十一年（1161），数日连降大雪，逾旬不止，“禁旅、垒舍有压者”④。当飓风来临时，会给军营造成毁坏，如宋太宗太平兴国八年（983），无为军遭遇飓风，强度“可拔木”，导致“坏城门、营垒、民舍压溺者千余人”⑤。

如果遭遇剧烈的地质灾害如地震，士兵营房都不可避免地会倒塌，宋英宗治平四年（1067）九月，广南路潮州地区“地大震拆裂”导致“寺观、居民舍屋并本州楼阁、营房”全部倒塌，“士民军兵僧道死者众”⑥；宋徽宗政和七年（1117），熙河、环庆、泾原三路频发地震，导致所在的“管下城寨、关堡、城壁、楼橹、官私庐舍，并皆摧塌，居民覆压，死伤甚众”⑦。

由于宋军营寨损坏后，士兵多暂时住宿于“在寺观、民

---

① 《长编》卷一六四，庆历八年五月甲寅条，第3957页。
② 《宋会要》瑞异三之二，第2105页。
③ 《宋会要》兵六之十六，第5862页。
④ 《宋会要》瑞异二之十七，第2090页。
⑤ 《太宗实录》卷二六，天平兴国八年六月乙亥条，第3页。
⑥ 《宋会要》瑞异三之三一，第2119页。
⑦ 《宋会要》瑞异三之三七，第2122页。

家”[①]，扰乱了军队正常的居住秩序。宋政府会组织官员负责修缮，进行一些抚恤与营寨重建工作，在一定程度上减轻士兵无房屋居住的痛苦，但是营寨工程造价标准的低廉也决定了宋政府即使及时对军营维护，却仍难避免屡修多坏的命运。宋真宗咸平五年（1002）七月许多州县士兵的营舍因连日降雨而坏，宋真宗遣“使臣完葺京城军营……有军出而家属在营者赐缗钱”[②]。咸平六年（1003）八月，因开封连续降雨，真宗命“枢密都承旨曹璨与天武捧日四厢都指挥使刘谦分往诸营，同除水患，令便宜施行”，如若水位深至士兵无法居住，他们被转移安置于“近便园苑及官舍内居止”[③]。大中祥符三年（1010）五月，开封降暴雨积水高数尺，冲毁京师多出军营墙壁致士兵无法居住，宋真宗派遣“内侍都知阎承翰与八作司官吏按视完葺”[④]。天禧四年（1020）京城多雨连日不绝，因营寨多有倒塌，士兵多有压死于营中之人，宋真宗特赐“诸班直军营压死者缗钱有差。”宋仁宗嘉祐二年（1057）三月“诸军雨坏营舍不出”，宋仁宗赐“军都虞候至十将军士米五石至二石，其虞候及入营者半之”以解受灾害之苦，且官员与士兵都有数量不等的米赐发。同年七月，开封逢大雨致使军营倒塌，宋仁宗派遣“内臣大使臣三员、前班大使臣三人、忠佐三人，计会东西八作司、街道司分擘沟畎积水”[⑤]。绍兴十六年（1146），宋高宗诏因“诸军寨屋经夏霖雨，不无损坏[⑥]”，给予士

---

① 《宋会要》职官四之五二，第2462页。

② 《宋会要》兵六之十二，第6860页。

③ 《宋会要》兵六之十二，第6860页。

④ 《宋会要》兵六之十二，第6860页。

⑤ 《宋会要》兵六之十四，第6861页。

⑥ 《宋会要》兵六之十七，第6862页。

兵每人钱一千文以做抚恤。

为了减少火灾烧毁士兵军营，宋政府也对军营的建筑材料进行了改进。北宋陕西地区的营房“多用草茅覆屋，连接官舍，颇致延火”，为防止火灾频发，宋真宗于大中祥符五年（1012）五月诏将茅草屋顶“渐易以瓦”[①]。宋真宗天禧四年（1020），枢密使丁谓向真宗建议“升州抽税竹木官瓦甚多，而营垒多葺茅为舍，延燔所及，难于救止，望令本州接续增益”，真宗同意了这一改建方案。[②]

对于那些被损害后难以修复无法供士兵继续居住的军营，宋政府多对此类军营进行迁址重建。宋仁宗仁宗天圣元年（1023）二月，虎翼水军营房因连降大雨而无法居住而重建。[③] 宋神宗元丰五年（1082），阳武县所驻扎的广勇指挥和广德指挥因“河决原武”，不得已而“军人移营避水”[④]。宋理宗嘉定十三年（1220）明州军营遇火而烧毁后，宋政府将这一军营迁至县学旧址“忠顺官寨内”[⑤]。宋代明州驻扎的威果五十五指挥“旧营以居养坊为之，在子城东南”[⑥]，后因该地被火焚毁，宋政府将之迁营，为这些士兵新建营寨。

由上可知，因为士兵营房造价低廉，宋代士兵的住宿条件多较为恶劣，甚至部分士兵无营可居，而由于士兵的工作特性，他们在征戍的过程中也多露天而居，生存环境十分艰苦。

---

① 《长编》卷七七，大中祥符五年五月庚辰条，第 1765 页。

② 《宋会要》兵六之十二，第 6860 页。

③ 《宋会要》职官三十之九，第 2996 页。

④ 《长编》卷三二九，元丰五年八月辛卯条，第 7930 页。

⑤ 《宝庆四明志》卷七。

⑥ 《宝庆四明志》卷七。

第八章　宋代士兵的思想状态

第一节　宋人从军心态

面对从军这一人生选择，宋代百姓的心态各异。一方面那些身体强壮、身怀武艺的百姓乐于从军，在军队能发挥其特长，也有民兵在其番号撤销后自愿入军籍，如“河北诸州罢募振武军士，有愿投军籍者，部送上京隶虎翼”①。以宋代百姓彭孙为例，他年少时善习武艺，“以勇敢自负”，希望借此从军居官。在宋仁宗皇祐年间“刘石鹊寇江南”，宋朝廷“募枭壮格捕”，彭孙以其平时善习武艺的威望，亦“率里侠应募”。但是在战争胜利后，宋政府却“论功不平”②，给予了彭孙不公平的奖赏待遇。这种事情的出现，对于那些希望靠军功谋官的百姓而言，在一定程度上打击了他们从军的积极性。加之宋政府奉行“重文轻武”的政策影响，在社会间也形成了宋人多愿读书参与科举的风气。对有些人而言是不愿从军的，如宋太宗时，翰林学士李昉，知制诰扈

① 《长编》卷六四，景德三年十一月甲寅条，第1434页。

② 《永乐大典》第四册《临汀志·彭孙传》，卷三六六六，第7894页。

蒙、李穆等，在礼部贡院审核诸道所推荐“孝弟力田及有文武材干者”四百七十八人，“及试，问所习之业，皆无可采。濮州以孝弟荐名者二百七十人，上骇其多，召问于讲武殿，率不如诏。犹自言能习武，复试以骑射，则皆陨越颠沛，上顾曰：‘止可隶兵籍耳。’”① 对于皇帝这一举措，被选者皆哭泣不已。另一方面，宋人从军后，可以获得宋政府为他们提供的衣粮住所和月俸，在生活难以维持的情况下，百姓多选择从军以解决生计。

在南宋人袁燮所做的《论招募》中，对于宋代民众的从军心理做出过细致分析，其文曰：

兵可募也，而亦甚难。徒有募兵之名，而无可使之实，何裨于武备哉？饥荒之岁，民无所得食，故募之易；闲暇之时，为兵者未战，故募之亦易。今年谷屡丰，边事方急，惟丰也，故人无意于为兵，惟急也，故人惮其为兵，合斯二者，而下募兵之令，仅得夫骄怠软弱，望风遁逃之人，将焉用之。②

在文中袁燮认为招募百姓从军的难易程度由两点决定，饥荒与战事闲暇。当饥荒之时，民众生活不能自存之时则积极从军，当和平时，军队无征伐任务，容易招募，如欧阳修所言“民方穷时，争投之”③。而如果农业生产所提供的产额足够民众自给自足又或当边防不稳战争频发之时，从军易失去生命则民众亦不愿从军。可见当兵在宋朝是民众为摆脱生活困窘而采取的一种生存之道，一旦这两种从军的基础不存在了，则难以招募。宋代的事实也恰恰证明了这一点，如宋代即存在着“诸路州军将西北流移无

① 《长编》卷一七，开宝九年正月癸未条，第363页。
② 《絜斋集》卷七《论招募》，文渊阁四库全书影印本。
③ 《絜斋集》卷七《论招募》，文渊阁四库全书影印本。

归人民，情愿充军，堪披带，少壮人招填禁军阙额”[①] 的事例，相反也有着“土兵之数无多，而难于招募，东兵亦未可去也”[②]的现象。

从宋政府招募饥民从军这一政策来看，对于流亡的饥民而言，如果他们被宋政府招募从军，改为兵籍，自然可以避免饥饿、寒冷、居无定所等各种生活威胁，以确保自己的生命延续而不至于死亡，从这一角度而言，对于这部分人来说，他们是乐于从军的。但是做出从军这一人生选择，也意味着他们此后很难摆脱兵籍，甚至需要远离家乡而常年出戍在外，或服苦役或遇战争有战死的风险。即使他们把从军当作解决生活危机的一种方法，但是如果远离家乡也难免会心中有所顾虑。

宋仁宗明道二年（1033），京东体量安抚使陈执中在招募饥民充当士兵时，向仁宗建议“请择少壮者一切募为军，部送京师……如不愿，听隶本城”[③] 从中可见，饥民从军的服役地点并非固定为本人家乡，而要听从国家的整体调拨，但是远离家乡又是从军之人不愿经历之事。这些潜在的危险使他们在入军之前心理多有疑虑，并在从军后受思乡这一情绪的影响，当他们挂念家中情况的情绪浓重时，有时借机逃营归家，如禁军士兵祖立，“念母以逃”[④]。士兵吴保在被调遣为官员当直的过程中，私奔母丧，“不告而归”[⑤]，这一私自奔丧行为尽管最终被当地官员宽恕不计，但是从中似可看出士兵家属在去世后，多少是不能请假归

---

① 《要录》卷一〇六，绍兴六年十月丙申条，第 1715 页。

② 《长编》卷一三五，庆历二年春正月辛巳条，第 3222 页。

③ 《长编》卷一一二，明道二年六月戊子条，第 2627 页。

④ 《乐静集》卷二八《成州使君李公墓志铭》。

⑤ 《名公书判清明集》卷一一《兵士差出因奔母丧不报而归其罪可恕》。

家奔丧的，这才导致吴保私自归家。这种制度的存在更令一些宋人忌惮从军。在宋人从军时，他们的家人也多依依不舍，并以各种方式表达对他们从军后生活的祝福，如王则从军时，他的母亲“刺福字于其背以为记”①。

从军尽管常被宋人看作是解决生活出路的一种方法，但如果被招募后到地理位置凶险，环境恶劣的地区，那么宋人多不愿甚至逃避当兵，如宋代驻守于荆湖北路与南路的士兵常“更戍岭外，涉横钦廉象四州之境，多死亡者”，士兵多因恶劣的环境水土不服导致残疾或丧命，故出戍到那一地区的士兵“难于招募”②。当兵在作战时又存在随时死亡的危险，如宋神宗元丰年间攻伐西夏时，“（王中正）兼干四路，口敕募兵，州郡不敢违，师徒冻馁，死亡最多”③。面对死亡，人们多有畏惧，以至于战争时被官府强迫从军的士兵，皆日夜期盼解脱军籍。如宋仁宗庆历年间为了防御西夏对宋朝的进攻，补充兵源，遂令陕西保捷诸指挥从军，此后军事威胁稍有缓和。皇祐元年（1049），宋仁宗将军中“年五十以上及短弱不任役者听归农，若无田园可归者，减为小分”，此次减兵放归之人约三万五千余人，但“在籍者尚五万余人”。对比两群体士兵的态度，返乡者“皆欢呼反其家”，而仍在军籍者“皆悲涕，恨己不得去”④，一喜一悲之间将这一时期宋人从军的心理动态暴露尽然。这种从军后的凄惨遭遇，经幸运回归之人的描述以及文人在文学作品中加以渲染，所产生的恐惧心

① 《宋史》卷二九二《明镐传》第 9770 页。
② 《道乡集》卷三五《中大夫直龙阁知青州军州事王公墓志铭》。
③ 《宋史》卷三三七《祖禹传》，第 10799 页。
④ 《长编》卷一六七，皇祐元年十二月壬戌条，第 4023 页。

理长期伴随着宋人，以至于每逢宋政府计划增征集民兵时，民间多会产生谣言，认为宋政府又欲以点刺民兵出征作战，强募从军，如宋英宗治平元年（1064）计划征陕西百姓作义勇时，“朝廷虽云所籍之民止刺手背，农隙之时委州县召集教阅，止在乡里，不令戍边，而民间惩往年之事，必大兴讹言，互相惊扰。”①

基于此，宋代百姓对从军的选择是以他们的生活机会成本作为基础衡量的，机会成本是指为了得到某种东西而所要放弃另一些东西的最大价值。如果在自然灾害面前宋人无法生存，那么从军至少能解决他们生活的温饱需求，至于出戍或供官服役亦可接受，他们为了生存付出的机会成本仅仅是服从军规而已。这种情况下，宋人多数愿意从军，如殿前司士兵李立，即为“以贫隶兵籍”② 又如“大饥，民有欲隶官军以就廪食”③，若入军“例物稍厚”④，则民众更乐于从军。但如果农业生产或其他生产足以自存，由于从军的伤亡风险较高，导致这一维持机会成本过高，宋人多不愿从军，即使从军也多是违心之举，如“郡县等地之家，系在军营，甚非所愿”⑤。

对于那些受教育希望从官之人，他们更忌惮从军。宋仁宗康定元年（1040）诏“御辇院拣下都辇官年四十以下为禁军”，政策实行后，都辇官皆不愿为禁军，其中“辇官千余人，携妻子遮宰相、枢密使喧诉，门下侍郎兼兵部尚书、平章事张士逊方朝，

① 《长编》卷二〇三，治平元年十月乙亥条，第 4917 页。

② 《夷坚志》丁志卷一八《唐萧氏女》，第 691 页。

③ 《端明集》卷三七《光禄少卿方公神道碑》。

④ 《包孝肃奏议集》卷八《论宣毅军》。

⑤ 《长编》卷一六七，皇祐元年七月丙戌条，第 4020 页。

马惊坠地”①，最终“斩其首二人，余黥隶岭南，卒选如初。”②这些都辇官宁愿冒着被斩首的危险也要于二府哭诉苦衷，从中可以看出他们心中对从军的抵抗情绪，以及对当兵这一事实难以认同。同样的事情也发生在南宋绍兴二十九年（1159），宋高宗诏“御辇院下都辇官减一百人付步军司，愿放停者听”，因记载简单无法判断这些都辇官是否如仁宗时候情愿，但是从“愿放停者听”中可以推测宋高宗也预料到了有人不愿从军。

但是宋人的从军心理较为复杂，如有“富商大贾之家多以金帛窜名军中，侥幸补官”。再如前文论及的州县中的游手好闲之人，他们贪恋军队中的衣食住所，而懈怠训练，也乐于从军。

不过在宋朝遇外敌入侵，国家危难之时，大部分百姓积极从军以图挽救宋朝安危。如北宋末开封被金军围城时，宋钦宗“以蜡书募河北兵……应募者凡十七万人”③。当时，僧人也自愿充军，宗印“僧为一军，号‘尊胜队’”④抗击金人。南宋末年，元军攻宋时，各地民众也自发组织抗击元军，如江西参议官赵次山“纠合盱赣诸邑义勇”⑤，泉州桃源庄庄洪基与（庄）思齐二人“抚集乡民，声大义”⑥。

---

① 《长编》卷一二七，康定元年四月丁巳条，第3010页。

② 《宋史》卷一九四《兵八》，第4828页。

③ 《宋史》卷三五八《李纲传》，第11255页。

④ 《宋史》卷三六二《范致虚传》，第11328页。

⑤ 刘埙：《水云村稿》卷四《赵抚州传》，文渊阁四库全书影印本。

⑥ 泉州桃源庄氏族谱汇编编纂委员会编：《泉州桃源庄氏族谱汇编》，厦门大学出版社1999年版，第55页。

第二节　士兵的士气

军队士气的高低会对战争胜负造成很大的影响。如果士兵士气高涨，那么有利于战争取胜，反之若缺乏动力士气低落，则不利于战争取胜，“以沮怯之众当力争之寇，则其生变必矣”[①]。如宋仁宗康定元年（1040），宋军在好水川败于西夏军队后，导致宋军士兵“士气愈怯”[②] 恐惧西夏的军事实力，这一心态导致宋朝“边地空虚，士气不振”[③] 之后，在西夏的战争中，士兵多从战场逃窜。宋孝宗隆兴年间北伐中原失败，宋军在战争中不战而溃，对于宋军的士气造成了极其恶劣的影响，甚至形成了父子相袭的情况，如程珌所言“中国之兵，不战自溃者，盖自李显忠符离之役始。百年以来，父以诏子，子以授孙，虽尽僇之，不为衰止”[④]。

士兵征战动力的重要性，促使宋朝君臣对此都非常重视。开宝二年（969），宋太祖在亲征攻太原时，即以“汝曹皆我所训练，无不一当百，所以备肘腋，同休戚也，我宁不得太原，岂忍驱汝曹冒锋刃，蹈必死之地乎？”[⑤] 以此感人的言语激励士兵。又如宋神宗，他曾在熙宁六年（1073）宋军士气高涨时欣喜地表

① 《长编》卷二二一，熙宁四年三月癸卯条，第 5385 页。
② 《长编》卷一三二，庆历元年五月条，第 3081 页。
③ 《长编》卷一三九，庆历三年正月庚午条，第 3338 页。
④ 《洺水集》卷二《丙子轮对札子》。
⑤ 《长编》卷十，开宝二年闰五月己酉条，第 224 页。

示，“近者，诸路士气甚振”① 并指出“凡兵以气为主，惟在朝廷养之耳”②。在元丰四年（1081）攻西夏失败后，宋军士气相对低落时，他则多次下诏不许宋军主动出击，如“料贼非举国之众安敢轻入，万一分兵围守新寨，以劲骑数万直趋延州，则兵将分部隔绝，或失常山之势。又将、副人材能否不齐，若轻举动，为贼所沮，即伤一路士气，滋贼凶焰，宜更图长策。”③

为了鼓舞士兵士气，宋政府多实行抚恤士兵的政策，给予士兵较好的福利待遇，使士兵甘于尽忠报国。如节日之时，宋军常改善伙食，下发肉酒，以使士兵有热情继续征战。若士兵受疾病伤痛困扰，宋政府则命带兵将领宜“检视医药、饮食，全养士气”④。宋朝统治者也利用士兵的亲情激励士兵士气，提高军队战斗力，达到“军人家属悉在焉，诚足为缓急死守之备”⑤ 的效果。如北宋靖康年间金军围困开封城时，李纲曾建议宋钦宗“今六军父母妻子皆在都城，愿以死守”⑥，希望激励宋钦宗坚守开封的信心。至南宋时，李鸣复上疏认为对士兵的管理应做到“有屋庐田业以系其志，有妻子骨肉以坚其心”⑦。

士兵的征战动力与统军官员在平素训练生活中的态度和在战争中做出的表率作用有很大关系。如果官员在战争中以身作则，身先士卒，那么士兵情愿力战至死，又如北宋名将杨业，平素领

① 《长编》卷二四七，熙宁六年九月壬申条，第6019页。
② 《长编》卷二四七，熙宁六年十月壬申条，第6019页。
③ 《长编》卷三三八，元丰六年八月甲子条，第8143页。
④ 《长编》卷二八三，熙宁十年六月丁巳条，第6935页。
⑤ 《历代名臣奏议》卷三三七，第4377页。
⑥ 《宋史》卷三五八《李纲传上》，第11243页。
⑦ 《历代名臣奏议》卷三三八，第4387页。

兵时“练习攻战，与士卒同甘苦。代北苦寒，人多服毡罽，业但挟纩，露坐治军事，傍不设火，侍者殆僵仆，而业怡然无寒色。为政简易，吏民爱之。御下有恩，故士卒乐为之用”，当他与辽军做战失败时，有百余人跟随其而退，杨业对其言：“汝等各有父母妻子，与我俱死，亡益也，傥敌人散去，尚可还报天子者。”希望士兵可以逃去以自活，但是士兵感恩于杨业，“众皆感泣，不肯去，遂俱死，无一人生还。”① 从中看出官兵关系对于士兵作战动力的影响之大。此类战例在宋朝还有很多，如宋太宗淳化五年（994），秦传序坚守夔州城时，对士兵言：“吾为监军，尽死节以守城，吾之职也，安可苟免乎!”当城中军粮短缺士兵无以充饥时，他“出囊橐服玩，尽市酒肉以犒士卒，慰勉之”这些行为感动了士兵，最终士兵“众皆感泣力战。”② 宋仁宗皇祐四年（1052），侬智高攻宋，知康州赵师旦在守城之时，他的部将劝他躲避敌军攻势，赵师旦不肯躲避且对士卒言：“战死与戮死何如?”士兵受到了感动而感言：“愿为国家死。”赵师旦这一表现激励士兵坚持作战“至城破无一人逃者。”③ 靖康年间宋将张忠辅、崔中、折可与三人守崞县，“金人来攻，婴城固守，率士卒以死拒敌”④，此则记载中虽不见三人激励士兵豪言壮语之言，但从“以死拒敌”可以看出，他们对士卒的激励作用丝毫不减上述诸例。两宋之交，程迪抗击金军攻城时，程迪坚守城池不退并对士兵言：“敌讎我矣，降亦死，战亦死!”他面对禁军“愤怒大

① 《长编》卷二七，雍熙三年八月条，第622页。
② 《宋史》卷四四六《秦传序》，第13158页。
③ 《宋史》卷四四六《孔宗旦传》，第13155页。
④ 《宋史》卷四四八《张忠辅传》，第13209页。

呼，口流血”，这一行为感动着士兵，诸兵“皆感奋，多所斩杀。”① 南宋初，李宝率水军攻金军，他“麾兵登岸，以剑画地，令曰：‘此非复吾境，力战与否在汝等。’因握槊前行，遇敌奋击”这一猛勇的行为激励了士兵，他带领的军兵皆“将士贾勇，无不一当十”② 面对金军的阻击毫不退缩。

以上所列将领在战争中多用感人言语来激励士兵奋力作战，此类言语或许在记载中有夸张的成分，但是这些将领在战争所起到的表率作用，他们坚守城池以激励士卒作战的行为应为真实的场景，在战争中，士兵易于受到这种情绪的感染，奋勇作战。相反，如果平日官兵关系恶劣，带军官员“多非其人，军人怀怒”③，“卒不爱其将校”，由于士兵对官员含怨甚深，在战争多“见难则避，遇敌则奔，惟利是顾，遑恤其它”④ 出现“士卒望风而溃”⑤ 的场面。

宋军的士气有时十分脆弱。宋太祖时潘美率军讨伐金陵，太祖以郭昱随军，他却在一日晚间饮酒过度，“被酒号叫”，致使“军中皆惊”⑥。南宋宋孝宗北伐时，统军官员邵宏渊对士兵言：“当此盛夏，摇扇于清凉犹不堪，况烈日中被甲苦战乎?”他自身贪图舒适生活的想法对士兵产生了消极的影响，导致军队中“人心遂摇，无斗志。”⑦

---

① 《宋史》卷四四七《程迪序》，第 13190 页。
② 《宋史》卷三七〇《李宝传》，第 11418 页。
③ 《慈湖遗书》附录《宝谟阁学士正奉大夫慈湖先生行状》。
④ 《历代名臣奏议》卷一百，第 1359 页。
⑤ 《三朝北盟会编》卷六十三，靖康元年十一月乙亥条，第 462 页。
⑥ 《宋史》卷四三九《郭昱传》，第 13011 页。
⑦ 《宋史》卷三六七《李显忠传》，第 11432 页。

如果统军官员在士兵尚未溃逃时，自己已然弃战场而逃，更会影响士兵毫无动力作战，各自争相逃窜。北宋末，金军围困太原，前往解围的宋军与金兵在榆次一带交战，宋军统军官员“统制、将佐、使臣走者十已八九”，受此影响宋军“顷刻而溃……军士中伤十无一二”①。

士兵奋勇作战也需要后勤衣粮的补给。若衣粮给养不充足不及时，容易造成军心不稳，士兵无心力作战的局面。如宋神宗元丰四年（1081），在宋军攻西夏战争中，环庆路出征的士兵因粮草供应不及时心生“止忧饥死”之念，无心征战“逃亡不少，几是全军溃散”②。

如宋军与敌军力量对比过于悬殊，士兵也多会因为心理的恐惧而导致溃散。宋仁宗皇祐年间，“都监陈晔引兵迎击贼，封川令率乡丁、弓手继进。贼众数百倍，晔兵败走，乡丁亦溃”③。此外士兵若见同军士兵阵亡，这种触目惊心的惨状会让他们心生惧意。宋钦宗靖康年间，金军围攻开封，宋守城兵士死亡惨重且无人及时收敛宋军尸体，那些死亡士兵“破脑贯胸，横卧雪中”的惨状，给一旁作战的宋朝士卒带来了“见之，心惧欲溃”④的影响。

士兵在身心疲惫时也多厌战。宋太宗伐辽时，宋军士卒因连续作战疲惫，士兵遂千方百计期望班师，以至有军士“掘土得蟹以献”，曹翰寓之意，言：“蟹，水物而陆居，失其所也。且多

① 《宋史》卷一九三《兵七》，第4817页。
② 《长编》卷三二一，元丰四年十二月庚申条，第7741页。
③ 《宋史》卷四四六《曹觐传》，第13153页。
④ 《宋史全文》卷一五，靖康元年九月丙辰条。

足，敌救将至之象。又蟹者，解也，其班师乎!"，不久后宋朝军队"大军不整，南向而溃"①。

第三节　士兵的等级思想

一、阶级法对士兵等级思想的影响

（一）阶级法的实行

阶级法是宋初宋太祖所创立的宋代军法之一，它对士兵思想有着很大的影响。开宝五年（972）十一月，宋太祖"严阶级法，诏禁军将校有带遥郡者，许以客礼相见，自余厢都指挥使一阶一级，全归伏事之仪"②，对军中官员、士兵实行阶级法，"以绝其犯上之心"③。

宋太祖制定阶级法的目的即在于使士兵军中等级知高下之规，严格遵守军中纪律，以保证军队中充满高昂的斗志与战斗力，防止军队中的士兵出现异议，这也是与军队的客观需要相符合的，如果一支军队中的士兵各行其事，那么这支军队很难取得好的战绩。

凡士兵有违反阶级法者，皆以罪论处，按《宋会要》中记载："诸军厢都指挥使至长行，一阶一级全归伏事之仪（虽非本辖，但临时差管辖亦是）敢有违犯者，上军当行处斩，下军及厢

---

① 《长编》卷二〇，太平兴国八年九月条，第457页。
② 吕中：《宋大事记讲义》卷三《太祖皇帝严阶级》。
③ 《群书考索》后集卷四十。

军徒三年，下军配千里，厢军配五百里。即因应对举止，偶致违忤（谓情非故）有陵犯者，各减二等，上军配五百里，死罪会降者配，准此，下军及军厢［厢军］配邻州，以上禁军应配者配本城。诸事不干己辄论告者，杖一百，进状徒二年，并令众三日诸军，论告本辖人，仍降配，所告之事各不得受理，告二事以上，听理应告之事，其不干己之罪，仍坐。诸军告本辖人再犯，余三犯，各情重者，徒二年，配邻州本城。”① 可见宋廷对于士兵的言行做出了规定，受此约束，士兵必须将自己的言行加以改进，以防犯错遭到惩罚。

阶级法不但在正规军中实行，民兵也须知阶级之法。由于民兵平日农作，乡民们姻亲相连，头脑中较少有阶级法的概念，宋代官员认为对这类士兵应加强阶级法的宣传教育，宋英宗治平元年（1064）韩琦等人言民兵“虽有军员节级之名，皆其乡党族姻，平居相与拍肩把袂、饮博斗殴之人，非如正军有阶级上下之严也”②。宋仁宗康定元年，“各于逐县见管乡村三丁以下主户内选差一名充弓手，更不差强壮，使减税免役，立阶级，分番教习，着为条约甚备”③；同年再次下诏“河北、河东路强壮，陕西、京东西路新置弓手，皆以二十五人为团，置押官；四团为都，置正副都头各一人；五都为指挥，置指挥使，各以阶级伏事。”④ 宋徽宗崇宁二年，荆湖南路安抚、钤辖李闳绥宁县上堡里、临口寨等处设立防拓弩手后，即“排补阶级，自正副使而下

① 《宋会要》食货四五之十三。

② 《通考》卷一五二《兵考四》，考 1331 页。

③ 《长编》卷一二六，康定元年二月丁未条，第 2979 页。

④ 《长编》卷一二八，康定元年八月乙丑条，第 2979 页。

至左右甲头，依旧为七阶”①。

（二）阶级法对士兵思想约束力的减弱

宋初，阶级法在军队中的实行状况较好，宋人多作文追忆当时的情景，汪应辰曰：“我太祖皇帝，始定军制，使以阶级，相承毫厘之间，不容侵越，是以令行禁止，中外肃然，东征西讨，无思不服，其贻谋远矣”②；徐元杰言：“艺祖皇帝始明军法，使以阶级相承，小有违犯，咸伏□镄，是以上下有序，无征不服。”③ 叶适言：“太祖皇帝创立军制，阶级之法高出前古，万世不可易者也。有司遵行固亦有年矣”④。此类的话语在宋人论奏中多见，其中虽不乏溢美之词，但是从宋初的军队战斗力来看，阶级法应得以较好的实行。

但是自宋太宗太平兴国年间起，士兵中的阶级法即有松动之象。太平兴国三年（978），河东路官员张永德军中的小校犯法而被笞打而死，宋太宗下诏按律治张永德之罪，张泳“封还制书”，且言“（张）永德为国牙爪，居天下劲兵处，若以一部曲摧辱主帅，臣恐下有轻上之心”。宋太宗并没有采纳大臣张咏的意见，而继续以律法治罪于张永德。这一事件导致士兵心理波动，一部分士兵无视军规，藐视军队官员，做出各类违法事件，不久即有多处地区“营兵胁讼军侯”⑤ 的事件频发。太平兴国三年（978），即有骁捷士兵徐素等三人，因心中妒恨指挥使戎希萼平素所为，遂诬告他“私习天文灾异”，经审查不实，太宗诏处斩三名士兵

① 《宋史》卷一九一《兵五乡兵二》，第 4743 页。

② 汪应辰：《文定集》卷三《论总管钤辖与帅守不相统临》。

③ 徐元杰：《楳埜集》卷五《绍定壬辰御试对策》。

④ 叶适：《水心集》卷五《兵论二》。

⑤ 《景文集》卷六二《张尚书行状》。

且诏“赐希蕚紫袍、银带、金帛以慰之”[①]。尽管此事被定为徐素等人诬告上级官员，但是在阶级法“诸事不干己辄论告者”[②] 即应判罪的背景下，此类事件的出现也说明了当时的阶级法对于士兵思想的约束力已然松动。

此后宋真宗在大中祥符元年（1008）三月放松了阶级法对士兵的惩罚规定：“应诸道州府军监厢军及本城指挥，自都指挥使已下至长行，对本辖人员有犯阶级者，并于禁军斩罪上减等，从流三千里上定断”[③]。宋仁宗明道元年（1032），开封府官员言所编敕的禁军律令中，“粮钱三百犯阶级者斩，刑名太重”，宋仁宗诏“增至五百”[④]。

阶级法对士兵思想约束力的减弱，直接导致了士兵目无官员而动辄即与官员兵戎相见或对官员加以威胁。宋哲宗即位之初大赏诸军，万州地区十天后仍未发放，当地的“庖卒朱明因众怒，白昼入府宅，伤守臣，左右惊散，他兵籍籍谋兆乱”[⑤]。当因修筑武强寨的劳役士兵懒惰而懈怠服役，“主者笞之”，士兵的反应却表现为“不服”[⑥]。定州地区的士兵“骄惰不教，军校蚕食其廪赐，前守不敢谁何”，当苏轼整顿军政时，竟有士卒“以赃诉其长”[⑦]，视阶级法于无。同时，士卒诬告官员之风横行，导致官员惧怕士卒，士卒地位反而跃居官员之上，以致“军中有犯阶级

① 《长编》卷一九，太平兴国三年十月乙亥条，第 435 页。
② 《宋会要》兵四之七，第 6823 页。
③ 《宋史》卷一八九《兵三》，第 4640 页。
④ 《长编》卷一一一，明道元年五月丙戌条，第 2582 页。
⑤ 《宋史》卷三三〇《王宗望传》，第 10636 页。
⑥ 《宋史》卷三三〇《窦卞传》，第 10624 页。
⑦ 《宋史》卷三三八《苏轼传》，第 10816 页。

者，务行宽贷，是致军校大率不敢钤束长行，甘言悦色，曲加煦妪，以至懦怯兵官，亦为此态，遂使行伍之间骄恣悖慢寖不可制，上畏其下，尊制于卑，所谓下陵上替者无过于此”①。宋真宗景德四年（1007），殿前司骁骑小校张信“诉指挥使盖赟御下严急，鞭挞过当……赟乘醉教习，决责部下”，而实际情况与之相反，盖赟“虽日饮酒，而所鞭卒，皆有过者”②。

宋仁宗嘉祐四年（1059），骁骑士兵张玉（与宋将张玉同名）因“河北都转运使李参简退诸军老羸者万余人”，而直入三司当面向三司使痛骂问责，全无官员礼仪之道。张玉痛骂三司使，本该即时严惩，可是“法官以为非犯阶级，疑于用法”③，尽管最终将张玉杖杀，但是却显示出当时的阶级法已经几近败坏。嘉祐七年（1062），仁宗下诏“将校士卒之于州县及所统之官或公卿大臣，有悖慢无礼者，明着阶级之法，使断者不疑”④，以严阶级之法，使官员有评判标准。司马光专门在宋英宗治平元年（1064）十一月十五日上《言阶级札子》请求宋政府严肃对待当时军队中士兵的阶级法败坏之事：

臣闻治军无礼则威严不行，礼者上下之分是也。……近岁以来，中外主兵臣僚，往往不识大体，好施大惠，以盗虚名。军中有犯阶级者，务行宽贷，是致军校大率不敢钤束长行，甘言悦色，曲加煦妪，以至懦怯。兵官亦为此态，遂使行伍之间骄恣悖慢，寖不可制。上畏其下，尊制于卑，所谓下陵上替者，无过

① 《历代名臣奏议》卷一百十九，第1578页。

② 《长编》卷六七，景德四年十二月癸未条，第1508页。

③ 《长编》卷一九〇，嘉祐四年七月甲辰条，第4578—4579页。

④ 《长编》卷一九六，嘉祐七年五月丁未条，第4751页。

于此。[①]

此后宋政府加强了对违反阶级法士兵的惩治力度，如元丰八年（1085），宋哲宗规定“诸军犯阶级及逃亡应配千里以上，并依法配行。内无军额，五百里以上，配牢城邻州，或本州配本城”[②]，元祐四年（1089）十一月，哲宗诏“诸军率众对本辖官员不唱喏法，上军处斩，下军及厢军徒三年，配广南；对本辖将校、节级依犯阶级及立告赏法”[③]。虽然也有官员如韩琦严明军纪，当“守把兵士不伏以解”时，按违反阶级法予以处斩[④]。但是宋神宗元丰三年（1080），林光依然言“知遂州李曼决配犯阶级卒郭立不当”[⑤]。

到南宋时，阶级法则变成了“祖宗之制，徒为虚文”，出现“阶级紊乱，纪律纵弛，教阅废而不举，犒赏阙而不支，逃亡者自若，私役者皆是”[⑥] 的军队乱象。如前文所述，领军官员多私役士兵而失于教阅，在这种情况下，士兵自然也无阶级法之约束，“将领之于士卒，平日黩货，恣行侵削，不复明阶级之法，至简省其教阅，养成其骄惰，少有责罚，则悖慢无礼，无所不至，或至杀州将掠居民，而无所畏惮”[⑦] 的局面在南宋多有出现，如宋孝宗年间，“偏裨有诬其所部将者”[⑧]。士兵无视军政、纪律

---

① 《传家集》卷三三《言阶级札子》。

② 《长编》卷三五九，元丰八年九月乙未条。

③ 《长编》卷四三五，元祐四年十一月壬辰条，第 10490 页。

④ 《黄氏日抄》卷四四《元城谭录》。

⑤ 《浪语集》卷三五《宋右奉议郎新改差常州借紫薛公墓志铭》。

⑥ 《定斋集》卷一《御盗十事札子》，第 250 页。

⑦ 《要录》卷一一，建炎元年十二月甲子条。

⑧ 《长编》卷三一三，元丰四年六月丙辰条，第 7582 页。

的约束无阶级则无礼法，“官军在外恣横之弊，然经由州县一切不恤，擅发仓廪，豪夺钱谷，甚至笞挞官吏，肆为凶暴”①。阶级法的破坏有时也有皇帝纵容因素，如莫济任官于钱塘县，“有一老兵醉入县，咆哮无礼，不问其从来，杖而去之，即德寿宫幕士也。大珰奏知，高庙大怒，宣谕孝宗，莫济即日罢”②，此类事件的发生也必然会影响到其他士兵，进而导致“近郡有禁卒犯阶级，而主帅不以实闻”③ 的情况多有发生，使阶级法名存实亡。军队中“军兵多不识军中纪律，止是扇摇，撰造事端”，以谋取私利。

在这种乱象下，必须加强士兵心中的阶级法观念。多有大臣向皇帝陈失阶级之弊，李椿言：“军中结逻者，以摇主将捃摭”，请严阶级之法。④ 宋高宗绍兴二年（1132），诏“戍兵于本州知、通依阶级法”，后连续下诏“戍兵于屯驻所在有违法，许守臣监司按举，其兵校于知、通，并依阶级法”，以图“申明阶级之制，以变其骄恣悍悖之习”⑤。但这些措施却没有收到实效。宋理宗在位时期，军队中仍为“近年以来，纲常陵夷，名分隳替，将士不知阶级之礼，军旅浸无纪律之法”⑥。

二、士兵对自身等级的认知

宋代阶级法的实行对士兵的心理影响很深，每一等级的士兵

① 《中兴小纪》卷一三，绍兴二年八月条。
② ［宋］张端义：《贵耳集》卷上，文渊阁四库全书影印本。
③ 《攻媿集》卷一〇六《知钟离县姜君墓志铭》。
④ 《诚斋集》卷一一六《李侍郎传》。
⑤ 《宋史全文》卷一七上，建炎三年八月甲戌条。
⑥ 《鹤林集》卷三十《上邹都大书》。

都对自己的身份有一个认知，对自己的地位有清晰的定位，形成了他们自己的“阶级法”。加之宋朝上中下禁军、厢军之间的月俸及诸多的待遇皆不同，导致士兵的这种等级观念更得到了加深巩固。一旦宋朝员的做法侵犯了士兵自身的等级观念，他们就会感觉受到了侵犯与侮辱，采取各类反抗措施，甚至激发士兵叛乱等暴力事件产生。

如北宋冀州与贝州的骁捷士兵，因他们之前担任“界河策先锋兵，有战必先”，所以他们平日所得的赏赐“异于诸军”，这些士兵心中即将自己定位为高于其他军种的士兵，但是当转运使张奎之将他们额外获得的赏赐取消时，这些士兵认为自己受到了屈辱性的待遇，自身的阶级有所下降最终导致“军怨，果叛”①。再如发生于宋神宗熙宁七年（1074），冀州将骁捷上指挥士兵的营房移入下指挥的营房之中，虽然形式上并未降低上指挥士兵的等级，但是这一做法却触动了上指挥士兵的自尊，导致“人情不伏，营妇群诉于州将，谕之不去，杖二人于营门，乃肯从。而军士滋不悦，期以夜烧北使驿，已投束薪，而雨大作，火不及发。又诱激旁营，追王信为变，信痛谕以祸福，迟明乃定”②。从文中可以看出，这起事件的起源在于官员将上禁军移入了下禁军，导致上禁军认为自己受到了侮辱性待遇，甚至他们的妻子们也群起请诉，在这种情况下最终导致了士兵的叛乱。再如河北路违反军纪的士兵降配“多只于本州或邻近州军移配近下军执役”，这些士兵原是上兵，降配入下军后因服役地点与之前从军地点临近，士兵间相互都很熟悉，这些降配的士兵再遇相熟之人，感觉十分

① 《长编》卷一三六，庆历二年五月癸丑条，第3250页。
② 《长编》卷二五〇，熙宁七年二月丁丑条，第6091页。

屈辱“见有同类，岂无惭悚”，遂“包藏祸心，转欲为非，扇惑兵伍，深不稳便”①。

宋神宗熙宁四年（1071），韩绛宣抚陕西派遣王文谅领军出战西夏，而他统率的士兵“凡官军斩级，多夺与蕃兵，至掘冢戮尸为级”②，导致士兵之间的不满，遂出现了庆州兵乱的事件。戒于此，在实行保马法时，大臣建议将军队中的好马调于保甲喂养时，熙宁五年（1072）五月吴充即担心禁军等宋朝正规军士兵相对于民兵性组织的保甲，等级稍高，他们心理上抱着应受到优先性的待遇，如果“拣好马与保甲”，哪怕仅仅领保甲养马，都会导致士兵怨恨，认为剥夺了自己的战马，对此吴充担心“恐拣却好马，兵士怨望”③。

再如南宋孝宗北伐，李显忠与邵宏渊统率的军队攻入宿州后，邵宏渊遂颁发军赏以图激励将士。但是他在颁发军赏时，给予“官妓人予白金一两”，而“士卒人予钱三百”，二者比例悬殊甚大，士兵自己舍死忘生所换来的回报尚不及官妓，心理感觉遭受了侮辱性的待遇，导致“军士大怒，会敌骑至城下，众莫肯战，扬言敌盛不可当”④ 最终宋军战败而退。有些士兵心中不但无阶级礼仪之念，甚至盼望天下多事以便于自己从中取利，如宋高宗时的土军士兵陈望“素乐祸”，当临近州县的士兵叛乱后，迅速“举寨应之”⑤。

---

① 《包孝肃奏议集》卷八《请移配河北作过兵士往向南州军》。

② 《长编》卷二二〇，熙宁四年二月庚辰条，第5361页。

③ 《长编》卷二三三，熙宁五年五月乙酉条，第5650页。

④ 《朱熹集》别集卷一《魏元履》，第5338页。

⑤ 《宋史》卷四四九《范旺南传》，第13682页。

第四节　各类宗教思想在士兵间的传播

宋代，佛教道教等宗教流行较兴盛，各类宗教思想对于那些死亡、伤残等风险事件高发的普通士兵而言，很有诱惑力。士兵文化普遍程度不高，如铺兵“类不识字”①，他们常面对生活中的困惑和对于战争、劳役中伤亡的未知，多依靠宗教思想来缓解心理压力，诸如毗沙门天王这一佛教形象在军队中影响很大。“唐代以来，好斗之人常在背上镂刻毗沙门天王像，自信可得神力相助……宋代士兵也奉其为保护神，多处城楼、兵营中多有天王庙，出征时绘其像于旗杆。”② 元祐七年（1092），河东路神锐营“建天王庙”③。在南方，毗沙门天王庙“驻军寨皆有之”④，士兵以此赖以保护。

此外在宋代，阴阳、卜筮、鬼神、灾祥之术在士兵间也多有流传，尽管这些思想多能满足士兵一时的心理需要。可是在宋代常出现以各类宗教为名发生的兵变，如士兵张龙儿自称有“妖术”，勾结卫士杨密、刚又温、李丕、聂赟、刘晖等人共图不轨，计划通过传播邪教的方法引诱军队士兵作乱。宋仁宗在位时期，王则在宣毅军中，秘密传播《五龙》《滴泪》等宗教、图谶书籍，

---

① 《宋会要》方舆十一之二五，第 7512 页。

② 参见范荧《宋代民俗信仰中的佛教因素》，《宋史研究论文集》，河北大学出版社 1996 年版，第 331 页。

③ 《雍正山西通志》卷五九《古迹三》。

④ 《古今图书集成》神异典卷五十《天王庙》，中华书局 1984 年版，第 60369—60370 页。

并自称“释迦佛衰谢，弥勒佛当持世”[①]，后举兵造反。此外多有心怀叵测之人，借传播宗教为名，诱使士兵作乱，如庆历五年（1045），徐州人孔直温“携妖法，诱军士为变”[②]。所以宋政府对于此类信仰明令禁止，以防对军纪不利，规定如有士兵“讹言、诳惑、妄说阴阳、卜筮、道释、鬼神、灾祥，以动众心者，斩”[③]。

为防止以上事件的发生，宋政府规定“军人不许学乞试、阴阳文书，如违反，并从私习条”[④]，希望从根本上杜绝此类思想流入军营。宋政府还对军营中以及军营附近传播的宗教思想加以控制并拆除相关宗教建筑。宋真宗天禧二年（1018），开封拱圣指挥军营的西南有士兵发现龟蛇之物，遂“就建真武祠”，而祠旁有泉水，众人传言“疫疠者饮之多愈”，由于其地距离军营很近，有大臣建议皇帝“不宜以神怪炫愚俗”[⑤] 以防止军营士兵借此作乱。宋神宗元丰三年（1082），权监察御史里行丰稷言，京城开封“内外士庶与军营子弟转相告言：今日神见某处，明日神降某处。恢诡谲怪，无所不道，倾动风俗，结成朋杜［社］，率敛财物”[⑥]，宋神宗立即诏以管制。宋哲宗绍圣四年（1087）开封教骏第二指挥中再次出现了圣水的传闻，并以此“辄起庙宇”，哲宗诏令太仆寺将这一庙宇拆毁。[⑦] 为杜绝此类事件的出现，绍圣五

① 《宋史》卷二九二《明镐传》，第 9770 页。
② 《长编》卷一五七，庆历五年八月辛卯条，第 3806 页。
③ 《武经总要》前集卷十四，第 772 页。
④ 《长编》卷四七七，元祐七年九月丁亥条，第 11359 页。
⑤ 《长编》卷九一，天禧二年闰四月辛亥条，第 2111—2112 页。
⑥ 《宋会要》礼二十之十二至十三，第 770—771 页。
⑦ 《宋会要》礼二十之十三，第 771 页。

年（1098）宋哲宗同意了枢密院的“诸军营创立庙宇者徒一年，称灵异动众者加二等；庙宇未立，各减二等，止坐为首之人。本辖将校、节级不止绝，与同罪”[①]的建议，对军营中的宗教之事严加打击。宋徽宗政和元年继续对此严加管理，规定“禁军民擅立大小祠庙”[②]。

对于自称有异术、奇遇的士兵，宋朝官员多对他们进行处罚，以防心怀叵测之人借此生乱。宋真宗大中祥符四年（1011），杨琼知兖州，“有州卒自言，得神术能飞行空中，州人颇惑”，杨琼担忧生事将他捕获，“折其脚”[③]。宋仁宗庆历七年（1044），博州有一士兵名赵宗，自称“夜寐常有蛇出入口鼻中”，当地官员夏竦担忧此说迷惑大众，引起军种变乱，遂请求宋仁宗度赵宗为僧，且“令居京师，毋得出外”[④]限制赵宗的人身自由，以防出现变乱。

不过还有些自称身怀异术的士兵，被宋朝官员主动加以笼络，希望依靠他们的“异术”达到延年益寿、永保社稷的目的。如果对此类士兵委以重任，小则会导致听信之人丧财丧命，大则亡国。如北宋初官员田重进，晚年酷信道教，有一军人名为张花项，他自称对道教造诣颇深，有医治百病之术，田重进对他所说深信不疑，后张花项继续招引两名同伙士兵谎称可邀请吕洞宾，田重进给予张花项等人重金以图参见仙人，但最终田重进被这三名士兵骗钱而去，自己的各项美好愿望一无所获。[⑤]但是田重进

① 《宋会要》礼二十之十三，第771页。
② 《宋会要》礼二十之十五，第772页。
③ 《长编》卷七六，大中祥符四年十二月庚子条。
④ 《长编》卷一六〇，庆历七年二月庚午条，第3864页。
⑤ 《洛阳搢绅旧闻记》卷三《田太尉候神仙夜降》。

的教训却未能警醒后人，至北宋末金人攻开封城时，开封官员孙傅读丘浚《感事诗》发现了“郭京、杨适、刘无忌”之语，遂于“市人中访得（刘）无忌，龙卫兵中得（郭）京”[①]，适逢京城多处传言郭京习六甲之法，借助此法可以击败金军乃至活捉金将，宋钦宗遂以郭京为将出城迎敌，结果必然是郭京大败，而金军也借此攻入北宋都城。

不过并非所有的士兵都依托宗教行叛宋之事，对于一部分士兵而言，信仰某种宗教仅仅是他们生活中的一部分。如果这些士兵并非宋代正规军的一员，宋政府一般不加以干涉。如昆山弓手翟超，武艺超于常人，却“酷嗜《金刚经》，昼夜诵之不辍”。后因抓捕盗贼不力被处罚，心生不满“他人被盗，而我乃受杖!”乃至愤而出走“坐于一庙中，诵经达旦。至‘应无所住，而生其心’，忽若有悟，遂弃俗而投礼东斋谦老，名之曰道川。俄为僧”[②]。但是翟超这种行为应触犯了军队中的逃亡法，不过宋政府却未对他做出处罚，而是听任翟超从之，从中也可推测中宋政府对于此类士兵抱有容忍的态度。

如果信仰宗教的士兵自称造诣非凡，有延年益寿的功用，宋代官员也会对他们景仰有加，并向他们学习修行之术。如北宋官员张稚圭在圃园遇一年老兵项系念珠，大为好奇。“公曰：汝诵经乎？卒曰：数息尔。公异之，呼至室内，问其所得，论养生吐纳内丹，皆造精微。又曰：运使平生殊错用心，酷虐用刑，非所以为子孙福，延方士皆非有道之士，此曹特觊公贿耳。公曰：能传我乎。卒曰：正欲授公，然须今夜半潜至某室，当以传公，初

① 《宋史》卷三五三《孙傅传》，第 11137 页。

② ［宋］龚明之：《中吴纪闻》卷六，第 143 页。

亦难之，不得已许焉。既归，与鱼轩刘议之。刘曰：不可，公以严毅，人素苦之，夜中独出，事有不测，奈何。太夫人微闻之，潜锁其寝室，竟不得出，黎明视事，衙校报守，圄卒是夜四更趺坐而化，公大怅惋，数月感疾遂卒。”① 从他的态度中也可以看出，部分官员对于此类士兵多喜爱而并不加以禁止。

① 《墨庄漫录》卷二，第70—71页。

余论　宋代士兵生活状况的差异

宋代实行募兵法，宋代百姓被宋政府以各种方式招募进军队后，在他们长达数十年的时间中都需要生活在军营。宋代士兵人数众多，他们在从军后为宋代国防、国内治安、各类劳役都不同程度地做出了自己的贡献。本书对宋代士兵的工作、政治、经济、家庭、思想等方面进行了论述。从中可以看出，士兵之间的生活并不相同。由以上论述可以看到，尽管一般士兵的生活多为训练、出戍、战争、服役等状态，但是他们的具体情况各有差异。宋代士兵的生活状况多会因为他们从军时间的不同、从军军种的不同、驻扎地的不同而不同，导致士兵之间出现生活状态的差异。

首先，宋代不同时段参军的士兵生活状况不同。在和平时期从军的士兵，因无战事，所以平日只需参加训练即可，生活较为轻松。如果当地官员对士兵管理松懈，士兵们多会在日常生活中懈怠训练，每日饱食优处，过着相对悠闲的生活，甚至可在闲暇之时出入军营附近的酒肆休闲娱乐，赌博为乐。如宋真宗在位时期，南方战事较少，王禹偁在总结这一地区的军事隐患时即指出

“大患者三：城池隳圮，一也；兵仗不完，二也；兵不服习，三也”①，可见在南方相对和平的军士环境下，多士兵失于训练，生活闲散，战斗力很弱。宋仁宗庆历四年（1044），知制诰张亢言及陕西渭州的广勇指挥时指出，“国家承平日久，失于训练，今每指挥艺精者不过百余人，其余皆疲弱不可用。且官军所恃者，步人、弩手尔。臣知渭州日，见广勇指挥弩手三百五十人，其弩力及一石二斗者才九十余枝，其余止及七八斗，止欲阅习时易为力尔。臣以跳镫弩试之，皆不能张”②；宋哲宗元符年间驻守蜀州的士兵，按李新所言，“骄懦不可使，饱稻饫豕十九，如瓠朔风，正严缓步，一舍已呀然汗矣。万一有变，是决不可使也”③。同时，因为这些士兵在和平时期不需出戍，可与父母妻子生活在一处，无家人离别之苦，他们的生活状况相对较好。这种较好的状态对宋人从军也有着相当大的吸引力，如南宋官员袁燮所言，“闲暇之时，为兵者未战，故募之亦易”④。在战时，士兵则需在战场中厮杀，冒有较大的伤亡危险。

其次，士兵军种的不同也会对士兵生活状况带来影响，这种差异表现在他们不同的工作职能上，宋代的班直士兵与上禁军士兵多戍守京城，相对于其他士兵，他们较少地被派遣出戍作战。在从军中，他们多数情况下只需尽保卫京城社会秩序的职责并参与军事训练即可，一般情况下多不参与劳役。可见，这些士兵的生存状态要优于那些出戍、征战、服役的士兵。相反，在宋代，其他禁军则需

① 《宋朝诸臣奏议》卷一二二；王禹偁：《上真宗乞江湖诸郡置本城守捉兵士》，第1342页。

② 《长编》卷一二八，康定元年七月癸亥条，第3027页。

③ 李新：《跨鳌集》卷十九《上皇帝万言书》，《本宋文》第133册，第347页。

④ 《絜斋集》卷七《论招募》，《全宋文》第281册，第190页。

要定期出戍，在各地发生战事之时，被调往参战，在他们出戍路程和战争中都会面对随时发生的伤亡、被俘等风险。

对于宋代厢军以及其他各类劳役的士兵而言，尽管他们的生活多远离战争，但是他们的主要时间被宋代的各类生产劳动所充满，终日劳作。在艰苦的劳役中，他们多易染病或伤亡，尽管部分劳役士兵收入较丰并且享有宋政府提供的抚恤政策，但总体生存状态依然极其艰辛，社会地位较低。不过有时在战争爆发之时，部分服役士兵也会被抽调前往战场厮杀。

与上述士兵相反，对于那些驻扎在边疆的士兵们而言，他们的生活状况相对艰辛，需日日参加军事训练，轮戍边防，昼夜备敌，以备战争。士兵出戍时更是要远离家庭成员，与之暂时分别，与妻子联系甚少，疏远亲情。在战争中的士兵更是面临着受伤、死亡、被敌军俘获的危险，故“人无意于为兵”①。这些士兵的生活状况差异巨大，正如宋徽宗朝官员臧询所言“边陲士卒冒矢石、忍冻饿，至相腕藉以死。而辈（内地士兵）寒则索裘，饥则命饷，父母妻子，嬉怡在前，官家恩汝厚矣”②。

再者，宋代不同兵种之间的收入不等，经济情况的差异也给他们的生活造成了差异。在前文中论述，宋代班直的月俸可达到七百至五千，在禁军中，上禁军月俸一贯，中禁军月俸七百文或五百文，下禁军月俸在三百文至五百文之间，一些厢军却只可以得到酱菜钱或食盐。同样的，在士兵所获得宋政府颁发的各类赏赐中，因为兵种不同也这些收入也多不同，禁兵的收入也要高于厢军等其他士兵的收入。士兵们收入的高低，对他们的生活质量

① 《絜斋集》卷七《论招募》，《全宋文》第281册，第190页。

② 《苕溪集》卷三十《臧记室行状》，《全宋文》第152册，第241页。

会造成很大的影响。班直与上禁军们因收入颇多，在京城中可以过着相对富裕的生活，部分高收入士兵还在购买当时流行的衣装，甚至部分富裕的士兵为了远离劳役和征戍出资雇佣百姓为自己从军。相反，对于普通士兵而言，因他们收入微薄加之一些士兵家口众多，则仅能勉强维持衣食之需，甚至过着贫寒的生活。

由于宋政府对军队中实行了兵种的迁降制度，士兵在迁降兵种的同时，他们的生存状态的优劣也随之发生改变。宋政府为了激励士兵积极参与训练、在战争中奋勇作战、在劳役中高效率地完成工作，针对士兵制订了一系列的奖惩规定。如若士兵武艺高强，经训练后达到宋政府规定的标准，可以升到较高级别的兵种，改变自己的生存状态；反之，若士兵懈怠训练，武艺不精熟，则有可能降低兵种，失去原有较为优越的生活。如宋代班直士兵本是军队中的高收入士兵，但是如果因病降等，则会配充剩员，甚至有些原班直士兵“丐食于道”，虽然宋神宗在熙宁四年（1071）改为“殿前指挥使补外牢城指挥使，其余并与捧日、天武第五军押营，元给料钱三千者与五百，二千以下者与三百”①，但是他们所获得的经济收入相比之前，依然大幅度下降。如果士兵在战争中立有军功或者对朝廷做出其他贡献，则可以获得转资为官的机会，比如，狄青，由一名普通的士兵最后官居枢密副使，其生活发生了巨大的转变。

士兵之间生活状况的差异性，对士兵的影响很大，他们为了改善自己生活也想出了各种方法。有些士兵采取积极的作法，积极参与军事训练，希望靠自己的表现得到宋政府的认可，获得逐

① 《长编》卷二二五，熙宁四年七月丙午条，第5491页。

级上迁的机会，以此改善自己的生活，谋得较为优厚的待遇；有士兵在他们所参与的战争中身先士卒，奋勇杀敌，依靠用自己性命换取的军功谋得官职。

相反也有部分士兵采取了消极的方法，希望逃离悲惨的生活。有些服劳役士兵，为了逃避严酷的劳役生活，采取各种方法以逃避应服的劳役，他们采取了自残身体、触犯宋朝的某类法律等方法，希望借此受到惩罚以远离服役之地，逃离困苦的劳役状态。有些士兵则给相关官员送礼，希望将他们调为当直士兵或其他生活较清闲的兵种，以改善自己的生活状态。有士兵各学手艺，希望靠所长被官员私役，从而远离之前的困苦的生存状态。也有士兵依靠自己较平民高超的武艺，敲诈路人，劫掠钱财，做出违法之事。而当士兵无法承受艰苦生活时，就选择逃亡或参加兵变反对宋政府。宋代兵变的情况有二：一种是士兵的生存状态确实艰辛，他们无法生活，所以选择了武装反抗的途径；另一种是士兵之前的生存状态因军纪缺失而过着悠闲的生活，懈怠训练，当官员对他们严加管理后，无法适应本应如此的军队生活，遂集体兵变。

对于宋代士兵而言，他们本应在生活中积极参与军事训练，尽职护卫国防，尽心投入劳役工作，以上皆为士兵的本职。不过这一基础是宋政府为他们提供必要衣食与住所以及其他生活必需品。但是对于大部分需要赡养家中父母、妻子、子女的士兵而言，宋政府所发放的军俸并不足以保证士兵养家糊口，住所又多简陋易坏。加之在军纪不严、官员暴虐的情况下，一些士兵遂懈怠训练，藐视官员，目无军纪。一方面是这些士兵自身贪图安逸，另一方面也与宋代政府给士兵的待遇过低和官员克扣军俸不无关系。

参考文献

古籍部分：

［1］李焘．续资治通鉴长编［M］．北京：中华书局，2004．

［2］马端临．文献通考［M］．北京：中华书局，1986．

［3］王应麟．玉海［M］．扬州：广陵书社，2003．

［4］王称．东都事略［M］．台北：文海出版社，1979．

［5］江少虞．宋朝事实类苑［M］．上海：上海古籍出版社，1981．

［6］杨仲良．续资治通鉴长编纪事本末［M］．北京：北京图书馆出版社，2003．

［7］佚名．宋史全文［M］．文渊阁四库全书影印本．台北：台湾商务印书馆，1986．

［8］佚名．宋大诏令集［M］．北京：中华书局，1962．

［9］赵汝愚．宋朝诸臣奏议［M］．上海：上海古籍出版社，1992．

［10］黎靖德编，王星贤点校．朱子语类［M］．北京：中华书局，1986．

［11］程颢，程颐．二程集［M］．北京：中华书局，1981．

[12] 陈均. 皇朝编年纲目备要 [M]. 北京：中华书局，2007.

[13] 叶适. 叶适集 [M]. 北京：中华书局，1961.

[14] 佚名. 续编两朝纲目备要 [M]. 北京：中华书局，1995.

[15] 彭百川. 太平治迹统类 [M]. 文渊阁四库全书影印本. 台北：台湾商务印书馆，1986.

[16] 魏了翁. 鹤山集 [M]. 文渊阁四库全书影印本. 台北：台湾商务印书馆，1986.

[17] 章如愚. 群书考索 [M]. 北京：中华书局，1992.

[18] 李心传. 建炎以来系年要录 [M]. 北京：中华书局，1999.

[19] 徐梦莘. 三朝北盟会编 [M]. 台湾：大化书局，1979.

[20] 佚名. 宋季三朝政要 [M]. 文渊阁四库全书影印本. 台北：台湾商务印书馆，1986.

[21] 窦仪. 宋刑统 [M]. 北京：中华书局，1984.

[22] 曾公亮. 武经总要 [M]. 文渊阁影印四库全书本. 台北：台湾商务印书馆，1986.

[23] 谢深甫. 庆元条法事类 [M]. 哈尔滨：黑龙江人民出版社，2002.

[24] 天一阁博物馆、中国社会科学院历史研究所. 天一阁藏明钞本天圣令校证 [M]. 北京：中华书局，2006.

[25] 名公书判清明集 [M]. 北京：中华书局，1987.

[26] 宋人佚简 [M]. 上海：上海古籍出版社，1990.

[27] 田锡. 咸平集 [M]. 文渊阁四库全书影印本. 台北：台湾商务印书馆，1986.

［28］柳开．河东集［M］．文渊阁四库全书影印本．台北：台湾商务印书馆，1986.

［29］王禹偁．小畜集［M］．文渊阁四库全书影印本．台北：台湾商务印书馆，1986.

［30］寇准．忠愍集［M］．文渊阁四库全书影印本．台北：台湾商务印书馆，1986.

［31］夏竦．文庄集［M］．文渊阁四库全书影印本．台北：台湾商务印书馆，1986.

［32］范仲淹．范仲淹全集［M］．成都：四川大学出版社，2002.

［33］孙复．孙明复小集［M］．文渊阁四库全书影印本．台北：台湾商务印书馆，1986.

［34］余靖．武溪集［M］．文渊阁四库全书影印本．台北：台湾商务印书馆，1986.

［35］尹洙．河南集［M］．文渊阁四库全书影印本．台北：台湾商务印书馆，1986.

［36］梅尧臣．梅尧臣集编年校注［M］．上海：上海古籍出版社，2006.

［37］石介．徂徕石先生文集［M］．北京：中华书局，1984.

［38］欧阳修．欧阳修全集［M］．北京：中华书局，2001.

［39］文彦博．潞公文集［M］．文渊阁四库全书影印本．台北：台湾商务印书馆，1986.

［40］张方平．乐全集［M］．文渊阁四库全书影印本．台北：台湾商务印书馆，1986.

［41］强至．忠献韩魏王家传［M］．北京：线装书局，2004

年影印本.

［42］李觏. 李觏集［M］. 北京：中华书局，2006.

［43］文同. 丹渊集［M］. 文渊阁四库全书影印本. 台北：台湾商务印书馆，1986.

［44］曾巩. 曾巩集［M］. 北京：中华书局，1084.

［45］司马光. 传家集［M］. 文渊阁四库全书影印本. 台北：台湾商务印书馆，1986.

［46］苏颂. 苏魏公文集［M］. 北京：中华书局，1988.

［47］金君卿. 金氏文集［M］. 文渊阁四库全书影印本. 台北：台湾商务印书馆，1986.

［48］陈舜俞. 都官集［M］. 文渊阁四库全书影印本. 台北：台湾商务印书馆，1986.

［49］郑獬. 郧溪集［M］. 文渊阁四库全书影印本. 台北：台湾商务印书馆，1986.

［50］范纯仁. 范忠宣集［M］. 文渊阁四库全书影印本. 台北：台湾商务印书馆，1986.

［51］范祖禹. 范太史集［M］. 文渊阁四库全书影印本 . 台北：台湾商务印书馆，1986.

［52］宗泽. 宗忠简集［M］. 文渊阁四库全书影印本. 台北：台湾商务印书馆，1986.

［53］朱熹. 朱熹集［M］. 成都：四川教育出版社，2000年.

［54］晁冲之. 具茨晁先生诗集［M］. 文渊阁四库全书影印本. 台北：台湾商务印书馆，1986.

［55］叶梦得. 石林居士建康集［M］. 文渊阁四库全书影印本. 台北：台湾商务印书馆，1986.

［56］李光．庄简集［M］．文渊阁四库全书影印本．台北：台湾商务印书馆，1986．

［57］王庭珪．卢溪先生文集［M］．文渊阁四库全书影印本．台北：台湾商务印书馆，1986．

［58］李纲．梁溪集［M］．文渊阁四库全书影印本．台北：台湾商务印书馆，1986．

［59］张纲．华阳集［M］．文渊阁四库全书影印本．台北：台湾商务印书馆，1986．

［60］邓肃．栟榈集［M］．文渊阁四库全书影印本．台北：台湾商务印书馆，1986．

［61］陈康伯．陈文正公录［M］．文渊阁四库全书影印本．台北：台湾商务印书馆，1986．

［62］高登．东溪集［M］．文渊阁四库全书影印本．台北：台湾商务印书馆，1986．

［63］曹勋．松隐文集［M］．文渊阁四库全书影印本．台北：台湾商务印书馆，1986．

［64］范浚．香溪集［M］．文渊阁四库全书影印本．台北：台湾商务印书馆，1986．

［65］岳飞．武穆集［M］．文渊阁四库全书影印本．台北：台湾商务印书馆，1986．

［66］史浩．鄮峰真隐漫录［M］．文渊阁四库全书影印本．台北：台湾商务印书馆，1986．

［67］林光朝．艾轩先生文集［M］．文渊阁四库全书影印本．台北：台湾商务印书馆，1986．

［68］汪应辰．汪文定公集［M］．文渊阁四库全书影印本．

台北：台湾商务印书馆，1986.

［69］范成大. 范石湖集［M］. 上海：上海古籍出版社，1972 年.

［70］周必大. 周益公文集［M］. 文渊阁四库全书影印本. 台北：台湾商务印书馆，1986.

［71］吕祖谦. 吕祖谦全集［M］. 杭州：浙江古籍出版社，2008 年.

［72］舒邦佐. 双峰先生存稿［M］. 文渊阁四库全书影印本. 台北：台湾商务印书馆，1986.

［73］洪咨夔. 平斋文集［M］. 文渊阁四库全书影印本. 台北：台湾商务印书馆，1986.

［74］真德秀. 西山文集［M］. 文渊阁四库全书影印本. 台北：台湾商务印书馆，1986.

［75］魏了翁. 鹤山集［M］. 文渊阁四库全书影印本. 台北：台湾商务印书馆，1986.

［76］华岳. 翠微南征录［M］. 文渊阁四库全书影印本. 台北：台湾商务印书馆，1986.

［77］刘克庄. 后村先生大全集［M］. 成都：四川大学出版社，2008 年.

［78］吴潜. 许国公奏议［M］. 文渊阁四库全书影印本. 台北：台湾商务印书馆，1986.

［79］李曾伯. 可斋杂稿［M］. 文渊阁四库全书影印本. 台北：台湾商务印书馆，1986.

［80］陈宓. 复斋先生龙图陈公文集［M］. 续修四库全书影印本. 上海：上海古籍出版社，1996.

［81］吴处厚撰，李裕民点校．青箱杂记［M］．北京：中华书局，1985.

［82］王辟之撰，吕友仁点校．渑水燕谈录［M］．北京：中华书局，1997.

［83］张世南撰，张茂鹏点校．游宦纪闻［M］．北京：中华书局，1981.

［84］周密撰，吴企明点校．癸辛杂识［M］．北京：中华书局，1981.

［85］邵伯温撰，李剑雄，刘德权点校．邵氏闻见录［M］．北京：中华书局，1983.

［86］方勺撰，许沛藻，杨立扬点校．泊宅编［M］．北京：中华书局，1983.

［87］方勺撰，许沛藻，杨立扬点校．青溪寇轨［M］．北京：中华书局，1983.

［88］司马光撰，邓广铭点校．涑水记闻［M］．北京：中华书局，1989.

［89］魏泰撰，李裕民点校．东轩笔录［M］．北京：中华书局，1983.

［90］蔡绦撰，冯惠民，沈锡麟点校．铁围山丛谈［M］．北京：中华书局，1983.

［91］周密撰，张茂鹏点校．齐东野语［M］．北京：中华书局，1983.

［92］赵彦卫撰，傅根清点校．云麓漫钞［M］．北京：中华书局，1996.

［93］张邦基撰，孔凡礼点校．墨庄漫录［M］．北京：中华

书局，2002.

［94］李心传撰，徐规点校. 建炎以来朝野杂记［M］. 北京：中华书局，2000.

［95］王致远. 开禧德安守城录：中国野史集成［M］. 成都：巴蜀书社，1993.

［96］陈规. 守城录［M］. 文渊阁四库全书影印本. 台北：台湾商务印书馆，1986.

［97］赵万年. 开禧襄阳守城录：中国野史集成［M］. 成都：巴蜀书社，1993.

［98］罗愿. 新安志：宋元地方志丛书［M］. 台北：大化书局，1990.

［99］周应合. 景定建康志：宋元地方志丛书［M］. 台北：大化书局，1990.

［100］卢宪. 嘉定镇江志：宋元地方志丛书［M］. 台北：大化书局，1990.

［101］施宿等. 会稽志：宋元地方志丛书［M］. 台北：大化书局，1990.

［102］陈耆卿. 赤城志：宋元地方志丛书［M］. 台北：大化书局，1990.

［103］史能之. 重修毗陵志：宋元地方志丛书［M］. 台北：大化书局，1990.

［104］俞希鲁. 至顺镇江志：宋元地方志丛书［M］. 台北：大化书局，1990.

［105］张铉. 金陵新志：宋元地方志丛书［M］. 台北：大化书局，1990.

［106］潜说友．咸淳临安志：宋元地方志丛书［M］．台北：大化书局，1990.

［107］脱脱等．宋史［M］．北京：中华书局，1977.

［108］徐松辑．宋会要辑稿［M］．北京：中华书局，1957.

［109］王昶．金石萃编［M］．北京：中华书局，1985.

［110］胡聘之．山右石刻丛编：石刻史料新编［M］．台湾：新文丰出版公司，1993.

［111］宋人佚简［M］．上海：上海古籍出版社，1990.

今人著述：

［1］陈玉屏．魏晋南北朝兵户制度研究［M］．成都：巴蜀书社，1988.

［2］漆侠．知困集［M］．石家庄：河北教育出版社，1992.

［3］刘展．中国古代军制史［M］．北京：军事科学出版社，1992.

［4］汪圣铎．两宋财政史［M］．北京：中华书局，1995.

［5］李华瑞．宋代酒的生产和征榷［M］．保定：河北大学出版社，1995.

［6］李华瑞．宋夏关系史［M］．石家庄：河北人民出版社，1998.

［7］三门峡市文物工作队．北宋陕州漏泽园［M］．北京：文物出版社，1999.

［8］漆侠．中国经济通史——宋代经济卷［M］．北京：经济日报出版社，1999.

［9］史继刚．宋代军用物资保障研究［M］．成都：西南财

经大学出版社，2000.

［10］高敏. 魏晋南北朝兵制研究［M］. 郑州：大象出版社，2000.

［11］史金波等译注. 天盛改旧新定律令［M］. 北京：法律出版社，2000.

［12］徐吉军，方建新，方健，吕凤棠. 中国风俗通史——宋代卷［M］. 上海：上海文艺出版社，2001.

［13］漆侠. 王安石变法［M］. 石家庄：河北人民出版社，2001.

［14］包伟民. 宋代地方财政史研究［M］. 上海：上海古籍出版社，2001.

［15］曹家齐. 宋代交通管理制度研究［M］. 开封：河南大学出版社，2002.

［16］王曾瑜. 岳飞和南宋前期政治与军事研究［M］. 开封：河南大学出版社，2002.

［17］汪圣铎. 两宋货币史［M］. 北京：社会科学文献出版社，2003.

［18］曾瑞龙. 经略幽燕. 宋辽战争军事灾难的战略分析［M］. 香港：中文大学出版社，2003.

［19］陈峰. 北宋武将群体与相关问题研究［M］. 北京：中华书局，2004.

［20］王菱菱. 宋代矿冶业研究［M］. 保定：河北大学出版社，2005.

［21］程龙. 北宋西北战区粮食补给地理［M］. 北京：社会科学文献出版社，2006.

［22］淮建利．宋代厢军研究［M］．郑州：中州古籍出版社，2007.

［23］程民生．宋代物价研究［M］．北京：人民出版社，2008.

［24］张锦鹏．南宋交通史［M］．上海：上海古籍出版社，2008.

［25］孙继民．俄藏黑水城所出宋西北边境军政文书整理与研究［M］．北京：中华书局，2009.

［26］刘缙．武道沧桑——宋代军事训练研究［M］．西安：陕西人民出版社，2009.

［27］谢飞．北宋临城王氏家族墓志［M］．北京：文物出版社，2009.

［28］王曾瑜．点滴编［M］．保定：河北大学出版社，2010.

［29］王曾瑜．辽金军制［M］．保定：河北大学出版社，2011.

［30］张明．宋代军法研究［M］．北京：中国社会科学出版社，2010.

［31］唐长孺．魏晋南北朝隋唐史三论［M］．北京：中华书局，2011.

［32］王曾瑜．宋朝军制初探（增订本）［M］．北京：中华书局，2011.

［33］小岩井弘光．宋代兵制史の研究［M］．日本：汲古书院，1998.

今人论文：

［1］姜锡东．宋代就粮军简析［J］．文史哲，1985（02），

46—51.

［2］匡远滢．南宋虞公著夫妇合葬墓［J］．考古学报，1985（03），383.

［3］马洪路．南宋虞公著墓出行图小议［J］．考古，1986（07），672.

［4］王菱菱．浅析宋代军队的后勤保障措施［J］．河北大学学报（哲学与社会科学版），1994（04），152—158.

［5］范荧．宋代民间信仰中的佛教因素［J］．宋史研究论文集，河北大学出版社，1996，72—79.

［8］李洪．宋代军队回易述论［J］．云南社会科学，2001（05），79—82.

［9］樊英民．山东兖州市出土的宋代漏泽园墓砖［J］．考古，2002（01），96.

［10］张明．北宋军法实际操作问题考察［J］．中州学刊，2003（02），115—118.

［11］黄宽重．唐宋基层武力与基层社会的转变——以弓手为中心的观察［J］．历史研究，2004（01），3—17.

［12］刘建丽，赵炳林．略论宋代蕃兵制度［J］．中国边疆史地研究，2004（04），32—41＋149.

［13］汪圣铎，郭兰．宋代的皇家军乐团——钧容直［J］．文史知识，2006（01），48—51.

［14］杜文玉，王凤翔．唐宋时期牢城使考述［J］．陕西师范大学学报（自然科学版），2006（02），31—36.

［16］张明．两宋士兵逃亡法新探［J］．西北大学学报（哲学社会科学版），2007（03），72—77.

［17］王军营．北宋基层士卒频繁变乱原因考析［J］．延安大学学报（社会科学版），2007（06），108—110.

［18］杜桂芳．北宋军队回易问题再探讨［J］．重庆工商大学学报（社会科学版），2008（06）.

［19］刁培俊．宋朝“保甲法”四题［J］．中国史研究，2009（01），61—89.

［6］贾文龙．宋代秘密宗教与法禁研究［D］．保定：河北大学，1999.

［7］柯弘彦．宋代厢军的职务功能及其类型［D］．苏州：东吴大学，1997.

［15］付为强．宋人应对气候变化研究［D］．开封：河南大学，2006.

［20］钱俊岭．宋代军队赏罚制度研究［D］．保定：河北大学，2011.